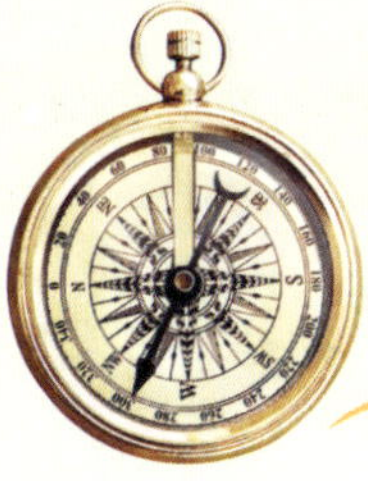

Manual do Mundo
ENCICLOPÉDIA BRITÂNICA PARA CURIOSOS
VOLUME 2

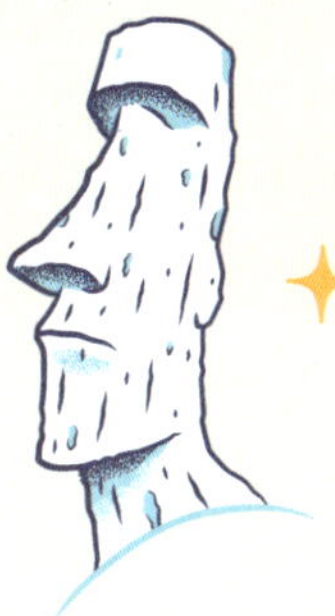

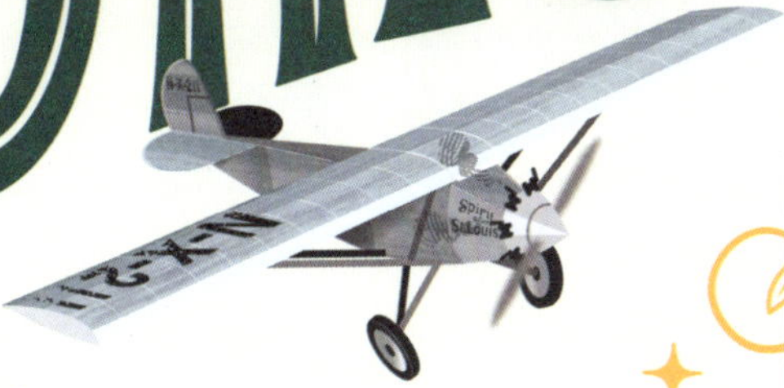

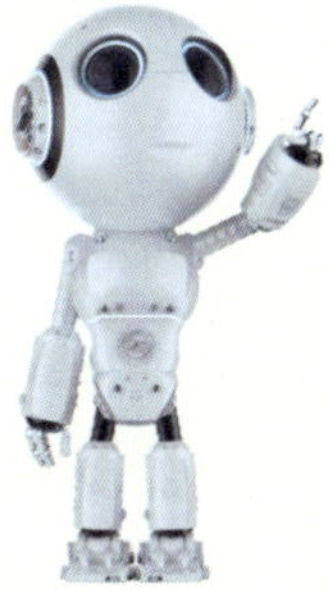

Organizada por
CHRISTOPHER LLOYD
com a contribuição de mais
de **100 especialistas**

**MÚMIAS, REVOLUÇÕES,
CÉREBRO, NOSSO FUTURO** e
outros assuntos extraordinários

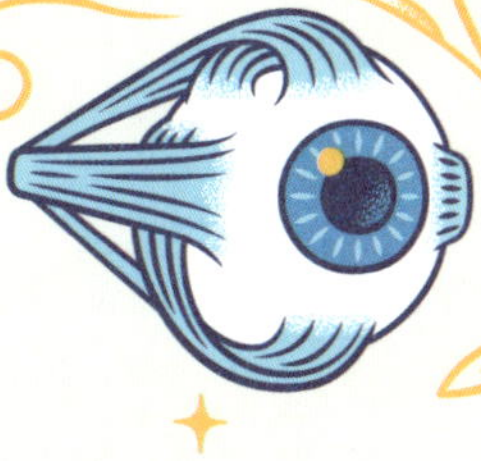

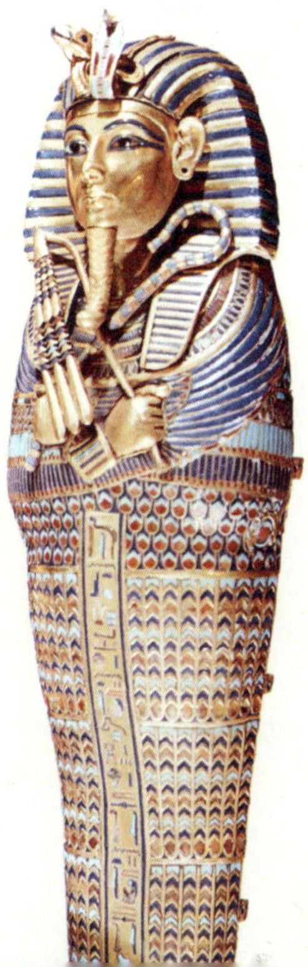

APRESENTAÇÃO

As maiores inspirações do Manual do Mundo sempre foram o desejo de aprender sobre tudo e a vontade de compartilhar esse conhecimento de forma acessível e descontraída. E foi justamente por isso que nos encantamos com esta versão da *Enciclopédia Britânica*.

Organizada por Christopher Lloyd, famoso palestrante e divulgador científico britânico, ela foi dividida em dois volumes. Em cada um deles você vai encontrar centenas de fotografias e ilustrações especialmente criadas para facilitar o entendimento dos mais variados assuntos.

Neste segundo volume você vai começar sua jornada pelo corpo humano e as diversas culturas do planeta, seguindo por toda a história do mundo, desde os tempos antigos até mesmo o futuro.

Vai passar por nossos ancestrais e as sociedades atuais; pelos povos dos Andes e do Pacífico, aborígines e mesopotâmios, maias e persas; pelas lutas por independência e direitos civis e por pombos-correios heróis de guerra; por pandemias e cirurgias robóticas, investigando os mais diversos tópicos na companhia de especialistas.

Com certeza você ficará fascinado com a seção "Fatos Fantásticos!". Só para ter um gostinho, separamos alguns aqui:

- Cerca de 840 línguas são faladas em Papua-Nova Guiné.
- O ser humano é capaz de fazer mais de 10 mil expressões faciais diferentes.
- O nariz humano pode detectar pelo menos 1 trilhão de odores distintos.
- Os primeiros rins artificiais foram adaptados de máquinas de lavar.
- O Sol libera mais energia em um segundo do que tudo que foi utilizado na história da humanidade.

Ficou morrendo de vontade de saber mais, né?

Na seção "Desbravando o Desconhecido", você vai descobrir o que ainda intriga os cientistas (e todos nós): Por que as pessoas sonham? Como podemos alimentar todos os habitantes do planeta? Seremos capazes de conectar cérebros humanos a computadores no futuro? Será que um dia os robôs sentirão emoções?

Nós amamos os livros tanto quanto amamos a Ciência e a História, e esperamos que você aprecie esta edição ricamente ilustrada e aproveite a leitura.

Iberê Thenório e Mari Fulfaro
Criadores do Manual do Mundo

PREFÁCIO

Desde 1768, a *Enciclopédia Britânica* tem inspirado a curiosidade e a alegria de aprender. Este livro dá continuidade a essa tradição. Ele levará você para uma jornada incrível por toda a História. Você terá a oportunidade de fazer um passeio por um castelo medieval, espiar o futuro e aprender sobre o que pode ser mais importante para nós aqui na Terra. Cada vez que virar uma página, vai encontrar algo novo para explorar.

Mas, por mais surpreendente e fascinante que seja cada página, tudo que compartilhamos aqui está sempre sujeito a mudanças. Por isso criamos a seção "Desbravando o Desconhecido". Os acadêmicos, pesquisadores e outras mentes brilhantes que nos auxiliaram na criação deste livro ajudam a moldar os limites do conhecimento, movidos pela paixão e pela dedicação que têm à precisão, e assim nos ajudam a compreender melhor o mundo. E isso inclui compreender o que ainda não sabemos.

Acreditamos que os fatos importam e buscamos a exatidão por meio da checagem rigorosa de todas as informações. Ao longo dos seus mais de 250 anos de existência, a *Enciclopédia Britânica* tem estado comprometida com a investigação e a exploração, trabalhando com especialistas e impulsionando a inovação. É por isso que é uma grande honra lançar a Britannica Books, uma colaboração entre a Britannica e a What on Earth Publishing, com Christopher Lloyd e esta enciclopédia novinha em folha.

J. E. Luebering
Diretor editorial da *Enciclopédia Britânica*

SUMÁRIO

Introdução por Christopher Lloyd, VI

CAPÍTULO 1
HUMANOS
por **Cynthia O' Brien**
2

Tornar-se humano, 4 • O corpo humano, 6 • DNA e genética, 8 • O encéfalo, 10 • Emoções, 12 • Os sentidos, 14 • Comida e cozinha, 16 • Roupas e ornamentos, 18 • Crenças religiosas, 20 • Conflito e guerra, 22 • Linguagem e narrativas, 24 • Leitura e escrita, 26 • Criando arte, 28 • Artes cênicas, 30 • Calendários, 32 • Dinheiro, 34 • Crime e legislação, 36 • Educação, 38 • Trabalho, 40 • Jogos e esportes, 42 • Festivais, 44 • Rituais fúnebres, 46 • Pergunte aos especialistas!, 48 • Quiz, 49

CAPÍTULO 2
TEMPOS ANTIGOS E MEDIEVAIS
por **Dr. Jacob Field**
50

Os primeiros australianos, 52 • O Crescente Fértil, 54 • Mesopotâmia Antiga, 56 • Stonehenge, 58 • As primeiras dinastias chinesas, 60 • Antigo Egito, 62 • Deuses antigos, 64 • Civilizações andinas, 66 • A conquista do Pacífico, 68 • Minoicos, micênicos e fenícios, 70 • Os olmecas e os maias, 72 • O Império Persa, 74 • Grécia Antiga, 76 • Alexandre, o Grande, 78 • O Império Máuria, 80 • O exército de terracota, 82 • Roma Antiga, 84 • O mundo bizantino, 86 • Reinos africanos antigos, 88 • A China dos Tang, 90 • A Era de Ouro do Islã, 92 • Europa medieval, 94 • Pergunte aos especialistas!, 96 • Quiz, 97

CAPÍTULO 3
TEMPOS MODERNOS
por **Abigail Mitchell**
98

Impérios africanos, 100 • O Renascimento, 102 • Astecas e incas, 104 • Era das Explorações, 106 • O Império Mogol, 108 • A Grande Paz do Japão, 110 • Novos impérios, 112 • Colônias britânicas e francesas na América do Norte, 114 • Escravidão nas Américas, 116 • Era das Revoluções, 118 • Marcos da medicina, 120 • Revolução Industrial, 122 • Primeira Guerra Mundial, 124 • Sufrágio feminino, 126 • A ascensão do comunismo, 128 • O "boom" e a crise, 130 • Segunda Guerra Mundial, 132 • Guerra Fria, 134 • Descolonização, 136 • Direitos civis, 138 • Novas tensões, novas esperanças, 140 • Mapa-múndi político, 142 • Pergunte aos especialistas!, 144 • Quiz, 145

CAPÍTULO 4
HOJE E AMANHÃ
por **Jonathan O'Callaghan**
146

Um só mundo, 148 • Qualquer coisa, em qualquer lugar, 150 • Desigualdade, 152 • Alimentando o mundo, 154 • Energia para o planeta, 156 • Guerra moderna, 158 • Os megarricos, 160 • Cidades, 162 • Internet, 164 • Mídias, 166 • Materiais artificiais, 168 • Tecnologia médica, 170 • Tecnologia smart e IA, 172 • Desafios ambientais, 174 • Extinção em massa, 176 • Ameaçadas de extinção, 178 • Os efeitos das alterações climáticas, 180 • Contendo as alterações climáticas, 182 • Energia nuclear, 184 • Energia renovável, 186 • Cidades do amanhã, 188 • Humanos do futuro, 190 • Pergunte aos especialistas!, 192 • Quiz, 193

Notas, 194 • Glossário, 198 • Créditos das imagens, 203 • Colaboradores, 205

INTRODUÇÃO

Você é uma pessoa matinal? Tem gente que precisa que o despertador toque várias vezes para conseguir se levantar. Eu costumava ser assim. Só que não mais!

Passei a acordar cedo com mais facilidade quando comecei a escrever livros. Por quê? Quanto mais eu me dava conta do que não sabia, mais animado ficava para descobrir coisas novas. E esse ciclo nunca se esgotou. Agora eu acordo empolgado para saber quem vou conhecer e quais novas histórias vou encontrar.

O dia a dia é tão bizarro, tão fascinante! Imagine uma substância que simplesmente desaparece no ar quando a aquecemos. É um truque de mágica? Não, é apenas a água.

Ou pense no céu noturno. As estrelas não são hoje do jeito como você as enxerga. Você está vendo como elas eram em diferentes épocas do passado – algumas até 15 mil anos atrás! Esse é o tempo que a luz de muitas dessas estrelas levou para chegar ao planeta Terra.

Comecei a escrever livros depois de observar como minhas filhas adoravam aprender coisas que achavam interessantes. A mais nova, Verity, por exemplo, gosta de tudo que tenha a ver com comida. Para ver curiosidades sobre esse tema, vá para a página 16.

O que eu percebi é que, para atrair a atenção de todo mundo, precisamos encontrar uma forma de conectar os assuntos mais fascinantes. Por isso, incluímos referências cruzadas no rodapé das páginas pares. Se você ficar interessado nos assuntos de uma página específica, as referências vão lhe dizer aonde pode ir para aprender mais.

Fique à vontade para folhear este livro na ordem que quiser – ele foi feito para isso. Mas, se você é do tipo que gosta de ler na ordem certinha, também pode. Você vai acompanhar a história dos seres humanos e do planeta, chegando ao mundo de hoje, e vai até mesmo espreitar o horizonte para refletir sobre o que pode acontecer daqui para a frente.

Uma coisa que aprendi em todas as minhas pesquisas é que cada resposta leva a uma série de novas perguntas. Agora penso em todas as respostas como as curvas em uma estrada de descobertas, em torno da qual existem dezenas de novas perguntas que eu nunca soube que existiam. E muitas dessas novas perguntas ainda não têm respostas definitivas. Apresentamos esses mistérios na seção "Desbravando o Desconhecido", e foi muito divertido aprender sobre eles neste livro.

Mas não sou o único pesquisador envolvido na criação desta enciclopédia. Tivemos a sorte de trabalhar com mais de 100 consultores especializados. Fico muito animado por você poder conhecer alguns deles por meio da "Nota do especialista!" e das entrevistas no fim dos capítulos.

Será que, no futuro, você também vai se tornar um especialista? Quais são os temas – do espaço à natureza, da arqueologia à tecnologia – de que você mais gosta? A beleza da vida é que cada um de nós fica intrigado com coisas diferentes, então juntos podemos descobrir muito sobre o mundo à nossa volta. E tenho uma esperança em particular: que, depois de passar algum tempo lendo este livro, você possa ter um novo impulso em seus passos, estimulado pelo conhecimento de que ainda existem muitas reviravoltas emocionantes na história da vida na Terra apenas esperando ser descobertas.

Christopher Lloyd
Fundador da What on Earth Publishing

Ao aprender a andar sobre os pés, os humanos foram capazes de usar as mãos livremente e transformar o mundo. Nossos ancestrais descobriram como esfregar gravetos ou friccionar pedras para fazer fogo e, em seguida, criar ferramentas e armas para caçar comida. Na prática, o mundo seria muito diferente se não fosse pelas mãos humanas.

CAPÍTULO 1
HUMANOS

O que significa ser humano? A história humana começa alguns milhões de anos atrás, quando nossos ancestrais começaram a andar sobre os pés. Essas criaturas, membros do gênero *Homo*, eram adaptáveis. Usavam as mãos para fazer fogueiras, fabricar armas e projetar ferramentas. Dez mil anos atrás, a única espécie sobrevivente do gênero *Homo* no planeta Terra, o *Homo sapiens*, estava trocando grãos por joias, lã por potes e couro por carroças. E não demorou muito para que o dinheiro padronizasse as transações.

Os humanos desenvolvem culturas diferentes que, pouco a pouco, modelam e remodelam o mundo. Compartilhamos ideias por meio da escrita, da arte, da música, da dança, dos vídeos e da internet. Iniciamos guerras, mas também interagimos pacificamente por meio de esportes e jogos, da invenção e da exploração, do vestuário. Criamos governos para regular nosso comportamento e festivais para celebrar nossas alegrias. Lamentamos os mortos de maneiras distintas. Bem mais do que andar eretos, essa cultura complexa é o que diferencia os humanos dos outros animais.

TORNAR-SE HUMANO

Os seres humanos nem sempre tiveram a aparência atual. O ser humano moderno evoluiu ao longo de milhões de anos; no passado, existiram várias espécies de humanos. A maioria dos membros desse grupo é chamada *Homo*. Com o tempo, os corpos dos humanos se adaptaram, ou seja, mudaram para se ajustar a diferentes ambientes. Nosso cérebro, por exemplo, é três vezes maior do que o dos nossos antepassados de aparência humana.

Fatos Fantásticos!

Os arrepios ajudavam nossos ancestrais a se manterem aquecidos. Quando está frio, a pele reage levantando os pelos e, assim, retendo o ar de modo a manter-se aquecida. Isso não funciona para os humanos hoje, porque perdemos a maior parte dos pelos do corpo. Mas nossos ancestrais eram muito mais peludos!

OS PARENTES DOS HUMANOS

Hoje existe apenas uma espécie do gênero *Homo* – os humanos modernos, conhecidos como *Homo sapiens*. Os cientistas nem sempre estão de acordo sobre quais espécies são ancestrais de outras, mas todos os membros do gênero *Homo* estão intimamente relacionados. Alguns deles são mostrados aqui, da direita para a esquerda, na ordem em que se acredita que tenham surgido.

O *Homo neanderthalensis* era mais baixo que um ser humano moderno, mas seu cérebro era tão grande quanto o nosso.

Os humanos modernos são os únicos que têm uma testa reta e comprida.

Homo erectus significa "homem ereto". Essa espécie viveu na África e na Ásia.

Homo neanderthalensis
Tendo surgido há 200 mil anos, é o parente mais próximo e extinto dos seres humanos. Eles faziam as próprias roupas e usavam ferramentas.

Homo sapiens
Todos os humanos pertencem a essa espécie, que se originou na África há 315 mil anos. *Homo sapiens* significa "humano sábio".

Homo erectus
Surgiu há cerca de 1,9 milhão de anos. Pode ter sido o primeiro dos nossos parentes próximos a fazer e controlar o fogo quando quisesse.

Homo habilis
Viveu na África há cerca de 2,4 milhões a 1,5 milhão de anos. Tinha mãos e pés semelhantes aos dos humanos modernos e pode ter vivido na mesma época de outros tipos de humanos primitivos.

Australopithecus afarensis
Já foram encontrados mais de 400 fósseis dessa espécie, principalmente na Etiópia. Eles datam de 3,8 a 2,9 milhões de anos atrás.

CONSULTOR ESPECIALISTA: John P. Rafferty. **VEJA TAMBÉM:** O corpo humano, pp.6-7; O encéfalo, pp.10-11; Ameaçadas de extinção, pp.178-179.

Andando sobre os pés

Somos os únicos primatas que andam ou correm em pé o tempo todo. O nome disso é bipedismo. Os cientistas não sabem ao certo por que os membros da linhagem humana evoluíram para andar sobre as pernas. Mesmo Usain Bolt, que correu os 100 metros rasos a uma velocidade recorde de 9,58 segundos em 2009, não é tão rápido quanto alguns animais de quatro patas (quadrúpedes).

Quão antigos são os humanos?

A Terra tem 4,6 bilhões de anos. O *Homo sapiens* provavelmente se originou na África há cerca de 315 mil anos, embora nossos ancestrais bípedes tenham surgido em algum momento dos últimos 6 milhões de anos. Linguagem, arte e tecnologia complexas foram desenvolvidas apenas nos últimos 100 mil anos.

O cérebro de Lucy tinha cerca de um terço do tamanho do cérebro de um humano moderno.

A grande mandíbula de Lucy se projeta para a frente.

Quem é Lucy?

Lucy é o nome dado a um esqueleto de 3,2 milhões de anos encontrado na Etiópia em 1974. Pertencia à espécie *Australopithecus afarensis*, um grupo de ancestrais dos humanos. Como os macacos, tinha os braços compridos e as pernas curtas, além de uma pélvis similar à de um ser humano. Lucy andava sobre as pernas, como os humanos modernos.

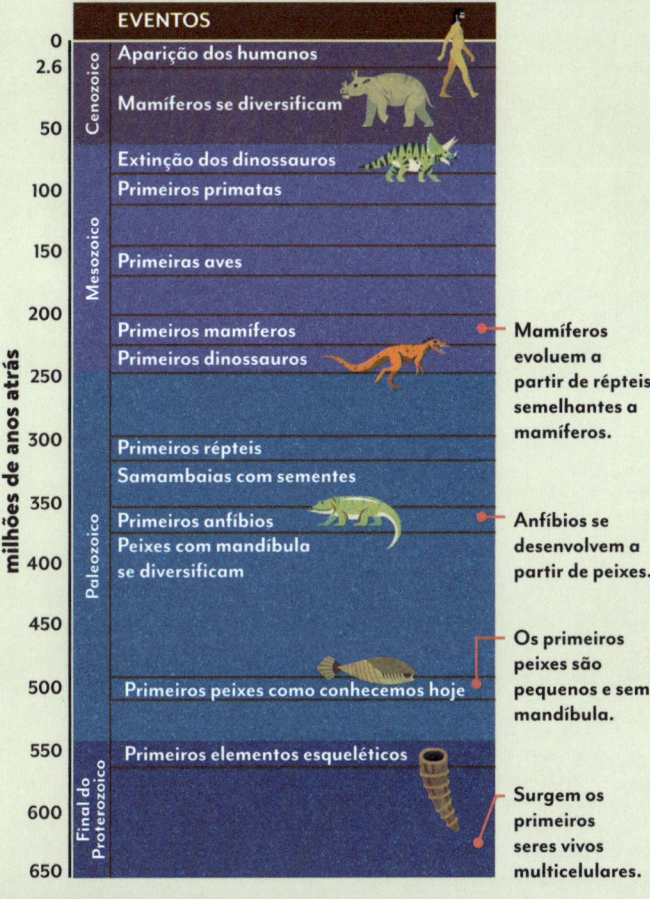

DESBRAVANDO O DESCONHECIDO

Quem é o nosso ancestral comum?

Humanos e chimpanzés descendem do mesmo ancestral, mas não sabemos exatamente quem foi esse ancestral. Os cientistas sabem apenas que os humanos evoluíram de modo a se separar dos outros macacos. Isso aconteceu há pelo menos 6 milhões de anos.

Fogo e relâmpago

Os primatas descobriram como fazer fogo há mais de 1,4 milhão de anos. Antes disso, eles provavelmente dependiam de incêndios naturais provocados por raios. Apenas os membros do gênero *Homo* aprenderam a fazer e a controlar o fogo. Essa habilidade levou à capacidade de cozinhar e a outros avanços importantes.

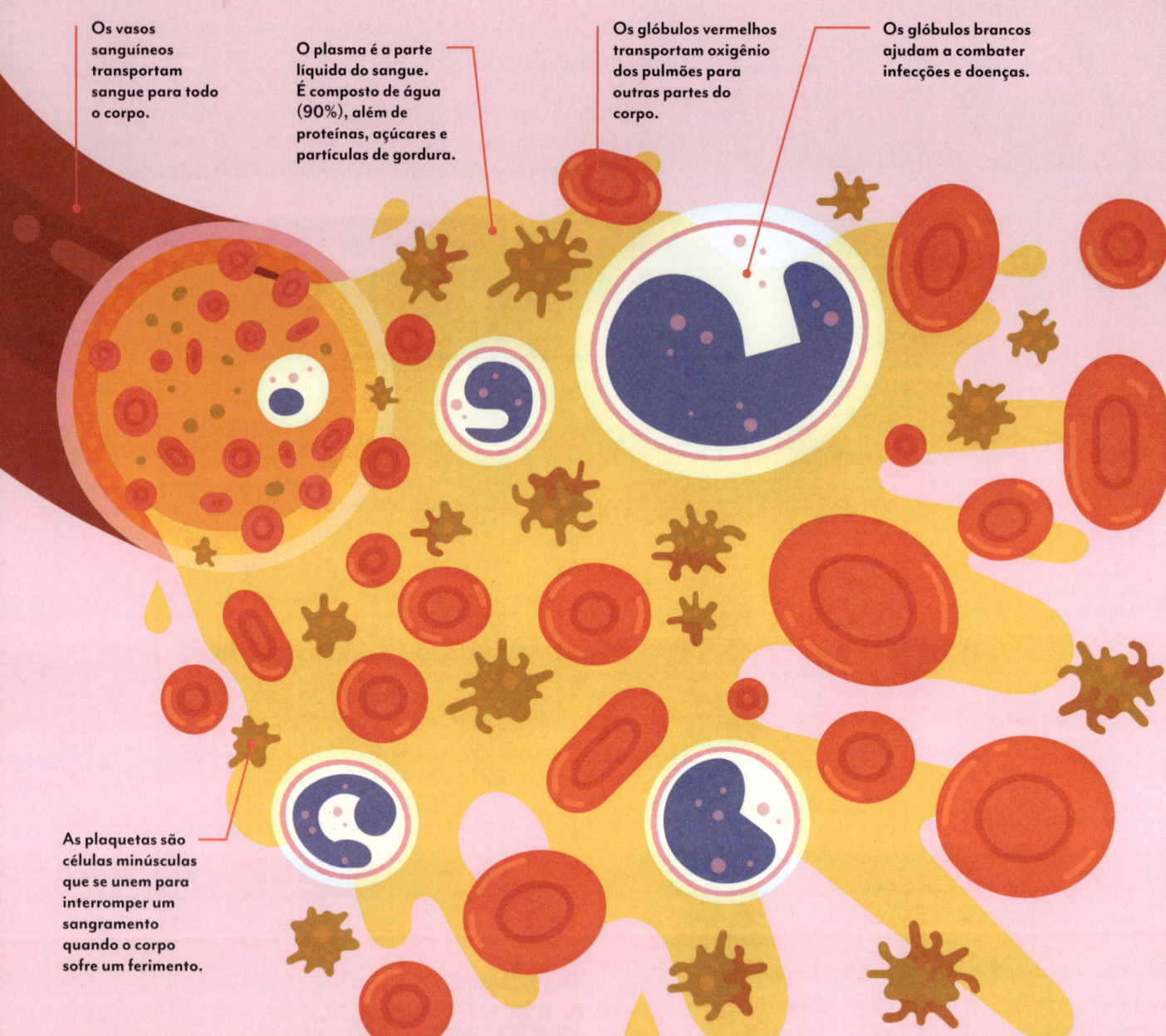

Os vasos sanguíneos transportam sangue para todo o corpo.

O plasma é a parte líquida do sangue. É composto de água (90%), além de proteínas, açúcares e partículas de gordura.

Os glóbulos vermelhos transportam oxigênio dos pulmões para outras partes do corpo.

Os glóbulos brancos ajudam a combater infecções e doenças.

As plaquetas são células minúsculas que se unem para interromper um sangramento quando o corpo sofre um ferimento.

O CORPO HUMANO

O corpo humano é incrível, formado por mais de 30 trilhões de células. Cerca de 60% dele são água, mas também contém proteínas, carboidratos e outros compostos químicos orgânicos. As células formam os quatro principais tipos de tecido do organismo, sendo um deles o tecido muscular, que usamos para nos movimentar. Muitos dos órgãos do nosso corpo são feitos de tecidos. Eles trabalham juntos em grandes sistemas, que permitem aos humanos pensar, se mexer, digerir alimentos e muito mais.

Sangue e células

Todos os seres vivos são constituídos de células. Elas crescem e se dividem, e existem em diferentes formatos e tamanhos. Cada tipo de célula tem uma finalidade. As sanguíneas, por exemplo, vêm da medula óssea – o tecido dentro da maioria dos ossos, que produz glóbulos vermelhos, glóbulos brancos e plaquetas. O corpo depende do sangue para transportar oxigênio, proteínas e nutrientes para as células e para eliminar resíduos, como o dióxido de carbono.

CONSULTORA ESPECIALISTA: Kara Rogers. **VEJA TAMBÉM:** DNA e genética, pp.8-9; O encéfalo, pp.10-11; Os sentidos, pp.14-15; Marcos da medicina, pp.120-121.

Sistemas do corpo humano
A LISTA

O corpo humano possui vários sistemas, ou grupos de órgãos, que trabalham em conjunto para executar determinadas funções.

1. Esquelético Os ossos e as cartilagens dão estrutura ao corpo. Eles ajudam no movimento e protegem órgãos vitais. Os ossos contêm a medula, que produz células sanguíneas.

2. Muscular Os músculos, conectados aos ossos e órgãos, sustentam nosso corpo e permitem que nos movimentemos. Também ajudam o corpo a manter uma temperatura saudável.

3. Respiratório Quando respiramos, o nariz e a boca levam o ar para nossos pulmões. O sangue extrai oxigênio dos pulmões e o entrega a todas as células do corpo. Os pulmões, o nariz e a boca expiram dióxido de carbono, um produto residual que precisa ser eliminado.

4. Circulatório O sangue está em constante movimento pelo corpo. O coração bate cerca de 72 vezes por minuto, bombeando sangue pelas artérias, veias e vasos capilares.

5. Digestório Os intestinos e o estômago decompõem os alimentos em nutrientes, que o corpo utiliza para se manter saudável.

6. Nervoso O encéfalo, a medula espinhal, os nervos e os órgãos dos sentidos transmitem sinais por todo o corpo.

DESBRAVANDO O DESCONHECIDO

Quantos ossos você tem?

Um adulto tem em média 206 ossos. Um bebê médio tem 270, porque alguns ainda não estão unidos. No entanto, esses números não incluem pequenos ossos chamados sesamoides, que podem variar em tamanho e número de pessoa para pessoa.

REVOLUCIONÁRIA

TRÓTULA DE SALERNO
Médica, viveu no século XII

Itália

Trótula, ou Trota, escreveu sobre remédios e tratamentos para mulheres. Um de seus textos compôs um conjunto de três escritos em latim (*Trotula*), originados em Salerno, Itália, que abordavam o assunto e foram amplamente difundidos na França e Inglaterra nos séculos XII e XIII. Até o final do século XIX e início do século XX, as pessoas presumiam que homens haviam escrito todos os três textos, mas depois historiadores corrigiram esse erro.

Locomoção

O esqueleto humano é composto de ossos que sustentam o corpo e protegem os órgãos. Ele também atua com os músculos para permitir nossa locomoção. Os ossos são formados por minerais, água e fibras de proteínas. Já as articulações são os pontos onde duas ou mais partes próximas do sistema esquelético se encontram. Os cinco principais tipos de articulação são:

O pescoço é uma articulação trocoide (pivotante), que realiza o movimento de rotação lateral.

As articulações esferoides permitem que os ombros e quadris se mexam em quase todas as direções.

O punho é uma articulação elipsoide, que realiza movimentos de um lado para o outro e para a frente e para trás.

O joelho e o cotovelo são articulações gínglimo, que dobram e esticam.

O polegar é uma articulação selar; ele pode se mexer para a frente e para trás e de um lado para o outro.

DNA E GENÉTICA

O que torna os seres humanos diferentes uns dos outros? O que torna os membros de uma família parecidos entre si? A resposta está nos genes. Eles são um conjunto de instruções transportadas nas cadeias de uma substância química chamada ácido desoxirribonucleico (DNA). O DNA contém todas as informações que determinam a aparência das pessoas e como seus corpos funcionam. A forma como ele é codificado, ou ordenado, é ligeiramente diferente em cada ser humano. A genética é o estudo dos genes: como eles são passados de uma geração para outra e como agem em conjunto para fazer você ser quem você é.

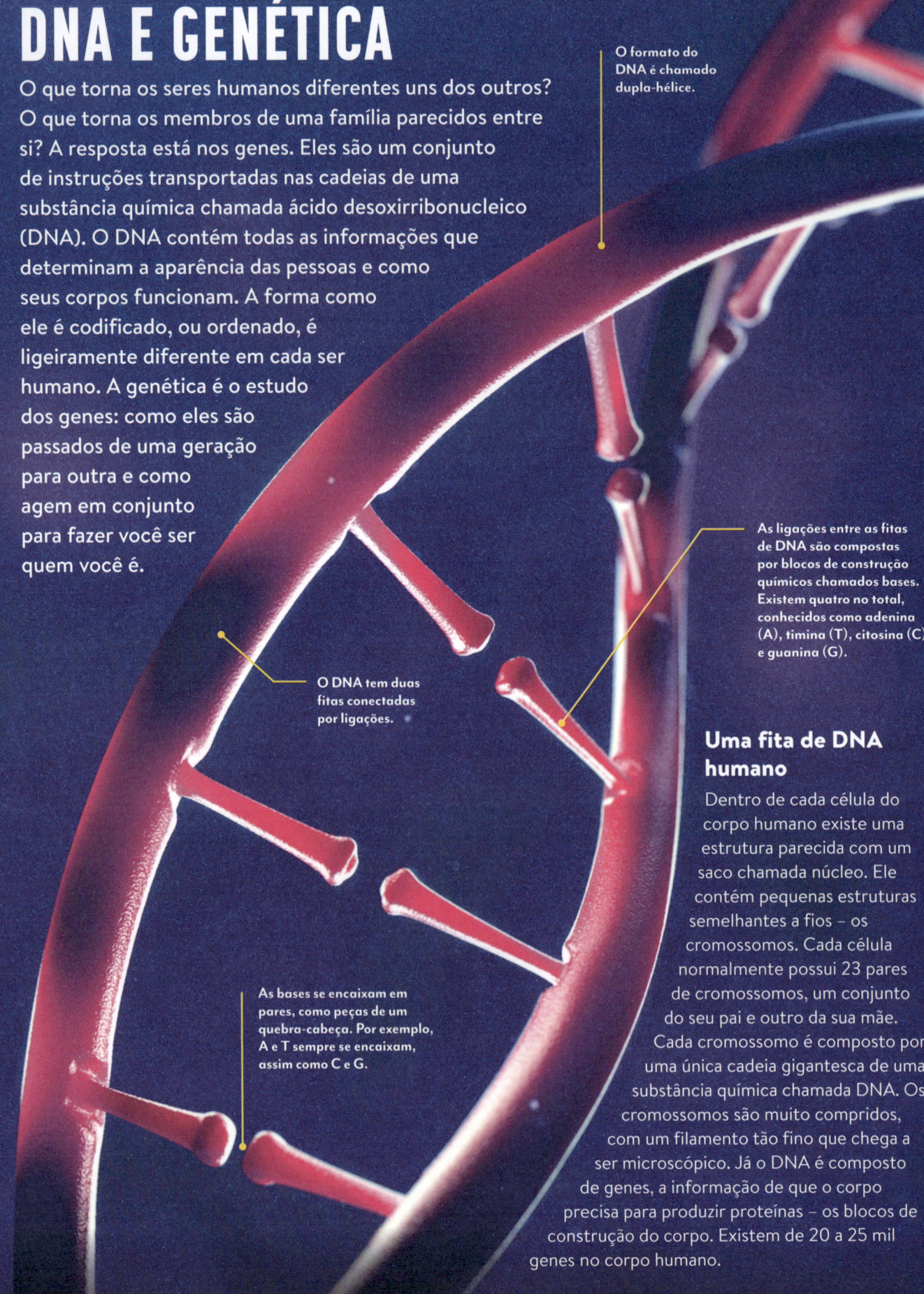

O formato do DNA é chamado dupla-hélice.

As ligações entre as fitas de DNA são compostas por blocos de construção químicos chamados bases. Existem quatro no total, conhecidos como adenina (A), timina (T), citosina (C) e guanina (G).

O DNA tem duas fitas conectadas por ligações.

As bases se encaixam em pares, como peças de um quebra-cabeça. Por exemplo, A e T sempre se encaixam, assim como C e G.

Uma fita de DNA humano

Dentro de cada célula do corpo humano existe uma estrutura parecida com um saco chamada núcleo. Ele contém pequenas estruturas semelhantes a fios – os cromossomos. Cada célula normalmente possui 23 pares de cromossomos, um conjunto do seu pai e outro da sua mãe. Cada cromossomo é composto por uma única cadeia gigantesca de uma substância química chamada DNA. Os cromossomos são muito compridos, com um filamento tão fino que chega a ser microscópico. Já o DNA é composto de genes, a informação de que o corpo precisa para produzir proteínas – os blocos de construção do corpo. Existem de 20 a 25 mil genes no corpo humano.

CONSULTORA ESPECIALISTA: Abigail H. Feresten. **VEJA TAMBÉM:** Tornar-se humano, pp.4-5; O corpo humano, pp.6-7; Crime e legislação, pp.36-37; Marcos da medicina, pp.120-121; Tecnologia médica, pp.170-171; Humanos do futuro, pp.190-191.

Traços de família

De onde vieram seu nariz, seu cabelo cacheado ou seus olhos castanhos? Filhos herdam características dos pais, mas isso não significa que eles sejam exatamente iguais. Tudo depende do tipo de traço e de como os genes se comportam no corpo. O formato do nariz, ou pelo menos a ponta e a área logo abaixo dela, tem maior probabilidade de ser transmitido do que outras características do rosto.

Mutações e cor dos olhos

O DNA de todos os seres humanos é 99,9% idêntico. No entanto, cada pessoa é diferente. A maioria dessas diferenças provêm de mutações, pequenas alterações em partes especiais dos genes. Novas mutações resultam em alelos, uma variação específica do gene. Você recebe cerca de metade dos seus alelos da sua mãe e metade do seu pai. Sua combinação única de alelos determina sua aparência. A cor dos olhos vem de dois genes – um que torna os olhos mais amarelos e outro que os torna mais vermelhos. Se você não tiver um alelo forte para nenhuma das duas cores, terá olhos azuis. Alelos fortes para ambas significam olhos castanho-escuros. Um gene vermelho forte, mas um amarelo fraco, produz olhos castanho-claros.

Desvendando crimes

As impressões digitais são usadas na identificação de criminosos, porque cada uma é única. Um criminoso também pode deixar para trás "DNA de toque" na forma de células da pele. Usando uma técnica que faz cópias dos genes, peritos criminais são capazes de criar uma imagem genética completa de um criminoso a partir de uma impressão digital e depois compará-la com o DNA dos suspeitos.

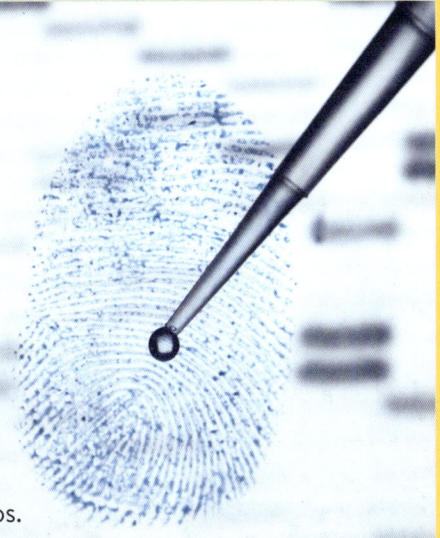

Fatos Fantásticos!

Cientistas encontraram DNA de 5.700 anos em um pedaço de "chiclete" feito de cascas de árvore em Lolland, na Dinamarca. Com base nisso, produziram a imagem de uma pessoa, batizada de Lola, que teria mascado a goma. Este é o primeiro DNA completo extraído de algo que não fossem ossos ou dentes. Esse tipo de goma era usado naquela época muito provavelmente para colar ferramentas e higienizar a boca.

NOTA da especialista!

ABIGAIL H. FERESTEN
Geneticista

Abigail H. Feresten estuda o desenvolvimento do cérebro em vermes microscópicos. Os genes que controlam esse processo fazem o mesmo em humanos! Ou seja, quanto mais compreendermos o desenvolvimento do cérebro em todas as espécies, mais seremos capazes de tratar distúrbios cerebrais humanos.

❝ *Nosso código genético é o que torna cada um de nós único, e também o que nos torna humanos.* ❞

O ENCÉFALO

O encéfalo é o centro de controle do corpo. Ele recebe e envia mensagens, permitindo que as pessoas respirem, se mexam, falem e aprendam. Seu principal componente é o cérebro, que pesa cerca de 1,5 quilo e tem dois lados, chamados hemisférios. O hemisfério direito controla os músculos do lado esquerdo do corpo; o esquerdo controla os músculos do lado direito. No entanto, as pessoas usam todas as partes do cérebro o tempo todo, mesmo quando estão dormindo.

Neurônios

Os neurônios são células cerebrais com longos filamentos, semelhantes a fios. Eles se comunicam com outros neurônios enviando correntes elétricas por esses fios. Quando uma corrente elétrica chega ao final de um fio, libera um sinal, como uma luz que se acende. O outro neurônio responde a esse sinal, não à corrente. Dessa forma, eles transmitem informações dentro do cérebro e entre o cérebro e o resto do corpo.

O lobo frontal controla o movimento, a memória, o comportamento e a inteligência.

O lobo parietal percebe a temperatura e outras sensações, como o tato e o paladar.

O lobo occipital é responsável pela visão.

CÉREBRO

O cerebelo controla o equilíbrio, o movimento e o trabalho em conjunto dos músculos.

CEREBELO

TRONCO ENCEFÁLICO

O lobo temporal controla a memória, o comportamento e as emoções. Ele permite que as pessoas entendam a linguagem.

O tronco encefálico controla funções automáticas, como a respiração.

As vértebras protegem a medula espinhal.

As principais áreas do encéfalo

O encéfalo tem três áreas principais: o cérebro, o cerebelo e o tronco encefálico. O cérebro contém quatro lobos – frontal, temporal, parietal e occipital, cada um responsável por diferentes funções do corpo. Os neurônios – as células que enviam e recebem mensagens – se comunicam com os nossos órgãos dos sentidos e outras partes do corpo. As mensagens viajam ao longo da medula espinhal, um longo feixe de nervos dentro da coluna.

CONSULTORA ESPECIALISTA: Abigail H. Feresten. **VEJA TAMBÉM:** Tornar-se humano, pp.4-5; O corpo humano, pp.6-7; Emoções, pp.12-13; Os sentidos, pp.14-15; Tecnologia smart e IA, pp.172-173; Humanos do futuro, pp.190-191.

Ondas cerebrais
A LISTA

As ondas cerebrais são detectadas por meio de instrumentos muito sensíveis, que captam a regularidade com que os neurônios piscam, indicando o nível de atividade das células. Os padrões das ondas cerebrais mudam dependendo do que as pessoas estão fazendo e sentindo.

1. **Delta** As ondas cerebrais mais lentas. Ocorrem quando uma pessoa está dormindo.

2. **Theta** Ondas cerebrais muito lentas. Ocorrem quando o cérebro está extremamente relaxado – por exemplo, no momento em que estamos indo dormir.

3. **Alfa** Ondas cerebrais grandes e lentas. Ocorrem quando a pessoa está calma e relaxada.

4. **Beta** Ondas cerebrais pequenas e mais rápidas. Ocorrem quando o cérebro está alerta e ativo – por exemplo, no momento em que estamos falando.

5. **Gama** As ondas cerebrais mais rápidas. Ocorrem quando a pessoa está pensando ativamente – por exemplo, durante a solução de problemas difíceis.

Reflexos

Uma ação reflexa ocorre quando seu corpo reage sem que você tenha que pensar sobre aquilo. Os reflexos protegem seu corpo de perigos – por exemplo, ao afastar automaticamente sua mão de uma chama quente. A ação reflexa afasta sua mão do calor antes que o sinal enviado da sua mão para a medula espinhal chegue ao cérebro avisando que você está sentindo dor.

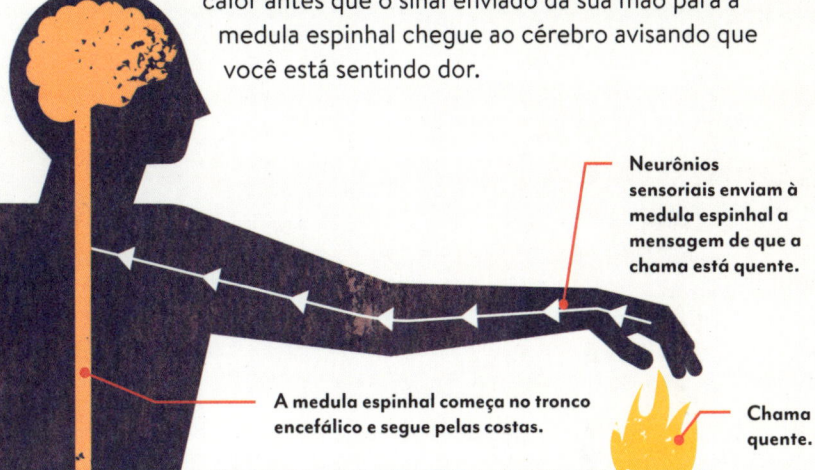

Neurônios sensoriais enviam à medula espinhal a mensagem de que a chama está quente.

A medula espinhal começa no tronco encefálico e segue pelas costas.

Chama quente.

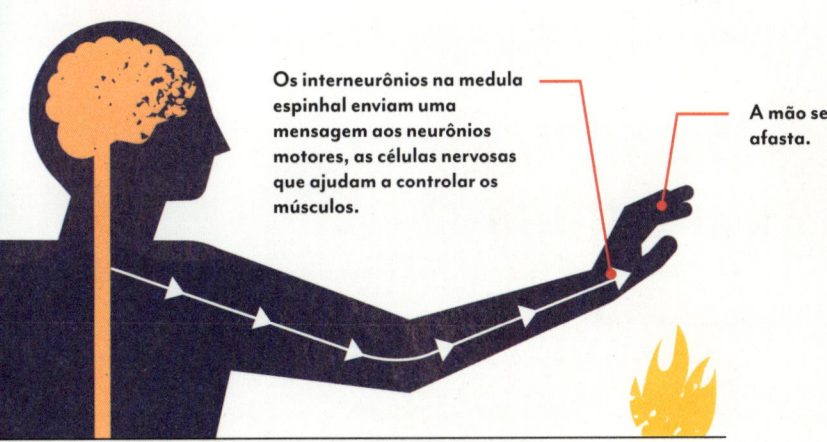

Os interneurônios na medula espinhal enviam uma mensagem aos neurônios motores, as células nervosas que ajudam a controlar os músculos.

A mão se afasta.

Enganando o cérebro

Visão, olfato, paladar, tato e audição, todos desempenham um papel importante no dia a dia. Mas os mágicos enganam o cérebro das pessoas criando ilusões para nossos sentidos. Por exemplo, eles fazem com que o cérebro se concentre em ver uma coisa e não outra, de modo que o objeto – como o coelho da foto – parece sumir. Ou o cérebro pode continuar vendo algo mesmo que não esteja mais ali. Truques como esses ajudam os neurocientistas a descobrir como funciona o cérebro.

DESBRAVANDO O DESCONHECIDO

Por que as pessoas sonham?

Os cientistas ainda tentam descobrir por que as pessoas sonham. Eles usam uma máquina para estudar a atividade elétrica do cérebro enquanto dormimos. Os cientistas sabem que o sistema límbico do encéfalo, que se encontra sob o cérebro e lida com as emoções, fica muito ativo durante os sonhos. São as áreas da camada externa do cérebro que determinam o que as pessoas sonham.

EMOÇÕES

Alegria, tristeza e medo são emoções – e experimentamos uma enorme variedade delas. É por meio delas que reagimos ao mundo à nossa volta. Dentro do seu cérebro existe um centro de controle emocional chamado sistema límbico. Ele é composto por diferentes partes. Uma delas, o hipocampo, ajuda você a se lembrar e aprender coisas. A amígdala (que não é aquela localizada na garganta) tem formato de amêndoa e ajuda a regular emoções como a raiva. O minúsculo hipotálamo controla a forma como você reage a uma emoção – por exemplo, os arrepios que sentimos quando estamos com medo.

Mente e corpo

As emoções fazem seu corpo agir de diferentes maneiras. Se você se sentir animado ou assustado, seu coração poderá bater mais rápido. Você pode chorar ao sentir tristeza, raiva ou até felicidade. As expressões faciais também comunicam nossas emoções. Os cientistas identificaram sete emoções que partilhamos e que produzem expressões semelhantes em todas as culturas. Elas são alegria, tristeza, nojo, raiva, medo, surpresa e desprezo.

CONSULTORA ESPECIALISTA: Kara Rogers. **VEJA TAMBÉM:** O corpo humano, pp.6-7; O encéfalo, pp.10-11; Os sentidos, pp.14-15.

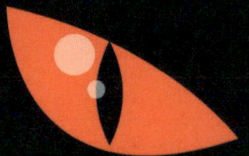 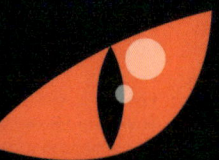

Luta ou fuga

Seu encéfalo possui um sistema de segurança automático. Se você está com medo, a amígdala envia um sinal de alarme ao hipotálamo. O hipotálamo, por sua vez, alerta as glândulas suprarrenais, logo acima dos rins, para liberar uma substância natural chamada adrenalina. A adrenalina faz seu coração bater mais rápido e seus pulmões se encherem de oxigênio. Essa reação é chamada "luta ou fuga". Agora você está pronto para ficar e lidar com algo assustador ou fugir dele.

A química em ação

Os humanos muitas vezes se sentem bem quando fazem exercícios ou passam tempo com a família e amigos. Isso acontece porque, quando você realiza essas atividades, o cérebro envia mensageiros químicos chamados neurotransmissores, que provocam determinadas emoções e reações. A serotonina, por exemplo, ajuda você a se sentir feliz. A dopamina informa ao seu cérebro quando uma coisa boa acontece – por exemplo, quando comemos uma coisa gostosa. A norepinefrina nos auxilia a lidar com o estresse.

Fatos Fantásticos!

O ser humano é capaz de fazer mais de 10 mil expressões faciais diferentes! Muitas delas são reações a emoções, como sorrir quando estamos felizes ou fazer careta para algo nojento. A maioria são movimentos tão sutis que duram menos de um segundo. Os pesquisadores descobriram que usamos 43 músculos diferentes para fazer expressões faciais.

Quando um sorriso não é um sorriso?

A mulher da pintura *Mona Lisa*, de Leonardo da Vinci, está sorrindo? As pessoas debatem isso há séculos. Existem cerca de 18 tipos diferentes de sorriso, mas apenas um expressa verdadeira alegria. Um sorriso genuíno, ou real, é chamado "sorriso de Duchenne". Ele usa mais músculos faciais do que um sorriso falso e forma pés de galinha junto aos olhos. Isso só acontece se a pessoa estiver sorrindo de verdade.

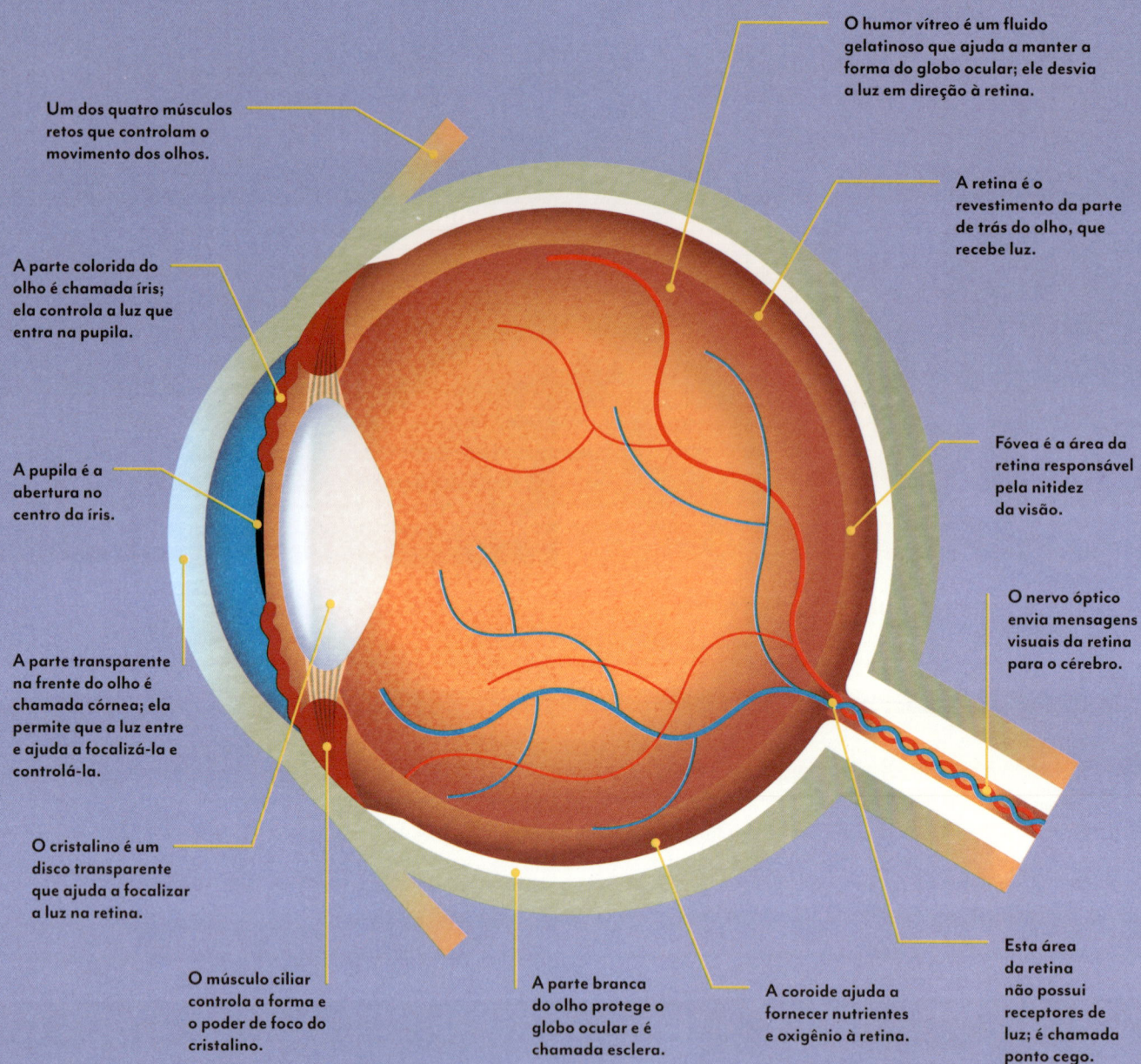

- Um dos quatro músculos retos que controlam o movimento dos olhos.
- O humor vítreo é um fluido gelatinoso que ajuda a manter a forma do globo ocular; ele desvia a luz em direção à retina.
- A retina é o revestimento da parte de trás do olho, que recebe luz.
- A parte colorida do olho é chamada íris; ela controla a luz que entra na pupila.
- A pupila é a abertura no centro da íris.
- Fóvea é a área da retina responsável pela nitidez da visão.
- A parte transparente na frente do olho é chamada córnea; ela permite que a luz entre e ajuda a focalizá-la e controlá-la.
- O nervo óptico envia mensagens visuais da retina para o cérebro.
- O cristalino é um disco transparente que ajuda a focalizar a luz na retina.
- O músculo ciliar controla a forma e o poder de foco do cristalino.
- A parte branca do olho protege o globo ocular e é chamada esclera.
- A coroide ajuda a fornecer nutrientes e oxigênio à retina.
- Esta área da retina não possui receptores de luz; é chamada ponto cego.

OS SENTIDOS

Visão, paladar, audição, tato e olfato são os sentidos que ajudam os humanos a compreender e interagir com o mundo e outras pessoas. Nossos órgãos – como olhos, ouvidos e pele – possuem receptores sensoriais que captam sinais. Esses receptores transmitem informações ao seu cérebro, que por sua vez decodifica as informações para que você saiba o que está vendo, ouvindo, sentindo e experimentando. Além dos cinco sentidos básicos, quase todos os animais percebem movimento, calor, frio, pressão e dor e têm senso de equilíbrio.

O olho

O olho humano é um órgão poderoso, capaz de detectar objetos e enxergar até 10 milhões de cores. Quando você olha para um objeto, a luz reflete nele e penetra em seus olhos. Essa luz viaja até a retina, que fica na parte de trás de cada olho. Lá, milhões de células nervosas – chamadas bastonetes e cones – convertem a luz em sinais elétricos. Esses sinais viajam até o cérebro, que processa a imagem do que você está olhando.

CONSULTORA ESPECIALISTA: Kara Rogers. **VEJA TAMBÉM:** O corpo humano, pp.6-7; DNA e genética, pp. 8-9; O encéfalo, pp.10-11; Emoções, pp. 12-13; Humanos do futuro, pp. 190-191.

A língua e o paladar

Você tem entre 2 mil e 8 mil papilas gustativas na língua, e cada uma delas contém de 50 a 75 células receptoras gustativas. As células captam os gostos doce, salgado, azedo, amargo e umami (ou saboroso) e enviam essas informações ao cérebro. Ao mesmo tempo, seu nariz capta os cheiros, intensificando a sensação. É por isso que a comida pode não ter o mesmo gosto se seu nariz estiver entupido por causa de um resfriado.

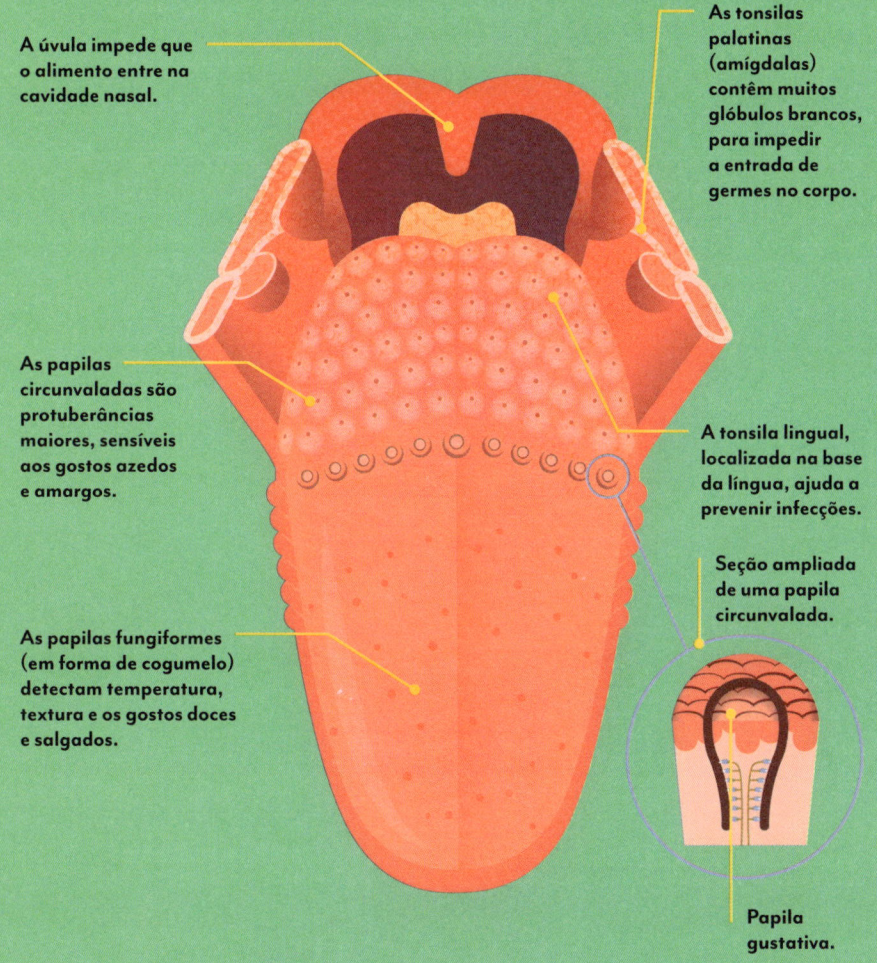

A úvula impede que o alimento entre na cavidade nasal.

As tonsilas palatinas (amígdalas) contêm muitos glóbulos brancos, para impedir a entrada de germes no corpo.

As papilas circunvaladas são protuberâncias maiores, sensíveis aos gostos azedos e amargos.

A tonsila lingual, localizada na base da língua, ajuda a prevenir infecções.

Seção ampliada de uma papila circunvalada.

As papilas fungiformes (em forma de cogumelo) detectam temperatura, textura e os gostos doces e salgados.

Papila gustativa.

Audição

A orelha capta vibrações no ar, enviando-as para a orelha média e depois para a orelha interna, onde a cóclea capta esse sinal. Então, o nervo auditivo envia as informações dali para o cérebro. O som é medido em decibéis (dB). Ouvir sons acima de 120dB pode causar danos ao ouvido.

Muito alto?

- Fogos de artifício 140-150dB — 150 dB
- Avião decolando 120dB
- 125 dB
- Show de rock 105-115dB — 100 dB
- Sirene 115-125dB
- 75 dB — Trânsito intenso 85dB
- Fala normal 55-65dB — 50 dB
- Geladeira 35-45dB
- 25 dB

O toque mais sensível

As cristas papilares contêm milhares de células receptoras de toque logo abaixo da superfície da pele. Essas cristas tornam as pontas dos dedos capazes de perceber as mínimas diferenças de textura e temperatura. Como outros receptores sensoriais, as células de toque enviam um alerta ao cérebro, que identifica se algo é suave, áspero, quente, frio, úmido, seco e inúmeras outras opções.

Fatos Fantásticos!

O nariz humano pode detectar pelo menos 1 trilhão de odores distintos. Seu nariz inspira o ar, que contém moléculas de cheiro. Na parte alta do nariz, cerca de 400 tipos diferentes de receptor captam essas moléculas. Depois, esses receptores enviam as informações para o bulbo olfatório do cérebro. O nariz humano pode sentir o odor de um cangambá (à direita), que exala um cheiro de ovo podre, a um quilômetro de distância.

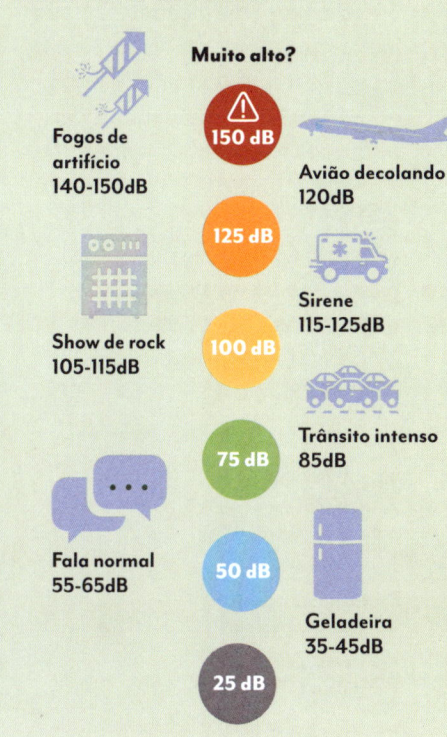

Comida e geografia

O que as pessoas comem depende de quando e onde vivem. Tradicionalmente, as pessoas se alimentavam com o que vivia ou crescia nas proximidades. O povo inuíte, no Ártico, recorre a peixes e outros frutos do mar. Os incas, no Peru, cultivavam batatas. Os primeiros mexicanos plantavam e comiam tomates. Os exploradores europeus levaram esses alimentos para a Europa. Hoje, países importam alimentos de todo o mundo, mas diferentes culturas têm formas distintas de cozinhá-los.

Para se alimentarem, os inuítes usam arpões para caçar focas.

Os caçadores abatem as focas quando elas sobem pelos buracos no gelo para respirar.

No Ártico, os inuítes aproveitam todas as partes dos animais que caçam. Além de se alimentarem da carne, eles se aquecem com casacos feitos de couro de rena.

COMIDA E COZINHA

Todos os animais, incluindo os humanos, precisam de comida para viver e crescer. É assim que obtemos a energia necessária para nosso corpo funcionar. Os primeiros humanos caçavam animais selvagens e coletavam plantas silvestres para comer. No entanto, a agricultura mudou a forma como as pessoas se alimentavam, pois as comunidades começaram a depender das plantas que cultivavam. Os primeiros agricultores da América do Norte se valiam de feijão, milho e abóbora. Com o tempo, culturas de todo o mundo desenvolveram as próprias combinações de alimentos e sabores.

Fatos Fantásticos!

A camada brilhante dos "delicados" pode vir de um inseto! Essa cobertura é a goma-laca, produzida pela fêmea de um inseto da espécie *Kerria lacca*, que vive em árvores da Índia e da Tailândia. Quando aquecida e filtrada, a substância se transforma em flocos, que são então dissolvidos em uma substância chamada etanol (que também chamamos de "álcool"). Isso dá origem a um esmalte que endurece quando esfria.

CONSULTORA ESPECIALISTA: Chef Suzi Gerber. **VEJA TAMBÉM:** Tornar-se humano, pp.4-5; O corpo humano, pp.6-7; Qualquer coisa, em qualquer lugar, pp.150-151; Alimentando o mundo, pp.154-155; Cidades, pp.162-163; Desafios ambientais, pp.174-175; Cidades do amanhã, pp.188-189.

DESBRAVANDO O DESCONHECIDO

Quando as pessoas começaram a cozinhar alimentos?

Ninguém sabe exatamente quando os humanos começaram a cozinhar. Na natureza, todos os outros animais comem alimentos crus. Cozinhar torna os alimentos mais fáceis de mastigar e digerir. Uma das primeiras espécies de humanos, o *Homo erectus*, aprendeu a controlar o fogo, mas não deixou vestígios de alimentos cozidos. Contudo, tanto os neandertais quanto os primeiros *Homo sapiens* deixaram para trás ossos de animais queimados, sugerindo que já sabiam cozinhar.

De que alimento o corpo precisa?

Este prato apresenta as proporções de frutas, vegetais, grãos integrais e proteínas de que precisamos para uma dieta nutritiva e balanceada. Os humanos podem comer tanto carne quanto vegetais. No entanto, algumas pessoas – conhecidas como veganas – não consomem nenhum produto de origem animal. Todos nós precisamos comer fibras, como grãos integrais, para nos mantermos saudáveis.

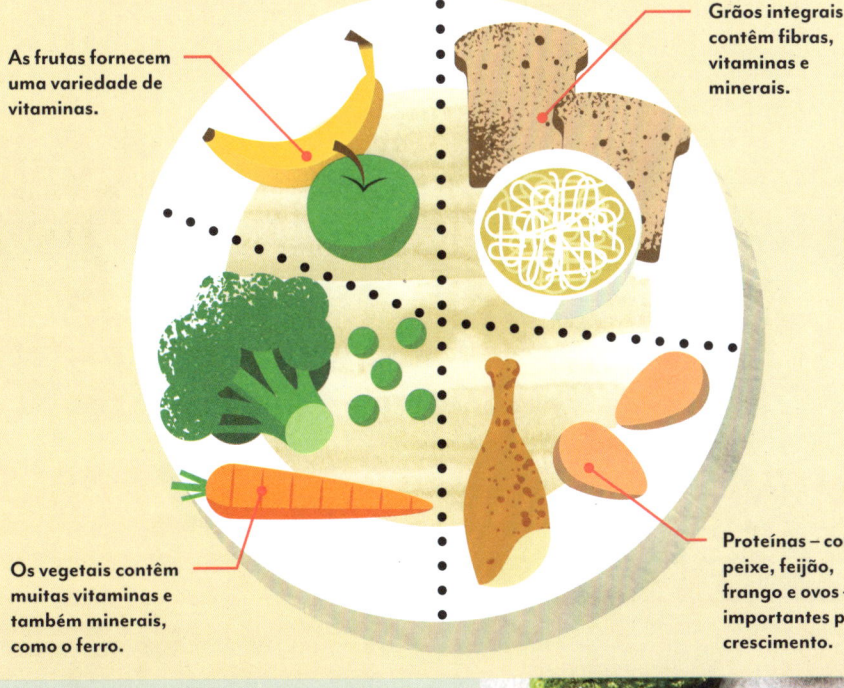

As frutas fornecem uma variedade de vitaminas.

Grãos integrais contêm fibras, vitaminas e minerais.

Os vegetais contêm muitas vitaminas e também minerais, como o ferro.

Proteínas – como peixe, feijão, frango e ovos – são importantes para o crescimento.

Desperdício alimentar

Por vezes, os agricultores jogam fora vegetais deformados, porque ninguém quer comprá-los. No mundo todo, as pessoas desperdiçam cerca de um terço de todos os alimentos produzidos. Ao mesmo tempo, mais de 820 milhões de pessoas passam fome. Uma forma de ajudar a acabar com o desperdício alimentar é comprar alimentos que não sejam perfeitos.

Alimentos básicos

São aqueles que as pessoas consomem regularmente, como o milho, o arroz e o trigo. Esses três cereais compõem mais de metade da energia alimentar no mundo, embora existam cerca de 50 mil vegetais comestíveis. Mais de 3,5 bilhões de pessoas têm o arroz como sua principal fonte de alimento. Em partes da África e da Ásia, o feijão, a lentilha e o grão-de-bico também são alimentos básicos.

ROUPAS E ORNAMENTOS

Os humanos sempre vestiram e ornamentaram seus corpos. Por exemplo, os povos pré-históricos usavam joias, aplicavam pintura corporal e tatuavam a pele. Vestidos e adornos podem ser símbolos de beleza, riqueza, status ou religião ou indicar que alguém pertence a um determinado grupo. Com frequência, as pessoas procuram simplesmente seguir a última moda ou expressar seu estilo pessoal.

Olha pra mim!

Muitas vezes as pessoas se vestem para impressionar os outros. Em 2019, a rapper americana Cardi B usou um enorme vestido vermelho no Met Gala em Nova York (abaixo). Eventos como esse dão às celebridades a chance de mostrar como são glamourosas.
Festas e casamentos são oportunidades para qualquer pessoa fazer o mesmo.

Fatos Fantásticos!

Para romanos e bizantinos, uma tintura roxa feita de caramujos e urina custava quase o mesmo que uma pérola! Na Antiguidade Romana e no Império Bizantino, somente a realeza e outras pessoas importantes podiam comprar roupas tingidas com púrpura tíria. Para se produzir meros 30 gramas desse corante, a secreção extraída de 250 mil caramujos ficava de molho em urina por 10 dias!

CONSULTORA ESPECIALISTA: Pravina Shukla. **VEJA TAMBÉM:** O encéfalo, pp.10-11; Emoções, pp.12-13; Artes cênicas, pp.30-31; Festivais, pp.44-45.

Força na peruca

As pessoas usam perucas desde os tempos mais remotos, como os antigos egípcios, que raspavam a cabeça. Entre os anos 1500 e 1700, os europeus ricos tinham perucas elaboradas e caras. A imagem acima faz piada com essa moda. A peruca do sujeito é tão alta que seu servo precisa de uma vara para ajeitá-la.

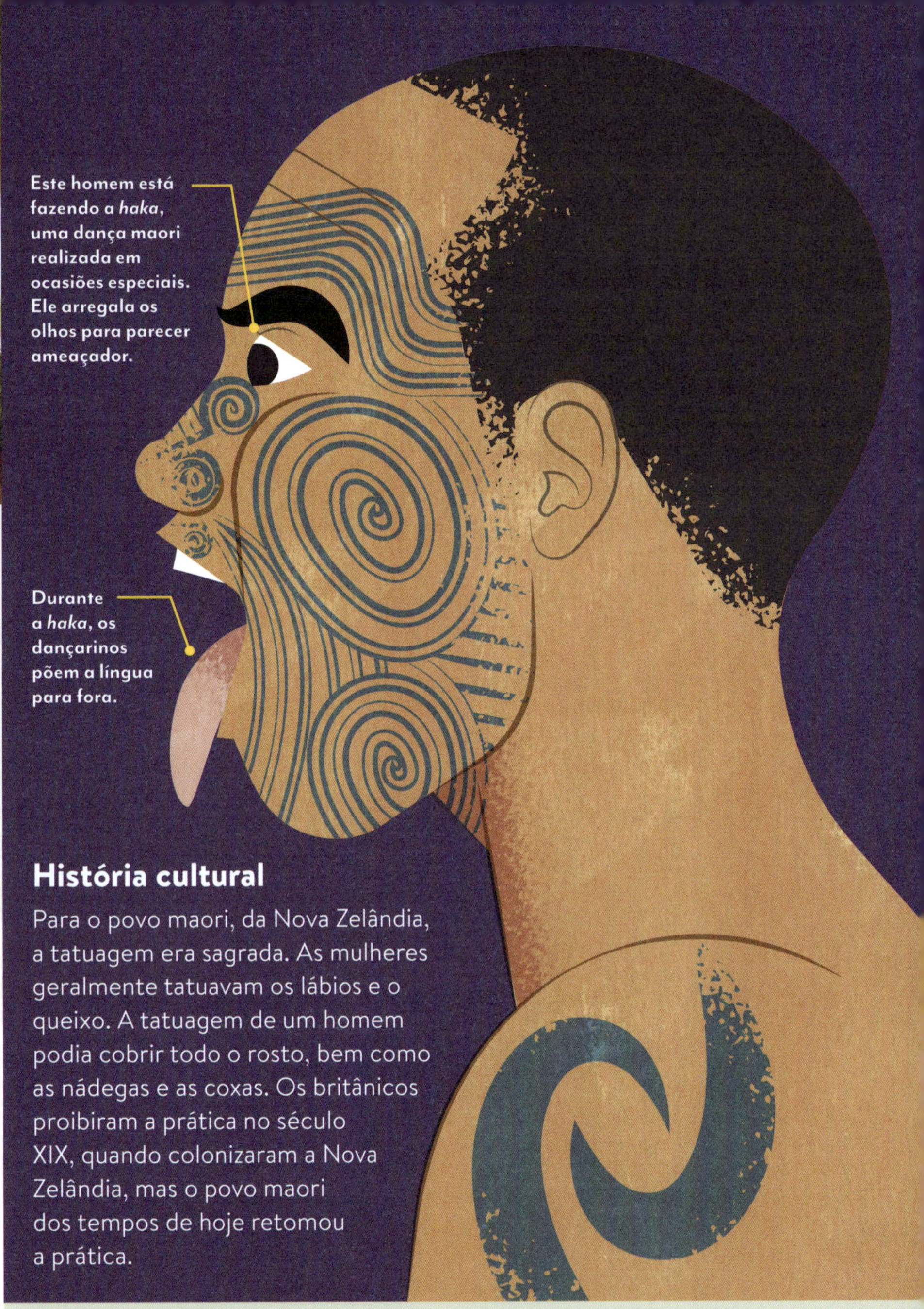

Este homem está fazendo a *haka*, uma dança maori realizada em ocasiões especiais. Ele arregala os olhos para parecer ameaçador.

Durante a *haka*, os dançarinos põem a língua para fora.

História cultural

Para o povo maori, da Nova Zelândia, a tatuagem era sagrada. As mulheres geralmente tatuavam os lábios e o queixo. A tatuagem de um homem podia cobrir todo o rosto, bem como as nádegas e as coxas. Os britânicos proibiram a prática no século XIX, quando colonizaram a Nova Zelândia, mas o povo maori dos tempos de hoje retomou a prática.

Pedras preciosas

Na Índia, o *navaratna*, uma palavra sânscrita que pode significar "nove joias", tem um valor especial. Acredita-se que usar as nove joias traz sorte e saúde. As gemas são organizadas de uma maneira particular. No centro está um rubi, que representa o Sol. Ele é cercado por um diamante, uma pérola, um coral laranja, uma granada, uma safira azul, um olho de gato, uma safira amarela ou topázio e uma esmeralda.

Terra, ar e água

Os tecidos coloridos e as joias usadas pelos massais, do Quênia e da Tanzânia, são mais do que apenas decorativos. Cada cor tem um significado. O *shuka*, um manto tradicional, costuma ser vermelho porque a cor do sangue representa coragem. Pulseiras, colares e brincos sinalizam o status e o clã de quem usa. Houve uma época em que os massais usavam materiais como ferro e osso, mas hoje usam contas de vidro e tecido.

A cor azul representa o céu, que proporciona chuva – importante para o gado e as plantações.

Na cultura massai, a cor vermelha significa coragem, e alguns dizem que assusta os leões.

CRENÇAS RELIGIOSAS

Em que as pessoas acreditam? As estatísticas mostram que o cristianismo e o islamismo são as duas maiores religiões do mundo, somando 4,4 bilhões de fiéis. E cada uma tem inúmeros ramos. Por exemplo, o catolicismo é um ramo do cristianismo e o sunismo é um ramo do islamismo. Algumas religiões são uma mistura de diferentes crenças e práticas. Existem também milhões de pessoas que não têm crenças religiosas.

CRISTIANISMO
2,5 bilhões

Uma religião que surgiu no século I, baseada nos ensinamentos de Cristo, ou Jesus de Nazaré, que os cristãos acreditam ser o filho de Deus. Os seguidores creem em apenas um Deus e a Bíblia é seu livro sagrado.

ISLAMISMO
1,9 bilhão

O profeta Maomé fundou o Islã na Arábia, no século VII. A palavra "islã" significa "submissão". Os muçulmanos se submetem a um Deus, Alá. Seu livro sagrado é o Alcorão, escrito em árabe.

HINDUÍSMO
1 bilhão

Surgiu na Índia há mais de 3 mil anos. Os hindus acreditam em muitos deuses e consideram Brahma o criador do Universo. Os Vedas, escritos em sânscrito, são os textos sagrados mais antigos da religião.

BUDISMO
550 milhões

Baseia-se nos ensinamentos que Sidarta Gautama, ou Buda, transmitiu na Índia, por volta do ano 500 a.C. O foco está em uma forma de viver para alcançar o nirvana, um estado de perfeita compreensão e paz.

SIQUISMO
28 milhões

Seguidores do guru indiano Nanak (final do século XV), os siques acreditam em apenas um Deus. A obra sagrada *Guru Granth Sahib* contém os ensinamentos de Nanak.

JUDAÍSMO
15 milhões

A religião judaica surgiu há pelo menos 3 mil anos onde hoje fica Israel. Os judeus acreditam em um Deus e seguem os ensinamentos escritos na Tanakh (Bíblia Hebraica), no Midrash e no Talmude.

24,3%

32,3%

CONSULTORA ESPECIALISTA: Gina A. Zurlo. **VEJA TAMBÉM:** As primeiras dinastias chinesas, pp.60-61; Deuses antigos, pp.64-65; O mundo bizantino, pp.86-87; A China dos Tang, pp.90-91; A Era de Ouro do Islã, pp.92-93; Europa medieval, pp.94-95; Impérios africanos, pp.100-101; o Império Mogol, pp.108-109.

OUTRAS RELIGIÕES
850 milhões, incluindo:

1. **Falun Gong (10 milhões)** Combina técnicas de meditação e exercícios rituais. Fundada na China em 1992.
2. **Fé Bahá'í (5-7 milhões)** Crença de que todas as pessoas pertencem a uma religião com um Deus. Fundada no Irã em 1863.
3. **Confucionismo (5-6 milhões)** Uma religião ancestral, que segue os ensinamentos do grande pensador chinês Confúcio.
4. **Jainismo (4 milhões)** Religião que acredita na eternidade da alma humana. Tem raízes na Índia no século VI a.C.
5. **Xintoísmo (3-4 milhões)** Os seguidores acreditam em *kami* (espíritos) e visitam santuários. Fundada no Japão Antigo.
6. **Wicca (1-3 milhões)** Centra-se na bruxaria, com foco na natureza. Espalhou-se a partir da Inglaterra na década de 1950.
7. **Cao Dai (2,5 milhões)** Reúne ideias do taoismo, budismo, confucionismo e catolicismo. Fundada no Vietnã em 1926.
8. **Rastafári (1 milhão)** Movimento religioso e político que começou na Jamaica na década de 1930.
9. **Tenrikyo (1 milhão)** Religião baseada no xintoísmo, cujos seguidores acreditam em um deus chamado Tenri-O-no-Mikoto. Surgiu no Japão no século XIX.
10. **Zoroastrismo (c. 150.000)** Adora o deus supremo Ahura Mazda. Surgiu no Irã no século VI a.C.

TAOISMO
9 milhões

Esta religião chinesa surgiu há mais de 2 mil anos. Seus seguidores acreditam em agir em harmonia com o *Tao* ("o caminho"), e se esforçam para não perturbar o curso natural das coisas.

SEM RELIGIÃO
880 milhões

Pessoas sem religião incluem ateus, agnósticos ou outras sem qualquer afiliação. Muitos não acreditam em nenhum deus ou ser superior, mas participam de algumas práticas espirituais, como oração e meditação.

CONFLITO E GUERRA

Existem muitas teorias sobre por que as pessoas brigam ou entram em guerra. A guerra pode surgir do medo de um ataque ou de uma disputa por dinheiro, religião, fontes de alimento ou território. As guerras civis – entre grupos opostos dentro de um mesmo país – muitas vezes ocorrem para decidir quem deve governar o país. Alguns cientistas defendem que o conflito faz parte da natureza humana. Outros discordam.

A batalha de Little Bighorn

O artista oglala lakota Amos Bad Heart Bull retratou a batalha de Little Bighorn (acima). Em 25 de junho de 1876, guerreiros lakota e cheyenne derrotaram o exército dos Estados Unidos. No entanto, a guerra terminou com o exército expulsando as tribos de suas terras nas planícies para dar lugar aos colonizadores brancos.

Protesto pacífico

Nem todos os conflitos são violentos. Os protestos pacíficos também podem levar a mudanças políticas. No final de 2018, algumas pessoas começaram a se manifestar contra o autoritarismo no Sudão, na África. O presidente foi julgado e condenado à prisão. Um novo governo está no poder, mas o país ainda enfrenta problemas.

CONSULTOR ESPECIALISTA: Michael Ray. **VEJA TAMBÉM:** DNA e genética, pp.8-9; Crenças religiosas, pp.20-21; Crime e legislação, pp.36-37; Era das Revoluções, pp.118-119; Primeira Guerra Mundial, pp.124-125; Segunda Guerra Mundial, pp.132-133; Guerra Fria, pp.134-135; Descolonização, pp.136-137; Guerra moderna, pp.158-159.

Organização das Nações Unidas

Quando a Segunda Guerra Mundial terminou, em 1945, 51 países se uniram para formar a Organização das Nações Unidas (ONU). Sua missão era manter a paz em todo o mundo e supervisionar questões importantes, como a dos direitos humanos. Hoje, a ONU tem 193 Estados-membros.

Identificando os mortos

Milhões de soldados e civis morrem nas guerras. Muitos foram enterrados sem qualquer registro de identidade. Desde a década de 1990, os testes de DNA podem comparar vestígios humanos, como ossos, com informações sobre pessoas desaparecidas. Às vezes, ao saber quem foram as vítimas, podemos levar os assassinos à justiça.

Os efeitos da guerra

A guerra destrói escolas, hospitais e áreas inteiras das cidades. As pessoas passam fome e enfrentam a morte de entes queridos. Muitas são forçadas a se mudar, tornando-se refugiadas. Partes da Síria, incluindo o leste de Alepo (abaixo), foram destruídas na Guerra Civil Síria, que teve início em 2011. Milhões de pessoas fugiram das suas casas em busca de segurança – 5,6 milhões de refugiados sírios vivem hoje fora do país. Outros milhões foram desalojados dentro da Síria.

Máquinas de matar

Com armas mais tecnológicas, é mais fácil vencer uma guerra. A primeira metralhadora de sucesso foi a Gatling, inventada em 1862 durante a Guerra de Secessão. Ela mudou a forma como os exércitos travavam os conflitos. Ao contrário dos fuzis, ela podia disparar tiros repetidos sem precisar ser recarregada. Inventada por volta de 1884, a metralhadora Maxim (foto) foi a primeira totalmente automática, usada em batalhas nas colônias e na Primeira Guerra Mundial.

NOTA do especialista!

MICHAEL RAY
Editor de História da Europa e Assuntos Militares

Michael Ray escreve sobre conflitos para a *Enciclopédia Britânica*. Para ele, aprender sobre as guerras do passado pode nos ajudar a evitá-las no futuro.

❝*Se a história de fato se repete, devemos tentar não repetir os combates.*❞

LINGUAGEM E NARRATIVAS

A linguagem é um sistema que usamos para nos comunicar. Por meio dela, podemos expressar pensamentos, sentimentos e ideias e falar sobre o passado e o futuro. Seja falada ou de sinais, a linguagem se torna uma forma de arte quando se contam histórias e está sempre mudando.

Narrativas

Os humanos já transmitiam histórias e conhecimento de uma geração para outra muito antes de inventarem a escrita. Eles usavam palavras para contar acontecimentos e cantar canções. Essa tradição está presente em culturas do mundo todo. Vai desde a narrativa tradicional, no Marrocos, até as letras de rap contemporâneas.

Aprendendo a falar

Desde o nascimento, o cérebro do bebê é programado para aprender a linguagem. Ele observa e interage com as pessoas ao redor. Os primeiros balbucios, pela fala ou por sinais, se transformam em palavras, que se tornam frases inteiras. Por volta dos 5 anos, a maioria das crianças fala fluentemente sua língua.

CONSULTORA ESPECIALISTA: Laura Kalin. **VEJA TAMBÉM:** O encéfalo, pp.10-11; Leitura e escrita, pp.26-27; Criando arte, pp.28-29; Educação, pp.38-39; Antigo Egito, pp.62-63; Internet, pp.164-165; Mídias, pp.166-167.

Linguagem de sinais

É usada pelos surdos e deficientes auditivos para se comunicarem entre si ou com outras pessoas por meio de sinais preestabelecidos. Em muitos aspectos, é como a língua falada. E existem centenas de línguas de sinais em uso em todo o mundo. Entre elas estão a brasileira (Libras) e a americana (ASL).

Línguas mundiais

Este gráfico mostra as 10 línguas mais faladas como primeiro ou segundo idioma. O mandarim tem o maior número de falantes nativos, e o inglês é a mais falada como segunda língua. Existem mais de 6 mil idiomas hoje. No entanto, 40% das línguas mundiais estão ameaçadas (em risco de deixarem de ser faladas) e muitas já estão extintas. Em média, uma língua é extinta a cada 90 dias.

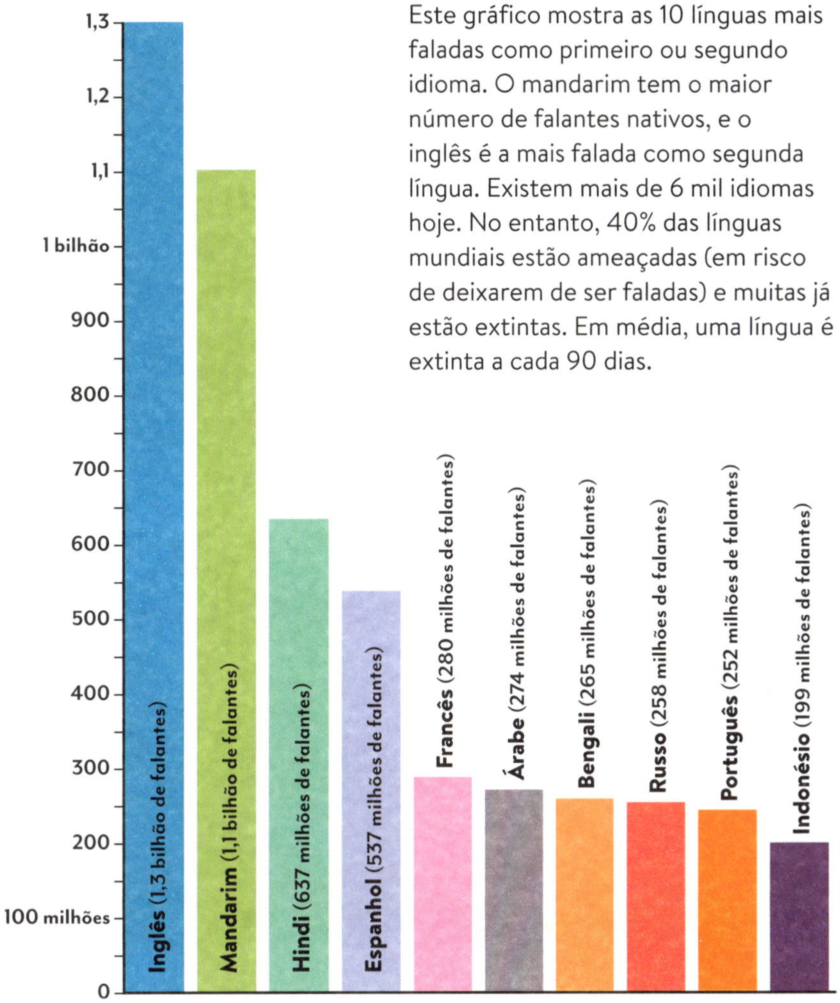

Inglês (1,3 bilhão de falantes)
Mandarim (1,1 bilhão de falantes)
Hindi (637 milhões de falantes)
Espanhol (537 milhões de falantes)
Francês (280 milhões de falantes)
Árabe (274 milhões de falantes)
Bengali (265 milhões de falantes)
Russo (258 milhões de falantes)
Português (252 milhões de falantes)
Indonésio (199 milhões de falantes)

Fatos Fantásticos!

Cerca de 840 línguas são faladas em Papua-Nova Guiné. Esse pequeno país do Pacífico tem cerca de 7 milhões de habitantes. Como são tantas línguas, a maioria é falada por menos de 3 mil pessoas. O inglês e o tok pisin são os idiomas comuns que permitem a comunicação de diferentes grupos. O tok pisin é uma língua crioula, o que significa que foi desenvolvida a partir de um pidgin, um sistema de comunicação simples que surge quando falantes de diferentes idiomas precisam conversar entre si.

NOTA da especialista!

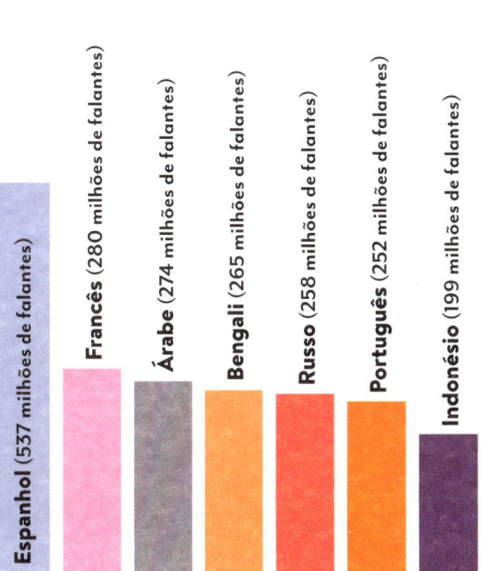

LAURA KALIN
Linguista

Mesmo línguas que parecem totalmente diferentes entre si têm muitas propriedades em comum, desde o senaya no Irã até o malgaxe em Madagascar, passando pela hixcariana no Brasil. A professora Kalin está tentando descobrir quais são essas propriedades e por que elas existem.

"Em todo lugar onde há humanos, há linguagem."

25

LEITURA E ESCRITA

Em que a escrita difere da linguagem? Falamos através da linguagem, mas a escrita permite que expressemos nossas ideias de forma mais extensa, gravando-as de forma duradoura. Embora não tivessem um sistema de escrita, os primeiros humanos faziam marcas em pedras e criavam imagens. A partir disso, a escrita evoluiu para uma maneira de as pessoas criarem registros e, mais tarde, histórias. Em seguida, foi usada para transformar pensamentos em um código que outros pudessem ler e entender, como uma forma de comunicação e transmissão de conhecimento.

DESBRAVANDO O DESCONHECIDO

O que veio primeiro: os números ou a escrita?

Muito antes de existirem símbolos para números, as pessoas contavam nos dedos. Depois, riscavam pedra ou barro. Há mais de 5.400 anos, os egípcios faziam traços para números pequenos e um símbolo para o 10. Esses símbolos levaram à escrita? Ninguém sabe ao certo.

Fazendo marcas

Os sumérios inventaram o primeiro sistema de escrita de fato, chamado cuneiforme, há mais de 5 mil anos. Os antigos maias usavam hieróglifos – sinais que representam palavras, objetos ou sons. Eles escreviam em pedras, como esta da foto, mas também criaram livros escritos em cascas de figueiras.

Alfabetos

Os fenícios inventaram um alfabeto por volta de 1500 a.C. Os gregos o adotaram e lhe fizeram acréscimos. Dele veio o alfabeto latino que conhecemos hoje, por meio de outros, como o etrusco (à esquerda). O inglês, o português e a maioria das línguas europeias ainda usam o alfabeto latino.

Decifrando o código

Ler textos antigos é como decifrar um código. Depois que as pessoas param de usar um sistema de escrita, as gerações seguintes não têm como saber o que os símbolos significam. A Pedra de Roseta foi crucial para que se decifrassem os hieróglifos egípcios. A mensagem registrada na pedra – uma celebração ao faraó Ptolomeu V – aparece em três diferentes tipos de escrita.

- Os hieróglifos contêm um cartucho, ou cartela, para o nome Ptolomeu.
- A escrita demótica se desenvolveu a partir dos hieróglifos. Era usada no período romano.
- Os estudiosos conheciam o grego antigo e o usaram para decodificar os outros textos.

CONSULTOR ESPECIALISTA: Paul Dilley. **VEJA TAMBÉM:** O encéfalo, pp.10-11; Mesopotâmia Antiga, pp.56-57; As primeiras dinastias chinesas, pp.60-61; Antigo Egito, pp.62-63; A Era de Ouro do Islã, pp.92-93; Astecas e incas, pp.104-105; Mídias, pp.166-167; Tecnologia smart e IA, pp.172-173.

A imprensa

Os primeiros livros eram escritos à mão. Eles custavam muito caro e demoravam muito para ser feitos. Por volta de 1450, o alemão Johannes Gutenberg desenvolveu a primeira "impressora" da Europa. Essa prensa de tipos móveis era capaz de produzir muitos livros em um curto intervalo. Pela primeira vez, outras pessoas além dos ricos puderam comprar livros.

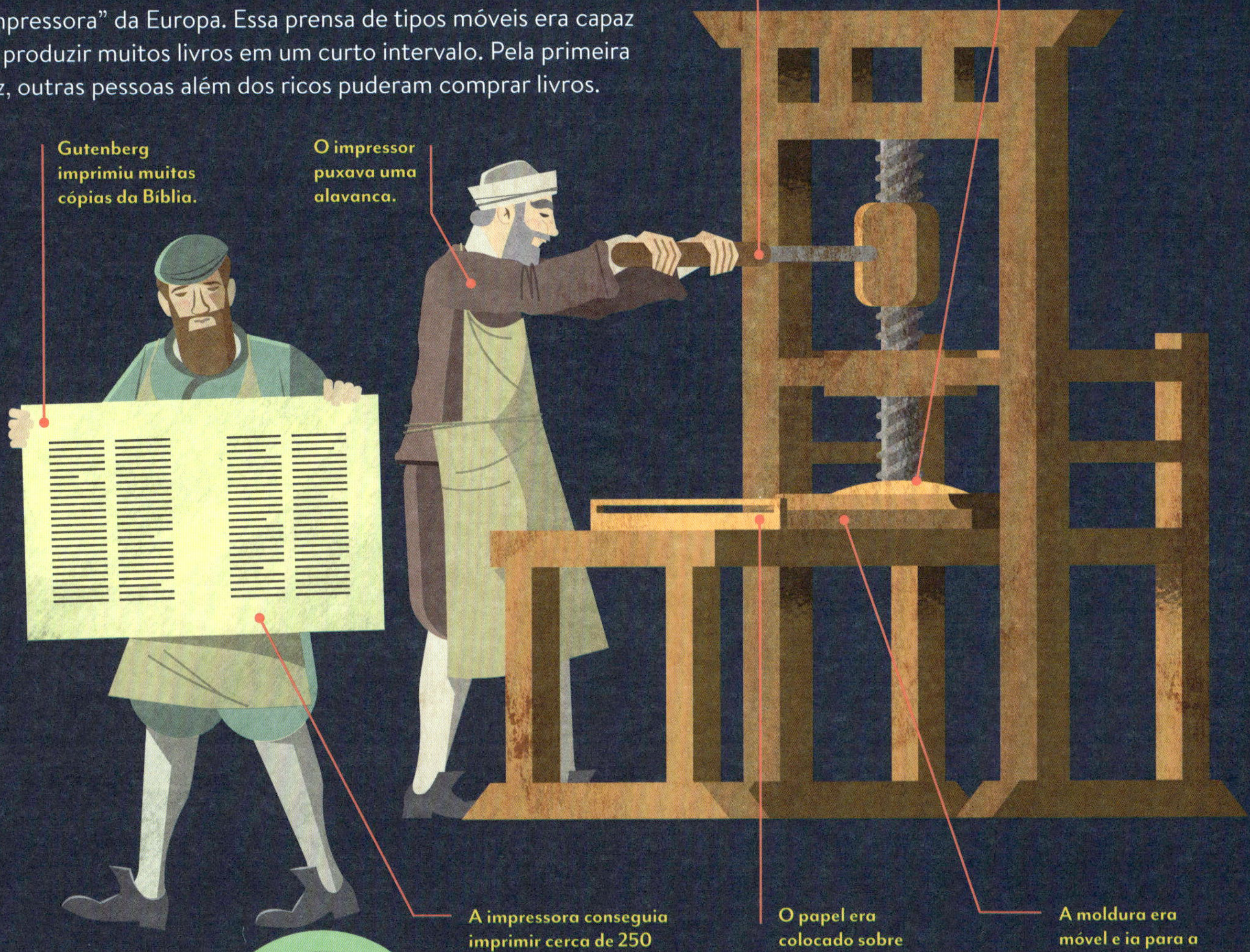

- Gutenberg imprimiu muitas cópias da Bíblia.
- O impressor puxava uma alavanca.
- A alavanca girava um parafuso de madeira, que empurrava a placa, ou prelo, para baixo.
- Quando o prelo baixava, pressionava o papel contra os tipos (letras) entintados que compunham a matriz.
- A impressora conseguia imprimir cerca de 250 folhas por hora – muito mais rápido do que copiar à mão!
- O papel era colocado sobre os tipos de metal entintados e preso a uma moldura de madeira.
- A moldura era móvel e ia para a frente e para trás.

REVOLUCIONÁRIA

MURASAKI SHIKIBU
Escritora, viveu por volta de 978 a 1014

Kyoto, Japão

Murasaki Shikibu escreveu o primeiro romance da história, *O conto de Genji*, há mais de mil anos. Ela era dama de companhia na corte real japonesa. Em inglês, o romance tem 54 capítulos e 1.300 páginas. O manuscrito original de Shikibu se perdeu, mas o poeta Teika fez uma cópia do livro no século XIII. Apenas cinco dos capítulos copiados foram encontrados; o quinto foi descoberto em Tóquio em 2019.

Escrita chinesa

Os chineses inventaram seu sistema de escrita há cerca de 4 mil anos. Em vez de letras, ele é composto por símbolos chamados de caracteres. Alguns deles são pictogramas, de modo que o caractere "homem" se parece com uma pessoa em pé. Com algumas mudanças ao longo do tempo, o sistema é usado até hoje. Um chinês alfabetizado conhece entre 3 mil e 8 mil caracteres.

CRIANDO ARTE

Algumas das primeiras obras de arte conhecidas são pinturas rupestres feitas há mais de 40 mil anos. Mas os povos primitivos raramente pintavam figuras humanas. Em vez disso, costumavam esculpir e pintar animais. Os estudiosos não sabem o propósito dessas obras. Elas podem ter sido criadas por razões religiosas ou espirituais, ou para ensinar outras pessoas. Alguns exemplos muito antigos foram encontrados em cavernas na Indonésia, na França e no Brasil.

Os bisões pintados na gruta de Covaciella parecem tridimensionais devido ao sombreamento.

Os "estênceis" da Cova das Mãos, na Argentina, foram feitos entre 9,5 mil e 13 mil anos atrás.

Arte animal
Imagens de bisões, cavalos e cervos decoram cavernas no norte da Espanha. Algumas podem datar de 36 mil anos atrás. Por milhares de anos, elas ficaram isoladas, protegidas do desgaste da luz e do ar. Hoje, como a umidade da respiração das pessoas danifica as obras rupestres, as cavernas estão fechadas e foram construídas réplicas para os visitantes. As pinturas na gruta de Covaciella, na Espanha, foram criadas há cerca de 14 mil anos – esta foto foi tirada da réplica dela.

Impressões das mãos
Marcas de mãos podem ser encontradas nas paredes de cavernas e abrigos rochosos em todo o mundo – inclusive na Cova das Mãos, na Argentina. Para fazer essas marcas, os artistas colocavam uma das mãos sobre a parede da caverna e depois sopravam a cor sobre ela usando a boca ou um canudo.

CONSULTOR ESPECIALISTA: Mark Sapwell. **VEJA TAMBÉM:** Linguagem e narrativas, pp.24-25; Os primeiros australianos, pp.52-53; Minoicos, micênicos e fenícios, pp.70-71.

ARTES CÊNICAS

Atores, dançarinos e músicos costumam se apresentar para o público. Eles usam seus corpos, vozes e instrumentos para se expressarem, às vezes trabalhando com tradições, às vezes experimentando novos sons e formas. Teatro, dança e música possuem diferentes gêneros. O pop é um gênero musical, enquanto o tango é tanto música como dança. Algumas das obras mais tocantes misturam estilos e gêneros. Uma dança, por exemplo, pode mesclar jazz, balé e hip-hop.

Os artistas

Uma apresentação visa, em parte, divertir e emocionar o público. O Cirque du Soleil (à direita) exibe incríveis façanhas do corpo humano. Acrobatas, dançarinos e contorcionistas dobram e torcem seus corpos de maneiras extraordinárias. Os primeiros circos, no tempo dos romanos, contavam com lutas de animais, competições de gladiadores e corridas de bigas.

Que comece o espetáculo

A palavra teatro vem da antiga palavra grega *theatron*, que significa "lugar para ver". Os antigos atenienses organizavam um festival para Dionísio, o deus do teatro e do vinho, no Teatro de Dionísio. Os gregos assistiam a comédias, tragédias e sátiras apresentadas em teatros ao ar livre, como o Odeão de Herodes Ático (à esquerda).

CONSULTORAS ESPECIALISTAS: Abigail H. Feresten, Alicja Zelazko. **VEJA TAMBÉM:** O encéfalo, pp.10-11; Emoções, pp.12-13; Os sentidos, pp.14-15; Linguagem e narrativas, pp.24-25; Criando arte, pp.28-29; Festivais, pp.44-45; Grécia Antiga, pp.76-77; Roma Antiga, pp.84-85.

Ópera de Pequim

No final do século XVIII, um gênero de drama musical chamado Ópera de Pequim, ou Jingxi, surgiu na China. Existem hoje mais de mil óperas diferentes baseadas em lendas chinesas famosas. Elas costumam incluir acrobacias e lutas de espadas, e frequentemente são usados cenários e roupas coloridos. Há também simbolismos na maquiagem de alguns personagens – por exemplo, o vermelho para coragem e o branco para traição. Até o final do século XX, todos os personagens eram interpretados por homens.

REVOLUCIONÁRIO
WILLIAM SHAKESPEARE
Dramaturgo, viveu de 1564 a 1616

Inglaterra

O dramaturgo mais famoso do mundo é William Shakespeare, que viveu há mais de 400 anos. Suas peças eram apreciadas por todos os membros da sociedade, desde a realeza até a classe trabalhadora. Todo mundo se identificava com seus temas, que iam da vingança, como em *Hamlet*, ao amor trágico, como em *Romeu e Julieta*. Shakespeare escreveu cerca de 37 peças. Elas foram traduzidas para mais de 100 idiomas.

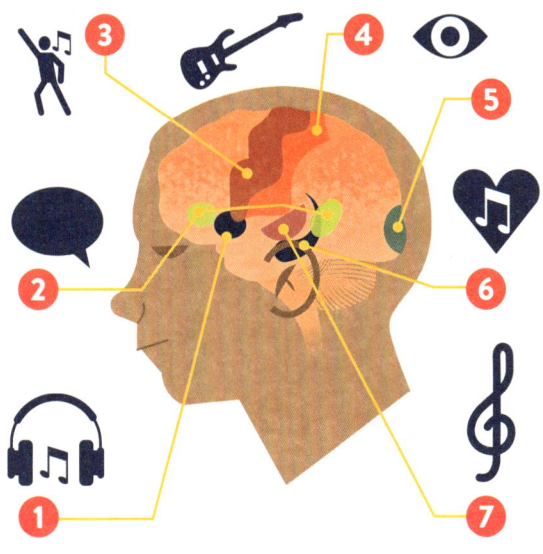

Estimulando o cérebro

Os cientistas descobriram que, quando ouvimos música, inúmeras áreas do cérebro são ativadas. Além disso, a química do cérebro pode ser afetada de maneiras diferentes de acordo com o tipo de música. Se você ouvir uma canção relaxante, por exemplo, seus níveis de cortisol – o hormônio que provoca o estresse – diminuem.

1 Núcleo accumbens
O hormônio dopamina se intensifica nessa área quando ouvimos uma música que nos deixa animados.

2 Área de Broca e área de Wernicke
Usadas para compreender as palavras escritas e faladas. Desempenham um papel importante na fala.

3 Córtex motor
É ativado quando tocamos um instrumento, dançamos ou nos mexemos ao som de uma música.

4 Córtex sensorial
É acionado quando tocamos um instrumento, dançamos ou batemos o pé.

5 Córtex visual
Usado para ler partituras, acompanhar passos de dança e assistir a vídeos.

6 Hipocampo
Onde a música desperta lembranças e emoções.

7 Córtex auditivo
Esta parte do cérebro processa sons, incluindo música.

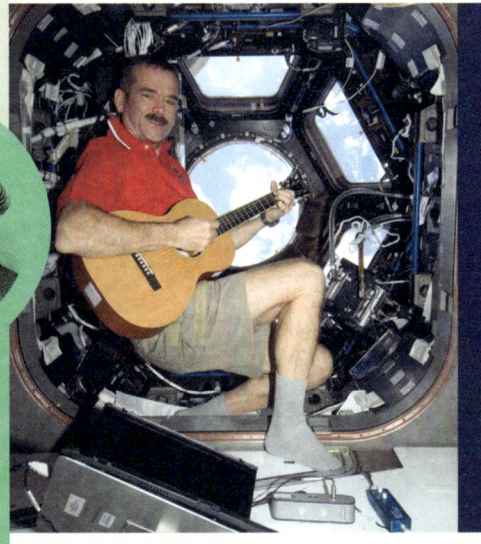

Fatos Fantásticos!

Em 2013, o astronauta Chris Hadfield gravou um álbum no espaço. Na época, ele trabalhava na Estação Espacial Internacional. Ele chamou o álbum de *Space Sessions: Songs from a Tin Can* e o lançou em 2015. Tem 12 músicas, incluindo um cover de "Space Oddity", de David Bowie.

Street dance

Algumas das artes cênicas mais emocionantes e criativas são produzidas pelos jovens. Os primeiros dançarinos de break se apresentavam em Nova York, nos Estados Unidos, no final dos anos 1960 e início dos anos 1970, utilizando movimentos de artes marciais e ginástica desenvolvidos por gangues de rua. À medida que o hip-hop se desenvolveu, o break se tornou parte de sua cultura. Na Califórnia, Sam Solomon introduziu os estilos *boogaloo* e *popping*.

CALENDÁRIOS

Os antigos marcavam a passagem do tempo observando a posição do Sol, das estrelas e da Lua no céu e, assim, criaram os primeiros calendários. Um dia é o tempo que a Terra leva para girar em torno de seu eixo. Um mês corresponde aproximadamente aos 29,5 dias de uma lua cheia a outra, o período que a Lua passa por todas as suas fases. A Terra leva cerca de 365,25 dias para orbitar o Sol, o intervalo que chamamos de ano. Por se basearem em fenômenos distintos, dias, meses e anos não se encaixam muito bem. Por isso, culturas distintas inventaram calendários que resolveram esse problema de diferentes formas.

2600 a.C.
O calendário babilônico tem 12 meses lunares de 29 ou 30 dias. Cada dia é dividido em 12 partes iguais.

1400 a.C.
O calendário lunar chinês tem 12 meses de 29 ou 30 dias. Um mês bissexto é adicionado a cada dois ou três anos. O calendário tem um ciclo de 12 anos associados a animais.

543 a.C.
O calendário budista segue a Lua e o Sol e tem 12 meses, que se alternam entre 29 e 30 dias. Isso dá 354 dias. Portanto, um mês bissexto é adicionado a cada três anos.

57 a.C.
O Nepal e partes da Índia usam o calendário Vikram Samvat, que tem meses lunares e o ano sideral, que é ligeiramente distinto do ano solar. O Ano-Novo vem depois do Diwali, um festival que ocorre em outubro ou novembro.

78 d.C.
Algumas pessoas em Bali e partes da Índia usam o calendário lunar Saka. Um mês extra é adicionado a cada 30 meses para que o calendário fique alinhado com o ano solar.

2500 a.C. — **350 a.C.** — **100 a.C.**

2500 a.C.
O calendário egípcio tem 365 dias de 24 horas e três estações – plantio, cultivo e colheita. Em 238 a.C., foi acrescentado um dia a cada quatro anos: o primeiro a ter um ano de 365,25 dias.

600 a.C.
O ano judaico tem 354 dias, divididos em 12 meses. Um ano bissexto ocorre sete vezes durante um ciclo de 19 anos. Durante um ano bissexto, é adicionado um 13º mês, chamado Adar Sheni.

500 a.C.
Os maias têm um sistema complexo chamado Rodada do Calendário. Ele possui três calendários, com diferentes números de dias. Os calendários coincidem a cada 52 anos solares.

46 a.C.
O calendário juliano, em homenagem a Júlio César, tem um ano bissexto a cada quatro anos. O mês de julho recebeu esse nome em homenagem a ele. No ano 8 d.C., Augusto também batizou um mês com seu nome (agosto).

79 d.C.
Na Índia, o calendário Shaka Samvat segue o ano sideral, que é o tempo que a Terra leva para orbitar o Sol e retornar exatamente à mesma posição em relação às estrelas.

CONSULTOR ESPECIALISTA: Daryn Lehoux. **VEJA TAMBÉM:** Leitura e escrita, pp.26-27; Festivais, pp.44-45; Grécia Antiga, pp.76-77.

A chegada da primavera

Muitas culturas celebram a primavera com festivais para marcar a semeadura. Este detalhe da pintura *A primavera* (*Alegoria da primavera*), do artista renascentista italiano Sandro Botticelli, mostra Flora, deusa da primavera e das flores. O quadro foi inspirado em um conto da mitologia romana que dizia que uma ninfa chamada Clóris foi transformada em Flora quando Zéfiro, o Vento Oeste, a beijou.

350 d.C.
O calendário etíope contém 12 meses de 30 dias e um mês de cinco. A cada quatro anos, o último mês tem seis dias. O calendário está vinculado às festas cristãs e aos dias santos.

1079
Na Pérsia, um grupo de astrônomos cria o calendário Jalali, baseado no antigo calendário solar persa, mas incluindo anos bissextos.

1300
Na América do Sul, os incas estudam o Sol, a Lua e as estrelas para calcular seu calendário. Os incas têm 12 meses lunares que remetem a momentos importantes do plantio e da colheita.

1400
Os astecas fizeram alterações no sistema de calendário maia e incluíram um ano de 365 dias. Assim como os maias, eles acreditam que os últimos cinco dias do ano são de azar.

622 d.C.
O calendário lunar muçulmano tem 12 meses de 29 ou 30 dias e não possui anos bissextos. As datas dos festivais são adiantadas de 10 a 11 dias a cada ano em comparação com o calendário gregoriano.

1084
O antigo calendário solar armênio é ajustado pelo cientista armênio Hovhannes Sarkavag, que adiciona um dia a cada quatro anos.

1350
Em Bali, o calendário Pawukon define as datas da maioria dos festivais e feriados. O ano civil tem 210 dias. São seis meses de 35 dias.

1582
O calendário gregoriano corrige o juliano, cujo ano tinha 11 minutos a mais. Em 1923, ele se torna o calendário oficial de todos os países, exceto alguns muçulmanos, a Etiópia e o Nepal.

DINHEIRO

Há mais de 4 mil anos as pessoas usam dinheiro para pagar coisas. Os antigos egípcios fabricavam barras de ouro, cujo valor dependia de seu peso. Já os chineses inventaram o papel-moeda por volta de 806 d.C. A maioria dos países tem a própria moeda, como o dólar nos Estados Unidos ou o real no Brasil, ou partilha uma moeda, como o euro em algumas partes da Europa. Hoje, o Escritório de Gravação e Impressão dos Estados Unidos imprime 26 milhões de notas por dia, cerca de 974 milhões de dólares.

Como o dinheiro surgiu

As primeiras formas de dinheiro eram coisas encontradas na natureza, como conchas.

Também era usado o escambo, um sistema de comércio a partir da troca de bens, como grãos, gado e potes.

As primeiras moedas foram feitas de cobre, prata ou ouro. O dinheiro metálico representava o valor dos bens, sendo que os metais preciosos tinham um valor maior.

Já o papel-moeda era como uma promissória de um governo. Podia ser trocado por ouro.

O dinheiro na forma de cartões de crédito, cheques e transferências eletrônicas está vinculado ao dinheiro mantido nos bancos.

Moedas virtuais, como o Bitcoin, não são lastreadas, ou seja, não possuem um equivalente físico guardado por bancos ou governos.

Moedas quadradas

As primeiras moedas eram quadradas, não redondas. Este exemplar de ouro da China Antiga é chamada Ying Yuan. Seu valor ou peso estão gravados nela. O dinheiro metálico como moeda foi usado regularmente pela primeira vez por volta de 600 a.C. onde hoje fica a Turquia. Tinha formato de feijão e era feito de eletro, uma mistura de ouro e prata.

Matéria-prima do dinheiro
A LISTA

Comprar e vender mercadorias ficou mais fácil com o dinheiro. Além de ser portátil, ele tem um valor combinado.

1. Metais O ouro e a prata são usados há milhares de anos. A moeda australiana Kangaroo One Tonne Gold Coin é a mais valiosa do mundo. Vale mais de 60 milhões de dólares australianos (195 milhões de reais).

2. Papel-moeda Foi usado pela primeira vez há mais de mil anos, na China. Hoje, a maior parte do papel-moeda é feita de celulose ou polímeros, um tipo de plástico.

3. Pedras São usadas como dinheiro na ilha de Yap, no Pacífico. Pedaços grandes e redondos de calcário podem pesar até 3.992 quilos.

4. Conchas A forma mais antiga de dinheiro. Os africanos usavam conchas de cauri desde 1200 a.C. Alguns indígenas americanos usavam colares de conchas.

CONSULTORA ESPECIALISTA: Silvana Tenreyro. **VEJA TAMBÉM:** Roupas e ornamentos, pp.18-19; Trabalho, pp.40-41; O "boom" e a crise, pp.130-131; Os megarricos, pp.160-161.

Criptomoeda

Ao contrário de outras formas de dinheiro, as criptomoedas – como o Bitcoin e o Ether – não têm relação com governos ou bancos. Elas têm valor porque as pessoas concordaram em tratá-las como valiosas. Já existem mais de 2 mil criptomoedas, e mais estão sendo inventadas o tempo todo.

O que são juros?

O dinheiro depositado em uma conta bancária pode render mais dinheiro. Isso é chamado de juros. Os bancos os pagam em troca da utilização do dinheiro. Eles podem emprestá-lo a uma pessoa ou empresa, que terá de devolvê-lo com juros. Os juros compostos (mostrados abaixo) são pagos sobre o primeiro depósito e somados a quaisquer juros ganhos ao longo do tempo.

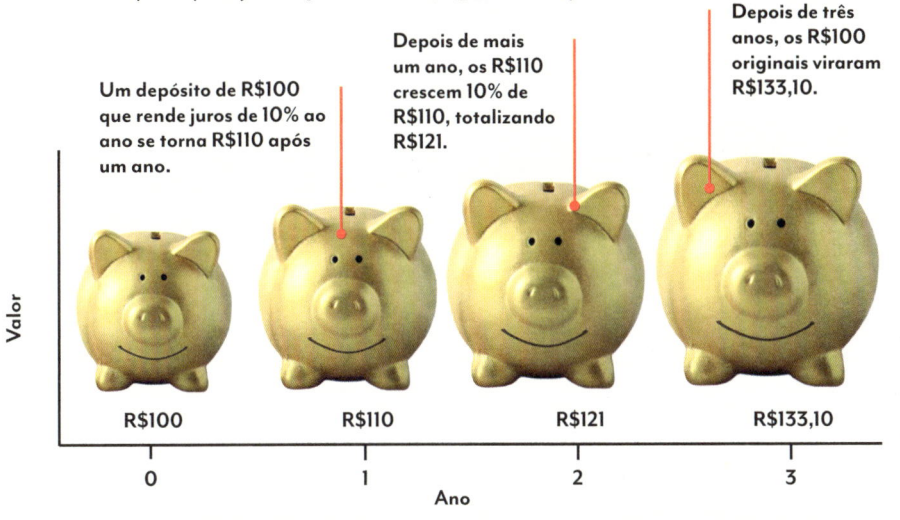

Um depósito de R$100 que rende juros de 10% ao ano se torna R$110 após um ano.

Depois de mais um ano, os R$110 crescem 10% de R$110, totalizando R$121.

Depois de três anos, os R$100 originais viraram R$133,10.

Ações e títulos

As pessoas podem comprar ações de uma empresa. Isso as torna coproprietárias dessa empresa, de modo que recebem uma parcela do dinheiro que a empresa lucrar. Elas também podem emprestar dinheiro às empresas na forma de títulos, e as companhias prometem pagar de volta com juros. As ações são compradas e vendidas nas bolsas de valores. A Bolsa de Valores de Nova York (à esquerda), nos Estados Unidos, é a maior do mundo. Tudo começou em 1792, quando 24 negociantes fecharam um acordo entre si debaixo de uma árvore onde hoje fica Wall Street.

Fatos Fantásticos!

A nota de 100 trilhões de dólares zimbabuanos, emitida em 2009, tem o maior número de zeros de todas as cédulas da história. O Zimbábue teve que imprimir essa nota por causa de uma inflação terrível. Os preços subiram tão rapidamente que o dinheiro que existia antes não valia nada. Uma nota de R$10 seria inútil se um rolo de papel higiênico custasse R$145.000.

35

CRIME E LEGISLAÇÃO

Governos têm leis, ou conjuntos de regras, para ajudar os cidadãos a conviver em paz. Quando um ato vai contra as regras, é considerado um crime. Elas variam de um lugar para outro, pois os países têm leis diferentes. A maioria das nações reconhece os crimes graves, como assassinato. Contravenções são crimes menores, como roubar algo de pouco valor. O crime organizado envolve uma rede de criminosos que trabalham juntos.

Primeiras leis e legisladores

O imperador bizantino Justiniano I, representado nesta moeda de ouro, criou um sistema de leis no século VI. Ele virou a base para o código legal ainda usado na Europa continental e na América do Sul, bem como em partes da Ásia e da África. A *common law* é outro sistema jurídico importante. Foi desenvolvido nas cortes britânicas da Idade Média e se espalhou pelos Estados Unidos e outras ex-colônias britânicas.

Nasce a Magna Carta

Os países de língua inglesa seguem um sistema jurídico de *common law* com raízes na Magna Carta, ou "Grande Carta". A Magna Carta determinou o princípio de que todos estão sujeitos à lei, até mesmo o rei. Foi o primeiro documento a estabelecer a ideia de direitos para pessoas livres, incluindo o direito a um julgamento por júri composto por um painel de concidadãos.

Em 1215, os nobres e bispos da Inglaterra forçaram o rei João a aplicar seu selo na Carta Magna, validando-a.

A Magna Carta foi escrita em pergaminho – uma pele de carneiro esticada e seca.

CONSULTOR ESPECIALISTA: Jack Snyder. **VEJA TAMBÉM:** Mesopotâmia Antiga, pp.56-57; Roma Antiga, pp.84-85; Europa medieval, pp.94-95; Colônias britânicas e francesas na América do Norte, pp.114-115; Escravidão nas Américas, pp.116-117; Era das Revoluções, pp.118-119; Sufrágio feminino, pp.126-127; Direitos civis, pp.138-139.

Caça às bruxas

Entre o século XIV e o final do século XVIII, os tribunais europeus executaram entre 40 mil e 60 mil pessoas por bruxaria. Eles acusavam os suspeitos, a maioria mulheres, de agir em nome do diabo. Os julgamentos de bruxas em Salem, Massachusetts, Estados Unidos, em 1692, mandaram muitas para a prisão e 19 para a morte. Julgamentos como esses jamais poderiam acontecer nos dias de hoje.

Colocadas em uma cadeira de afogamento, as suspeitas às vezes confessavam, mesmo não sendo culpadas.

Fatos Fantásticos!

As galinhas não podem atravessar a rua! Uma lei na cidade americana de Quitman, Geórgia, proíbe galinhas, patos e gansos nas ruas da cidade. E isso não é nada perto de outras leis que mencionam galinhas. Por exemplo, os motoristas não podem dirigir de Minnesota a Wisconsin com galinhas na cabeça. Na Nova Zelândia, era ilegal voar com um galo em um balão de ar quente.

Entrando na justiça

Os tribunais tomam decisões sobre as leis. Existem muitos tipos, incluindo os penais, que tratam de crimes como roubo ou homicídio, e os civis, que tratam de disputas entre pessoas ou empresas. O Tribunal Penal Internacional lida com violações como crimes de guerra. Todos os tribunais têm pelo menos um juiz. No Brasil, alguns tribunais usam um júri, geralmente com sete pessoas, para chegar a decisões ou vereditos.

Este é um tribunal típico. O juiz toma decisões e garante que as leis sejam cumpridas.

Testemunhas depõem sobre o crime ou oferecem pareceres especializados.

Os advogados representam as pessoas no tribunal, seja defendendo ou acusando.

Um júri ouve os argumentos de ambos os lados e toma uma decisão.

Crime e castigo
A LISTA

Para que serve a punição? Existem cinco teorias básicas por trás das razões para punir criminosos.

1. Dissuasão A punição diminui a probabilidade de um criminoso cometer outros crimes. Além disso, faz do criminoso um exemplo, para que outros não cometam o mesmo crime.

2. Proteção O criminoso é afastado da sociedade. Prender criminosos protege o público de ser vítima deles.

3. Retribuição Dá aos criminosos a punição que merecem. O objetivo é tornar a pena adequada, ou equivalente, ao crime cometido.

4. Reparação Visa fazer com que os criminosos retribuam, devolvam algo às vítimas ou à sociedade. Uma multa pode ser uma reparação.

5. Reabilitação Visa educar os criminosos e torná-los cidadãos cumpridores da lei.

NOTA do especialista!

JACK SNYDER
Cientista politico

O professor Snyder estuda o Tribunal Penal Internacional, que pode levar pessoas, incluindo líderes de países, a julgamento por crimes contra a humanidade. Em muitos lugares do mundo, as leis são injustas ou mal aplicadas. Por isso, ele acredita que as comunidades devem trabalhar em conjunto para melhorar as leis, a polícia e os tribunais.

"Boas leis, aplicadas de forma justa, são fundamentais para que as pessoas cooperem."

EDUCAÇÃO

O Antigo Egito teve algumas das primeiras escolas do mundo. Os alunos, principalmente meninos, aprendiam leitura, matemática, filosofia natural e outros saberes. A educação continuou a ser parte fundamental de todas as civilizações. É a forma como as pessoas adquirem conhecimento e compreensão sobre o mundo, tão importante que faz parte da Declaração Universal dos Direitos Humanos, escrita em 1948. Ela afirma que todos têm direito à educação, começando pelo ensino primário gratuito.

Ensino superior

As universidades de hoje surgiram de escolas fundadas há séculos. A Universidade Nacional Autônoma do México (à direita) parece moderna, mas foi fundada em 1551. As instituições de ensino superior também abrangem faculdades e escolas profissionalizantes, onde os alunos têm aulas em áreas como música, negócios, pedagogia, medicina e direito.

Igualdade na educação

No mundo todo, cerca de 130 milhões de meninas com idades entre 6 e 17 anos não estão na escola, embora os meninos das mesmas regiões estejam. Algumas abandonaram a escola para ajudar as famílias em casa. Outras nunca frequentaram as aulas e não sabem ler nem escrever. Organizações no mundo inteiro lutam para mudar isso. Se as meninas puderem continuar na escola, levarão vidas mais saudáveis, conseguirão empregos mais qualificados e contribuirão mais para a comunidade e a sociedade.

O poder da educação
A LISTA

No final dos anos 1990, a Comissão Internacional sobre Educação para o Século XXI, criada pela UNESCO, publicou um relatório fundamental para preparar os sistemas educacionais para os desafios do século XXI. O relatório, intitulado "Educação: um tesouro a descobrir", enfatizou a necessidade de uma educação contínua ao longo da vida, promovendo o desenvolvimento sustentável e a luta contra a desigualdade. O texto baseou-se em quatro pilares:

1. Aprender a conhecer Reflete a necessidade de proporcionar uma base sólida de conhecimento, bem como a habilidade de aprender a aprender, promovendo o pensamento crítico e a curiosidade.

2. Aprender a fazer Destaca a importância das competências práticas e da capacidade de aplicar o conhecimento em situações reais, preparando os indivíduos para o mundo do trabalho e para a vida em sociedade.

3. Aprender a viver juntos Enfatiza a educação para a paz, a compreensão intercultural e a convivência harmoniosa, promovendo valores como o respeito, a cooperação e a solidariedade.

4. Aprender a ser Envolve o desenvolvimento integral do indivíduo, incluindo aspectos emocionais, éticos e espirituais, capacitando as pessoas a realizar todo o seu potencial e a tomar decisões responsáveis.

CONSULTORA ESPECIALISTA: Miranda Lin. **VEJA TAMBÉM:** O encéfalo, pp.10-11; Linguagem e narrativas, pp.24-25; Leitura e escrita, pp.26-27; Trabalho, 40-41; Antigo Egito, pp.62-63; A Era de Ouro do Islã, pp.92-93; O Renascimento, pp.102-103; Novas tensões, novas esperanças, pp.140-141; Desigualdade, pp.152-153.

Escolas flutuantes

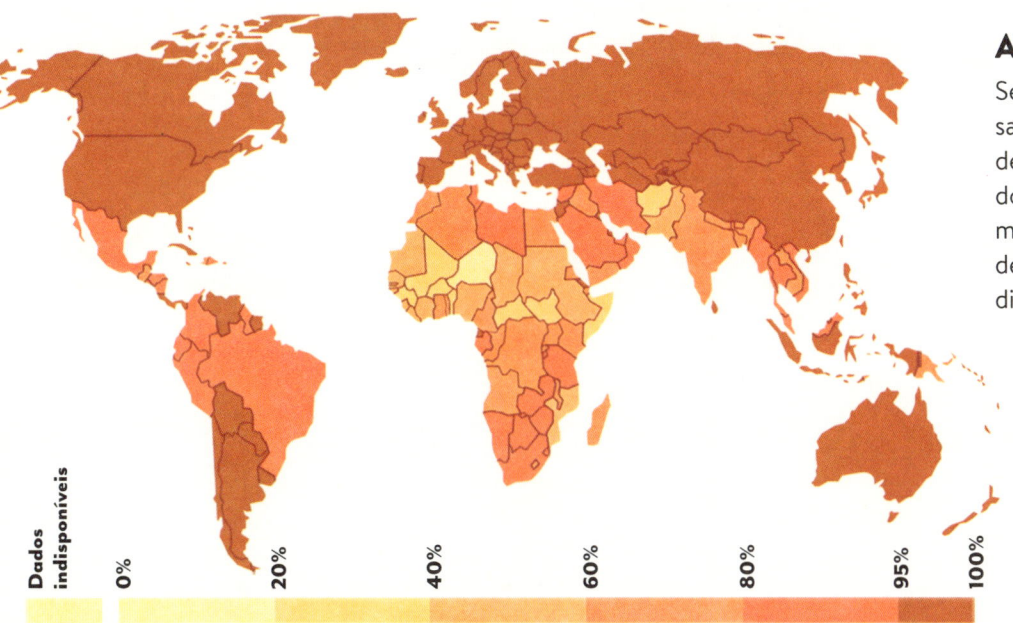

Em Bangladesh, as inundações durante a época das monções impedem as crianças de ir à escola. Para resolver esse problema, o arquiteto Mohammed Rezwan criou uma solução inovadora: escolas em barcos! Essas escolas flutuantes (como a desta foto) buscam as crianças todas as manhãs e as deixam em casa no fim do dia.

Alfabetização mundial

Ser alfabetizado significa saber ler e escrever, o que depende em grande parte do acesso à educação. Este mapa mostra o percentual de pessoas alfabetizadas em diferentes países.

Dados indisponíveis | 0% | 20% | 40% | 60% | 80% | 95% | 100%

Mudando os mercados de trabalho

A soldagem requer habilidade, mas também faz sujeira e é muito barulhenta. Talvez por isso, menos pessoas tenham desejado estudar para serem soldadores nos últimos anos. Isso cria uma escassez de mão de obra. Os salários e as condições de trabalho são apenas dois dos muitos fatores que influenciam o tipo de atividade que as pessoas desejam exercer.

TRABALHO

As pessoas trabalham para ganhar dinheiro e poder pagar por comida, moradia e outras necessidades. Mas também trabalhamos para fazer algo que amamos. Algumas pessoas constroem e fabricam coisas, desde computadores até arranha-céus; outras prestam serviços, como cuidados médicos; outras cozinham, limpam ou trabalham em lojas. Os cientistas inventam coisas e nos ajudam a compreender o mundo; os artistas produzem obras que tornam a vida mais agradável.

Trabalho infantil

Mais de 150 milhões de crianças ao redor do mundo trabalham para aumentar o rendimento de suas famílias, muitas em lugares perigosos, como fábricas e minas, e geralmente não conseguem estudar. O trabalho infantil é considerado ilegal em alguns países, e organizações internacionais, como o Fundo das Nações Unidas para a Infância (Unicef), tentam acabar com ele em todo o mundo.

CONSULTORA ESPECIALISTA: Silvana Tenreyro. **VEJA TAMBÉM:** Dinheiro, pp.34-35; Educação, pp.38-39; Escravidão nas Américas, pp.116-117; Revolução Industrial, pp.122-123; Qualquer coisa, em qualquer lugar, pp.150-151; Desigualdade, pp.152-153; Humanos do futuro, pp.190-191.

Trabalho não remunerado

Às vezes as pessoas fazem trabalhos não remunerados, também chamados voluntariados. Eles envolvem auxiliar outras pessoas, como treinar a equipe esportiva local ou atuar em boas causas, como esta mulher que ajuda um abrigo de animais na República Democrática do Congo. O voluntariado conecta indivíduos dentro das comunidades e permite que compartilhem suas habilidades. Às vezes, as pessoas se voluntariam para ganhar experiência em um trabalho que desejam fazer para ganhar a vida.

DESBRAVANDO O DESCONHECIDO

Quais serão os empregos do futuro?

Hoje, alguns trabalhos podem ser realizados inteiramente por máquinas, como empilhar caixas em uma fábrica. Ao longo da história, novas tecnologias criaram uma demanda por novos empregos e tornaram os antigos obsoletos. No futuro, a inteligência artificial (IA) pode tornar obsoletos até mesmo empregos muito qualificados. Os robôs já estão ajudando os cirurgiões a realizar alguns tipos de operação.

O braço-robô pega os pacotes e os empilha no palete.

Computadores escaneiam códigos de barras e medem, contam e pesam pacotes.

Robôs são capazes de fazer o mesmo trabalho repetidamente sem se cansar.

Provador de ração!

Os donos de animais esperam a melhor alimentação para seus bichinhos. É por isso que muitos fabricantes de ração usam provadores humanos para assegurar que seus produtos sejam saborosos e nutritivos. No entanto, a maioria dos provadores cospe a comida em vez de engoli-la. Provadores experientes podem ganhar mais dinheiro ajudando a elaborar novas receitas de rações para animais de estimação.

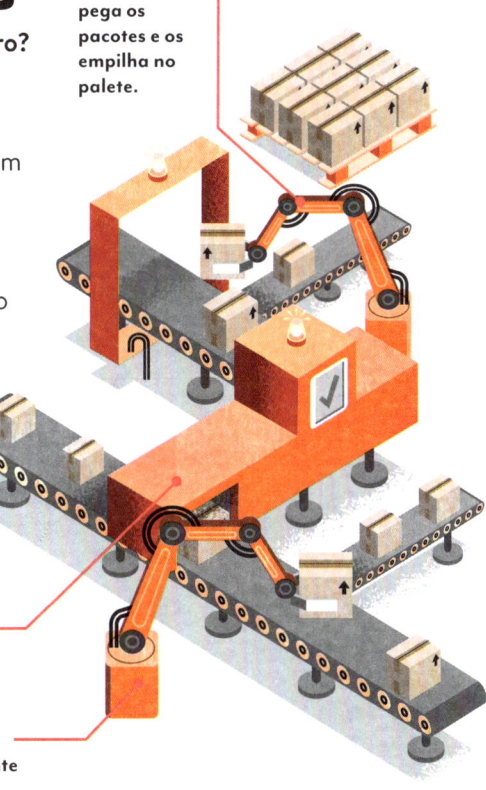

Aprendendo no trabalho

Tornar-se bom o suficiente em um trabalho requer treinamento prático. Pessoas que desejam ser chefs de cozinha geralmente frequentam escolas de culinária. Elas também podem se tornar aprendizes de um chef mais experiente, que lhes ensinará a realizar um trabalho ou ofício qualificado de forma colaborativa.

41

JOGOS E ESPORTES

Nossa paixão por jogos e esportes remonta a pelo menos 5 mil anos. Eles eram usados para ajudar a treinar caçadores e guerreiros antes de se transformarem em eventos especiais. Os esportes e os jogos preenchem muitas necessidades humanas. São uma forma de as pessoas interagirem e se divertirem, testam e ampliam nossas habilidades físicas e mentais, e são uma forma não violenta de competirmos uns contra os outros.

Primórdios do futebol

Um jogo semelhante ao futebol era jogado há mais de 2 mil anos na China. Conhecido como *cuju* (pronuncia-se "tsu-ju"), que significa "chutar a bola", ele era bastante popular. Havia duas equipes, e homens e mulheres participavam. Para marcar, os jogadores chutavam a bola para o gol. Os militares chineses usavam o *cuju* para treinar soldados. O futebol moderno foi criado isoladamente na Europa no século XIV.

Fatos Fantásticos!

Os jogadores de futebol da Copa do Mundo correm até 15 quilômetros em uma partida. Isso é quase o mesmo que dar 38 voltas em uma pista olímpica. Em média, os jogadores de futebol correm 11 quilômetros por jogo. Isso é mais do que atletas de qualquer outro esporte.

As primeiras bolas tinham enchimento de pelos ou penas e eram cobertas de couro.

Jogadores e capitães de equipe elegiam um árbitro, que garantia que a partida fosse justa.

CONSULTOR ESPECIALISTA: Martin Polley. **VEJA TAMBÉM:** Tornar-se humano, pp.4-5; O corpo humano, pp.6-7; O encéfalo, pp.10-11; Comida e cozinha, pp.16-17; Antigo Egito, pp.62-63; Os olmecas e os maias, pp.72-73.

Jogo de reis

O antigo jogo egípcio Senet tem mais de 5 mil anos. O rei Tutancâmon e outros faraós o apreciavam. Era jogado com cinco a sete peças que se moviam pelas casas de um pequeno tabuleiro, sendo um ancestral do gamão. As casas continham instruções em hieróglifos – uma forma de escrita que usa imagens e símbolos –, inclusive conselhos sobre a vida após a morte. Tutancâmon teve pelo menos cinco caixas de Senet enterradas com ele em seu túmulo.

Luta

Estes gregos antigos estão lutando. E, como era comum na época, estavam nus. A luta é um dos esportes mais antigos e difundidos do mundo. Foi incorporada aos Jogos Olímpicos em 708 a.C. A luta greco-romana, a luta livre e o sumô são populares hoje em dia.

Lâminas, próteses e membros biônicos

Invenções como as lâminas de corrida permitem que atletas com deficiência possam competir em alto nível. Desenvolvidas pela primeira vez na década de 1970, são feitas de cerca de 80 camadas de fibra de carbono – fortes, mas leves –, algumas mais finas que um fio de cabelo humano. Outros atletas usam próteses ou membros artificiais para natação, escalada e outros esportes. No futuro, os atletas poderão usar membros biônicos em competições. Eles funcionarão eletronicamente a partir de sinais cerebrais.

As lâminas são fixadas na prótese. As lâminas em forma de J favorecem a corrida rasa, que usa a parte frontal dos pés.

As lâminas são como molas: elas absorvem o peso do corredor e liberam essa energia quando levantadas do chão.

Jovens atletas olímpicos
A LISTA

Jovens atletas olímpicos competem contra adultos, ganhando medalhas e batendo recordes. Aqui estão alguns dos mais jovens vencedores de medalhas olímpicas:

1. Dimitrios Loundras, 10 anos
O ginasta grego competiu em 1896, conquistando a medalha de bronze com sua equipe nas barras paralelas.

2. Inge Sørensen, 12 anos
A dinamarquesa ganhou a medalha de bronze nos 200 metros peito em 1936.

3. Kim Yun-Mi, 13 anos Em 1994, o sul-coreano patinou em alta velocidade rumo à medalha de ouro olímpica.

4. Rayssa Leal, 13 anos Foi prata no skate em 2021, tornando-se a brasileira mais jovem a receber uma medalha olímpica.

5. Nadia Comăneci, 14 anos
Em 1976, a ginasta romena conquistou 10 pontos – inéditos para um atleta olímpico. Ela ganhou três medalhas de ouro, uma de bronze e uma de prata.

Ano-Novo Chinês

Um festival de 15 dias dá início ao Ano-Novo chinês, com fogos de artifício, lanternas brilhantes e procissões. Um enorme dragão, símbolo de boa sorte, é carregado no meio da procissão, sustentado por varas. A festa começa na lua nova, entre 21 de janeiro e 20 de fevereiro, e vai até a lua cheia.

O dragão também tem chifres e garras, pois é composto de partes de vários animais.

Um dragão chinês pode ter até 100 metros de comprimento!

CONSULTORA ESPECIALISTA: Michelle Duffy. **VEJA TAMBÉM:** Calendários, pp.32-33; Mesopotâmia Antiga, pp.56-57; As primeiras dinastias chinesas, pp.60-61; Antigo Egito, pp.62-63; O Império Persa, pp.74-75.

FESTIVAIS

Dança, música e festas marcam muitos festivais ao redor do mundo. As pessoas se reúnem com a família, a comunidade e amigos para celebrar sua cultura e seus costumes, para assinalar dias religiosos importantes ou comemorar as estações. Alguns festivais podem preceder ou se seguir a um momento de oração e jejum, mas a maioria é simplesmente uma celebração da vida. Milhares de pessoas participam desses eventos.

Acredita-se que o vermelho, a cor da barba deste dragão, traga sorte e afaste os males.

Festivais de Ano-Novo
A LISTA

Para muitas pessoas, o Ano-Novo marca um recomeço. Mas nem todos os anos começam em 1º de janeiro! Os calendários têm início em diferentes épocas do ano.

1. Diwali Marca o Ano-Novo hindu com um festival de luzes de cinco dias no fim de outubro ou novembro.
2. Rosh Hashaná O Ano-Novo judaico é um feriado solene no início do mês hebraico Tishrei, entre 5 de setembro e 5 de outubro.
3. Muharram Uma época sagrada para os muçulmanos. O Ano-Novo islâmico cai no primeiro dia do primeiro mês do ano islâmico. No islamismo, o ano gira em torno das estações.
4. Songkran É o feriado budista do Ano-Novo na Tailândia, celebrado em 13 de abril com um festival de água.
5. Shogatsu Ocorre em 1º de janeiro e marca um início alegre para o Ano-Novo no Japão. Os festejos podem durar uma semana!
6. Hogmanay A Escócia comemora o Ano-Novo com uma festividade de três dias, começando em 30 de dezembro.
7. Nowruz O Ano-Novo persa é celebrado no Irã, na Índia e em outros países no dia 21 de março.
8. Enkutatash O Ano-Novo etíope – celebrado com hinos, orações e procissões coloridas – chega em setembro, ao final da estação chuvosa.
9. Ghaaji Significa "fim da estação de cultivo". O Ano-Novo navajo acontece em outubro. Como muitas outras nações indígenas americanas, os navajos marcam o Ano-Novo de acordo com as estações.
10. Seollal O tradicional festival coreano de Ano-Novo é celebrado em janeiro ou fevereiro – como o Ano-Novo chinês.

Lembrando os mortos

Os mexicanos celebram o Dia dos Mortos nos dias 1º e 2 de novembro. As famílias relembram os entes queridos falecidos com festas e desfiles, e todos acolhem os espíritos dos mortos com comida e brinquedos em forma de esqueleto.

RITUAIS FÚNEBRES

Diferentes culturas ao redor do mundo têm maneiras próprias de marcar o fim da vida. Rituais fúnebres, como os velórios, são uma oportunidade para lamentar e celebrar os mortos. A maioria dos rituais vem de tradições religiosas ou espirituais. Os hindus cremam (queimam) os mortos, de modo a liberar o espírito para renascer. As famílias judias respeitam o shivá – sete dias de luto, oração e lembranças.

Cemitérios ancestrais

Os túmulos rochosos chamados dólmens, como este no País de Gales, datam do início do Neolítico, quase 6 mil anos atrás. Eles são encontrados em todo o mundo, mas principalmente na Europa. Um abrigo rochoso em Qafzeh, Israel, que remonta a mais de 90 mil anos, pode ser o cemitério mais antigo de que se tem conhecimento.

CONSULTOR ESPECIALISTA: Nicola Laneri. **VEJA TAMBÉM:** Crenças religiosas, pp.20-21; Stonehenge, pp.58-59; Antigo Egito, pp.62-63; Deuses antigos, pp.64-65; Reinos africanos antigos, pp.88-89; Europa medieval, pp.94-95; Astecas e incas, pp.104-105; Novos impérios, pp.112-113.

Fatos Fantásticos!

Existe um cemitério "alegre" na Romênia. Ele conta com mais de 800 cruzes de madeira pintadas com cores vívidas. O aldeão Stan Pătras começou a esculpi-las na aldeia de Săpânta quando tinha 14 anos. Cada uma tem imagens e poemas de humor sobre a vida da pessoa ali enterrada.

Presentes para os mortos

Em algumas culturas, festas e presentes são levados aos túmulos para homenagear os mortos. Na China, algumas pessoas queimam flores e dinheiro falso (chamado "dinheiro fantasma") para os mortos usarem na vida após a morte. Os nepaleses oferecem velas, arroz e flores para o espírito de quem morreu.

A cobra e o abutre representam deusas protetoras de Tutancâmon.

O cajado simboliza o direito de Tutancâmon de governar, como um pastor conduzindo um rebanho de ovelhas.

O mangual – portado sempre cruzado com o cajado – representa o poder do rei. Ambos são símbolos do deus Osíris.

O corpo do rei estava dentro de uma série de caixões. Este caixão central ricamente decorado possui hieróglifos, um tipo de escrita.

Vida após a morte

Tutancâmon, um antigo faraó egípcio, tinha três caixões, um dentro do outro. Todos estavam cobertos de símbolos que deveriam protegê-lo no pós-morte, em que se acreditava que viveria para sempre. Ao longo da história, muitas religiões sustentaram a crença de que algum aspecto de uma pessoa – o espírito ou a alma – vive para sempre. Isso pode acontecer em outro lugar, como a vida após a morte para os antigos egípcios ou o céu descrito em algumas vertentes do cristianismo, ou reencarnando em um novo corpo na Terra, como no hinduísmo.

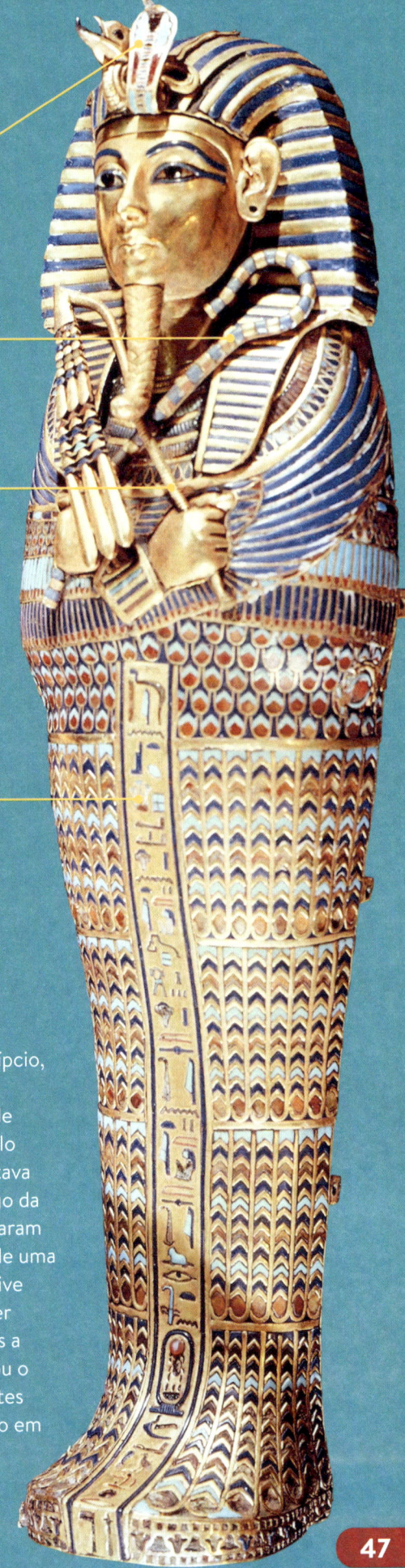

47

Humanos
PERGUNTE AOS ESPECIALISTAS!

PRAVINA SHUKLA
Folclorista

O que mais você quer descobrir?
Quero saber o que as pessoas acham bonito, com que tipo de atividades artísticas elas se envolvem. Todos nós acrescentamos prazeres às nossas vidas: podem ser jardinagem, culinária ou costura, marcenaria, canto ou piadas. Todo mundo tem um talento artístico, desde que ampliemos a noção do que é arte.

Do que você gosta em sua pesquisa?
A maioria das pessoas não deixa documentos escritos, mas todos temos uma noção da própria história e somos capazes de falar bem sobre ela. Ao descrever coisas do dia a dia – como família, religião e trabalho –, temos uma noção da história das pessoas e dos lugares de onde elas vêm.

GINA A. ZURLO
Historiadora

O que você estuda?
Eu estudo religião em todo o mundo. Acho superinteressante investigar por que as pessoas acreditam no que acreditam. Adoro saber quais feriados celebram, ver as diferenças entre as pessoas de acordo com seus rituais e como servem a suas comunidades por meio da religião.

Você pode nos contar um fato surpreendente sobre a sua área?
Muitas pessoas não sabem que o mundo está se tornando mais religioso a cada dia. O islamismo, o budismo, o bahá'í, o cristianismo e o hinduísmo estão todos crescendo, não diminuindo. A vida da maioria das pessoas ao redor do mundo é organizada em torno de feriados, rituais, crenças e práticas religiosas. É isso que faz o meu trabalho valer a pena.

MARTIN POLEY
Historiador do esporte

O que despertou seu interesse pela história do esporte?
Cresci amando esportes e sempre fui fascinado pelo passado deles. Adoro o fato de tantos esportes terem tradições antigas, como os apelidos e as cores dos clubes. Como professor de história dos esportes, posso me aprofundar e descobrir mais sobre como no passado eles estavam ligados aos locais onde eram praticados e às comunidades que os praticavam.

O que é uma questão não resolvida na sua área?
As pessoas sempre querem saber como um esporte foi inventado, mas na maioria dos casos não houve um momento mágico. Os esportes tendem a evoluir gradualmente. A origem deles é um tema muito abrangente, que muitos historiadores pesquisam.

Você pode nos contar um fato surpreendente sobre sua área?
Adoro descobrir detalhes sobre os desafios que os primeiros atletas estabeleceram para si mesmos. Em 1809, o capitão Barclay, um militar britânico, caminhou 1.609 quilômetros em mil horas. Ele se movimentou por 41 dias! Houve muitas performances como essa naqueles tempos.

Humanos
QUIZ

1) **Qual foi o nome dado ao esqueleto de 3,2 milhões de anos encontrado na Etiópia em 1974?**
   a. Lucy
   b. Lucky
   c. Lula
   d. Ludo

2) **Qual das alternativas a seguir NÃO era uma espécie humana?**
   a. *Homo neanderthalensis*
   b. *Homo habilis*
   c. *Homo bono*
   d. *Homo erectus*

3) **Qual das alternativas a seguir NÃO faz parte do centro de controle emocional do cérebro?**
   a. Hipocampo
   b. Amígdala
   c. Hipotálamo
   d. Tireoide

4) **Quantas expressões faciais diferentes um ser humano pode fazer, aproximadamente?**
   a. 10
   b. Mil
   c. 10 mil
   d. 100 mil

5) **A cobertura brilhante dos "delicados" pode vir:**
   a. De um peixe
   b. De um inseto
   c. De uma cobra
   d. Do limo

6) **Quanto da produção alimentar mundial é desperdiçada, aproximadamente?**
   a. Um oitavo
   b. Um quinto
   c. Um quarto
   d. Um terço

7) **A tintura roxa chamada púrpura tíria, produzida na Roma Antiga, era feita de:**
   a. Caramujos e urina
   b. Excremento de pombo e joaninhas
   c. Conchas e chocolate
   d. Borboletas e manteiga

8) **Quantos países são membros das Organização das Nações Unidas?**
   a. 185
   b. 193
   c. 198
   d. 210

9) **O ocre vermelho, um tipo de argila avermelhada, era usado há milhares de anos com que finalidade?**
   a. Produção de cerâmica
   b. Criação de pinturas rupestres
   c. Culinária
   d. Construção de casas

10) **Em 2009, o país africano Zimbábue imprimiu uma nota no valor de quantos dólares zimbabuanos?**
    a. 1 milhão
    b. 1 bilhão
    c. 1 trilhão
    d. 100 trilhões

11) **Que imperador bizantino criou um novo sistema de leis no século VI?**
    a. Augusto César
    b. Justiniano I
    c. Constantino, o Grande
    d. Nero

12) **Em que país era disputado um esporte semelhante ao futebol moderno há mais de 2 mil anos?**
    a. Inglaterra
    b. Alemanha
    c. China
    d. Itália

13) **Senet, um jogo de tabuleiro do Antigo Egito, era semelhante a que jogo popular dos tempos modernos?**
    a. Gamão
    b. *Monopoly* (*Banco Imobiliário*)
    c. Xadrez
    d. Pega-varetas

14) **Rosh Hashaná, Songkran e Seollal são todos feriados de que tipo?**
    a. Celebrações de Ano-Novo
    b. Aniversários de pessoas famosas
    c. Aniversários de eventos históricos
    d. Festivais de colheita

RESPOSTAS: 1) a, 2) c, 3) d, 4) c, 5) b, 6) d, 7) a, 8) b, 9) b, 10) d, 11) b, 12) c, 13) a, 14) a

Estas gigantescas estátuas de pedra, chamadas moai, foram esculpidas por volta do ano 700 por pessoas que viviam na remota Ilha de Páscoa, no Oceano Pacífico. Depois, entre 1050 e 1680, foram deliberadamente destruídas – mas ninguém sabe por quê. É mais um exemplo dos muitos mistérios da História a serem desbravados.

CAPÍTULO 2
TEMPOS ANTIGOS E MEDIEVAIS

A história antiga é repleta de ineditismos. Foi nessa época que se viram as primeiras vilas e cidades do mundo. Novas tecnologias, como a roda, foram desenvolvidas e as primeiras carroças e carruagens revolucionaram o comércio, os transportes e a guerra. A invenção da escrita permitiu que os comerciantes mantivessem registros de quanto compravam e vendiam. Foi quando os primeiros reis e rainhas, imperadores e faraós do mundo assumiram o poder. Um imperador chinês tentou desafiar a morte construindo para si um poderoso exército de 8 mil soldados de barro.

Mas os impérios, assim como o sol, vão e vêm. Às margens do Mediterrâneo, os sírios foram derrotados pelos persas, os persas pelos gregos e os gregos pelos romanos. Nas Américas, o Império Maia também surgiu e desapareceu. Pragas e doenças atingiram a Europa medieval. Artistas prosperaram nas cortes reais, celebrando novas crenças que apareceram para dar sentido a um mundo em rápida mudança. O judaísmo, o cristianismo, o islamismo e o zoroastrismo vieram do Oriente Médio, o budismo e o hinduísmo, da Ásia. Suas visões de mundo concorrentes convergiram e colidiram, levando a lucros e prejuízos, guerras e paz.

OS PRIMEIROS AUSTRALIANOS

Os aborígines australianos pertencem a uma cultura que remonta a milhares de anos. Acredita-se que a Austrália tenha sido ocupada pela primeira vez há mais de 50 mil anos, quando humanos chegaram à parte norte do continente, provavelmente vindos do Sudeste Asiático. Há 35 mil anos, eles já haviam se estabelecido por toda a Austrália e, juntamente com os povos das ilhas do estreito de Torres, foram os primeiros habitantes conhecidos do continente.

Lugares sagrados

De acordo com as crenças aborígines, seres míticos criaram todos os lugares, animais e pessoas durante um período conhecido como Tempo do Sonho. Por esse motivo, eles consideram muitos lugares sagrados – por exemplo, Kata Tjuta (abaixo) é o local de descanso dos espíritos do grupo aborígine anangu.

Evidências ancestrais

Ferramentas e fósseis de pedra e osso encontrados no lago Mungo – que hoje está seco –, em Nova Gales do Sul, são algumas das evidências mais antigas da presença humana na Austrália. Os restos fossilizados de um homem e de uma mulher datam de 42 mil anos.

Kata Tjuta (que significa "muitas cabeças"), também chamado monte Olga, tem 36 domos e se estende por mais de 20 quilômetros quadrados.

Uluru, 26 quilômetros a leste, é uma enorme rocha oval que se ergue 348 metros acima do deserto à sua volta. É famoso por sua cor vermelha.

CONSULTOR ESPECIALISTA: Dave Ella. **VEJA TAMBÉM:** Criando arte, pp.28-29; Stonehenge, pp.58-59; Deuses antigos, pp.64-65; A conquista do Pacífico, pp.68-69; Direitos civis, pp.138-139.

Tudo que vai volta

Os primeiros australianos são conhecidos por terem inventado o bumerangue, um objeto de arremesso encurvado feito de madeira. Eles o usavam na caça, na guerra e em cerimônias. Existem dois tipos principais de bumerangue. A versão que não retorna é mais comprida, reta e pesada. Já o tipo mais curvo, se arremessado corretamente, pode voar em círculo e voltar para o lançador.

Um bumerangue de retorno deve ser lançado de cima e por trás do ombro. O braço deve balançar para a frente rapidamente, com um leve movimento do pulso.

Arte aborígine

As obras de arte remanescentes dos primeiros aborígines demonstram seus muitos estilos artísticos. Alguns grupos criaram objetos sagrados realizando padrões em pedra ou madeira – que provavelmente eram usados em cerimônias religiosas ou como memoriais. Outros faziam pinturas em cascas de árvore com ocre (uma argila colorida), ou gravuras em rochas, como esta do Parque Nacional Kakadu, no Território do Norte.

NOTA do especialista!

DAVE ELLA
Educador cultural

Dave Ella aumenta as oportunidades de educação para crianças aborígines, ensinando-lhes sua cultura – incluindo pintura com pontos, armas tradicionais, alimentos e plantas medicinais. Ele mostra aos estudantes como usar madeira para fabricar ferramentas, como lanças, porretes de caça e bumerangues.

“Eu tenho um trabalho sensacional. Quero ajudar os alunos a continuar seus estudos ou conseguir um emprego.”

O CRESCENTE FÉRTIL

Os humanos começaram a praticar a agricultura há cerca de 10 mil anos, em uma região do Oriente Médio conhecida como Crescente Fértil. Com isso, as pessoas não precisavam mais viajar para encontrar comida. Esse modo de vida trouxe novos desafios, e algumas comunidades os superaram com novas invenções, como a escrita e a roda.

Entre dois rios

A água dos rios Tigre e Eufrates tornou a porção de terra entre eles – a Mesopotâmia – particularmente adequada para a agricultura. Por volta de 5000 a.C., as pessoas também plantavam ao longo do rio Nilo, no Egito. Essa área fértil, que possui uma forma curva, acabou recebendo o nome de "crescente", em referência à fase da lua.

Primórdios da agricultura

Os agricultores do Crescente Fértil usavam canais para redirecionar a água dos rios próximos para suas plantações. Também criavam animais locais para alimentação e trabalho agrícola. Eles usavam auroques, um ancestral dos bois, para puxar seus arados. O arado é uma ferramenta simples, com uma lâmina que revolve o solo para que as sementes possam crescer nele.

Os dois grãos mais importantes eram a cevada e o farro (espécie de trigo).

Por volta de 4500-4200 a.C., os agricultores provavelmente não produziam alimentos apenas para si, mas também para as elites.

CONSULTOR ESPECIALISTA: Mark Sapwell. **VEJA TAMBÉM:** DNA e genética, pp.8-9; Comida e cozinha, pp.16-17; Leitura e escrita, pp.26-27; Mesopotâmia Antiga, pp.56-57; Antigo Egito, pp.62-63.

A revolução da roda

Por volta de 4500 a.C., os povos da Mesopotâmia desenvolveram a roda, mas não para transporte. Elas eram usadas para girar e moldar argila para a fabricação de potes. Por volta de 3500 a.C., os sumérios, talvez inspirados pelo uso de toras de madeira para transportar cargas pesadas, criaram os primeiros veículos com rodas no sul da Mesopotâmia. Eram trenós simples, com o acréscimo de rodas maciças. Quinhentos anos mais tarde, eles estavam fabricando carroças e carruagens. Rodas mais leves, com raios e aros, surgiram no Oriente Médio por volta de 2000 a.C.

Colocando toras embaixo dos objetos, podemos movê-los.

Os objetos podiam ser arrastados mais facilmente se um trenó fosse colocado embaixo deles.

A tora e o trenó foram usados em conjunto.

As ranhuras guiavam o deslizar dos trenós, mantendo a tora e o objeto sempre alinhados.

Rodas com um eixo central foram desenvolvidos como uma peça única.

O eixo foi fixado e as rodas passaram a girar livremente, sendo mantidas em sua posição por pinos de madeira.

Domesticando plantas silvestres
A LISTA

Os agricultores do Crescente Fértil foram alguns dos primeiros a cultivar plantas silvestres e selecioná-las para criar variedades úteis. As mais importantes foram:

1. Cevada Moída para fazer farinha de pão, cozida até virar uma espécie de mingau e usada como base para a cerveja.

2. Farro Era o grão mais comum na fabricação de pão. Também usado como forma de pagamento.

3. Linho Produz sementes que as pessoas podem comer, mas seu principal uso era a fabricação de tecido.

4. Tâmaras Frutos de uma espécie de palmeira. Eram muito valorizadas por sua doçura natural.

5. Ameixas, maçãs e uvas Estavam entre as frutas que os agricultores do Crescente Fértil domesticaram e cultivaram em pomares e vinhedos.

6. Leguminosas Eram importantes por serem nutritivas e porque podiam ser facilmente secas e estocadas. Destaque para o grão-de-bico, a ervilha e a lentilha.

Fatos Fantásticos!

Juntamente com pesquisadores, criadores de gado estão trazendo de volta à vida o ancestral de todos os bois. O auroque, o boi selvagem original, foi caçado até a extinção por volta de 1600. Como os filamentos de seu DNA – sua pegada genética – sobrevivem em outras linhagens ancestrais de gado, o Programa Tauros busca recriar o auroque a partir de seus parentes mais próximos.

Primórdios da escrita

A evidência mais antiga de escrita vem da Mesopotâmia. Por volta de 3300 a.C., os sumérios começaram a usar um sistema de símbolos chamado cuneiforme para registrar o volume das colheitas ou dos impostos pagos, por exemplo. Eles desenvolveram um sistema de números e palavras. Utilizaram caules de plantas para fazer marcas no barro úmido, que depois era cozido, de modo a criar um registro permanente.

MESOPOTÂMIA ANTIGA

A Mesopotâmia, entre os rios Tigre e Eufrates, no Oriente Médio, foi berço de uma das primeiras cidades da história: Uruque, por volta de 3300 a.C., na região conhecida como Suméria. Alguns dos primeiros impérios ficavam na Mesopotâmia. Os acadianos chegaram ao poder por volta de 2334 a.C., seguidos pelos babilônios e assírios, que lutaram pelo poder.

Deusa Inana

Os mesopotâmicos adoravam muitos deuses. Inana era a deusa da guerra e da fertilidade, mostrada aqui com olhos feitos de rubis. Uma sacerdotisa acadiana escreveu poemas e hinos para ela. Mais tarde, foi adorada por outros povos, como os acadianos, os babilônios e os assírios sob o nome de Ishtar.

Gravada em pedra

Uma estela é uma pedra esculpida como um monumento. A foto mostra um fragmento da Estela dos Abutres, feita entre 2600 a.C. e 2350 a.C. Ela registra o conflito entre duas cidades sumérias e a vitória do rei Eanatum de Lagaxe sobre seu rival, o rei Enakalle de Umma.

- Soldados de Lagaxe marcham atrás de seu rei, carregando lanças.
- Os soldados de Umma são pisoteados pelo exército de Lagaxe.
- O rei Eanatum de Lagaxe conduz seus soldados em uma carruagem.

Zigurates

Os mesopotâmicos construíram templos chamados zigurates, com rampas para permitir que os sacerdotes realizassem cerimônias no topo. Eles tinham que ser reconstruídos a cada cem anos, porque eram feitos principalmente de lama, que se desintegrava.

Alternância de poder
LINHA DO TEMPO

Cerca de 3300-1900 a.C. As primeiras cidades sumérias se desenvolviam. No início, eram administradas por grupos de homens poderosos, mas, a partir de 3000 a.C., foram governadas principalmente por reis. As cidades muitas vezes lutavam entre si por poder.

Cerca de 2334-2154 a.C. Sargão, o Grande, conquistou outras cidades da Mesopotâmia e criou o Império Acadiano. Ele se desfez em 2154 a.C. e a Mesopotâmia voltou a ser composta por diferentes cidades-estados poderosas.

Cerca de 1850-1595 a.C. A Babilônia era uma cidade às margens do rio Eufrates. Sob o comando do rei Hamurabi, houve o início da conquista de áreas vizinhas. Por volta de 1595 a.C., a Babilônia controlava a maior parte da Mesopotâmia.

Cerca de 1900-612 a.C. No princípio, os assírios controlavam apenas uma pequena parte do norte da Mesopotâmia. Sua força atingiu o auge por volta de 900 a.C. Eles foram finalmente derrotados pelos babilônios e outros povos em 612 a.C.

CONSULTOR ESPECIALISTA: Mark Sapwell. **VEJA TAMBÉM:** Festivais, pp.44-45; O Crescente Fértil, pp.54-55; Antigo Egito, pp.62-63; Deuses antigos, pp.64-65; O Império Persa, pp.74-75; A Era de Ouro do Islã, pp.92-93.

O Império Assírio

Assurbanípal (retratado aqui em vermelho) foi o último grande governante do Império Assírio. Ele reinou de 668 a 627 a.C. e construiu uma das primeiras bibliotecas do mundo em sua capital, Nínive. Havia rumores de que ele acorrentava seus inimigos e os obrigava a viver em canis.

Reis assírios matavam leões em cerimônias de oferenda aos deuses.

Soldados armados protegiam o rei.

Os leões normalmente eram criados no zoológico do rei.

REVOLUCIONÁRIO

SARGÃO, O GRANDE
Líder do Império Acadiano

Reinou de 2334 a 2279 a.C.

Primeiro grande formador de impérios, Sargão nasceu na região de Babilônia e Quixe. Diz a lenda que ele foi adotado por um jardineiro. Trabalhou como servo do rei de Quixe, mas o derrubou e tomou o poder. Por volta de 2334 a.C., Sargão começou a conquistar a Mesopotâmia e construiu uma nova cidade chamada Acádia, que se tornou a capital do império. Não sabemos quando morreu.

O código de Hamurabi

O rei babilônico Hamurabi criou um dos primeiros códigos de leis do mundo. Ele queria ter certeza de que os integrantes do Império Babilônico conhecessem e seguissem suas leis. Por volta de 1754 a.C., mandou gravá-las em colunas de pedra, que foram espalhadas por todo o império. As colunas registravam 282 leis sobre temas que iam do comércio ao casamento. No topo de cada uma havia uma escultura em relevo de Hamurabi, sentado em seu trono, recebendo as leis de Samas, o deus do Sol.

STONEHENGE

Os povos pré-históricos da Grã-Bretanha e da Irlanda construíam círculos de pedras. Stonehenge, o mais famoso, é visitado por mais de um milhão de pessoas todos os anos. Ele foi erigido em cinco etapas, de 3000 a 1600 a.C., em uma planície calcária perto de Salisbury, na Inglaterra. Suas enormes e pesadas pedras foram levadas (provavelmente em trenós de madeira) de locais a 24 quilômetros de distância. Dois círculos de pedras azuis menores vieram de ainda mais longe – cerca de 240 quilômetros.

Por que Stonehenge foi construído?

Ninguém conhece o verdadeiro propósito de Stonehenge. As pessoas costumavam achar que era um templo antigo ou que foi usado para prever o movimento do Sol e da Lua. Mais recentemente, os especialistas argumentaram que era um local de encontro sazonal para muitas tribos e um monumento aos antepassados.

As pedras superiores (lintéis) pesam cerca de 7 toneladas.

A maioria das grandes pedras verticais, chamadas sarsens, pesa cerca de 23 toneladas.

CONSULTOR ESPECIALISTA: Mike Parker Pearson. **VEJA TAMBÉM:** Crenças religiosas, pp.20-21; Rituais fúnebres, pp.46-47; Antigo Egito, pp.62-63; Os olmecas e os maias, pp.72-73; Grécia Antiga, pp.76-77.

Monumentos antigos da Terra
LINHA DO TEMPO

Milhares de anos atrás, as civilizações construíram enormes monumentos. Os que constam nesta linha do tempo ainda estão de pé.

3200 a.C. Newgrange, Irlanda Povos antigos construíram uma elaborada câmara mortuária no interior de um monte de terra de 12 metros de altura. É cercada por um muro e o acesso se dá por uma passagem de pedra.

3000-1600 a.C. Stonehenge, Reino Unido Os antigos britânicos ergueram esse círculo de pedras enormes, cercado por um grande banco de terra e uma vala.

2500 a.C. Grande Esfinge de Gizé, Egito Os antigos egípcios esculpiram essa enorme escultura de uma criatura mítica com corpo de leão e cabeça humana. Tem 73 metros de comprimento.

515 a.C. Monte do Templo, Israel Os reis judeus concluíram o Segundo Templo para abrigar a Arca da Aliança – um baú contendo pedras inscritas com os Dez Mandamentos, que se acredita terem vindo de Deus.

432 a.C. Partenon, Grécia Esse enorme templo dedicado à deusa Atena faz parte da Acrópole, um complexo de edifícios no topo de uma colina com vista para Atenas.

600-900 d.C. Tikal, Guatemala Esse antigo centro maia se transformou em uma grande cidade, com 3 mil estruturas. Entre elas, estão palácios e templos em forma de pirâmide.

Século I a.C. Câmara do Tesouro, Petra, Jordânia Esse templo ou cemitério foi construído pelos nabateus. Possui uma fachada decorada, com cerca de 40 metros de altura e três câmaras. Seu nome em árabe é Al-Khazneh.

As pedras menores pesam até 4 toneladas e vieram de Gales do Sul.

Cada pedra vertical tinha uma estaca de pedra esculpida que se encaixava em um buraco no lintel.

Muitas pedras do Stonehenge foram removidas em tempos mais recentes, deixando buracos em seu círculo externo.

59

AS PRIMEIRAS DINASTIAS CHINESAS

A China Antiga foi governada por uma série de famílias, que chamamos de dinastias. A primeira pode ter sido a Xia, de 2070 a 1600 a.C., mas não sabemos ao certo, pois os reis dessa dinastia aparecem apenas em lendas. Sob as dinastias Shang e Zhou, algumas artes e ofícios, como a cerâmica e o trabalho em bronze, floresceram. Aliás, a primeira escrita chinesa conhecida surgiu sob a dinastia Shang.

DESBRAVANDO O DESCONHECIDO

A grande inundação da China aconteceu de verdade?

Uma das primeiras civilizações chinesas viveu às margens do rio Amarelo. De acordo com a lenda, o rio teve uma grande cheia, mas Yu, o Grande, foi capaz de controlá-la. O povo fez dele rei e a dinastia Xia foi fundada. Pesquisas recentes fornecem evidências de que uma enorme inundação de água doce ocorreu por volta de 1920 a.C.

A dinastia Shang

A primeira dinastia chinesa a nos deixar registros escritos foi a Shang, que governou por mais de 500 anos. Ela começou como um pequeno Estado local, mas acredita-se que, por volta de 1600 a.C., o rei Shang tenha derrubado a dinastia Xia e passado a comandar a China. Na época, o país abrangia uma área muito menor do que a nação atual. Por volta de 1300 a.C., os Shang construíram uma nova capital, Yin, onde muitas tumbas importantes da dinastia foram posteriormente encontradas. A mais bem preservada pertence a Fu Hao, uma general que foi casada com o rei Wu Ding.

Antigos reis chineses
A LISTA

Muitos antigos reis chineses eram amados por seus grandes feitos. Outros foram odiados por serem governantes cruéis e severos.

1. Rei Jie, da dinastia Xia Diz-se que o último governante dessa dinastia enfrentou diversas rebeliões, sendo derrotado na Batalha de Mingtiao e preso por seus adversários.

2. Rei Tang, da dinastia Shang Considerado um rei gentil e bom, reduziu impostos e trabalhou para melhorar a vida de seu povo.

3. Rei Wu Ding, da dinastia Shang Tornou-se rei em 1250 a.C. Quando era príncipe, conviveu com pessoas comuns e aprendeu sobre suas vidas.

4. Rei Di Xin, da dinastia Shang Derrotado em 1046 a.C., era considerado um governante cruel, que aumentou os impostos da população.

5. Rei Wu, da dinastia Zhou Derrotou Di Xin com um exército que se acredita ter contado com 45 mil soldados e 300 veículos. Ele deu início à dinastia Zhou.

6. Rei Cheng, da dinastia Zhou Governou de cerca de 1042 a 1006 a.C. e foi o segundo rei dessa dinastia.

7. Rei You, da dinastia Zhou O governo do último rei do período Zhou Ocidental foi marcado por terremotos e secas, todos vistos como maus presságios.

CONSULTORA ESPECIALISTA: Man Xu. **VEJA TAMBÉM:** Leitura e escrita, pp.26-27; Artes cênicas, pp.30-31; Festivais, pp.44-45; A China dos Tang, pp.90-91; A ascensão do comunismo, pp.128-129.

Os artesãos do período Zhou produziram impressionantes artefatos de bronze, como esta anta.

A primeira escrita chinesa

Os Shang criaram algumas das primeiras escritas chinesas. Ela era esculpida em "ossos oraculares", ossos de animais e conchas, como este casco de tartaruga. Nas cerimônias, pedia-se orientação aos ancestrais dos reis. Os adivinhos aqueciam os ossos com atiçadores de metal quente até que quebrassem, então o rei interpretava o significado das fissuras. As perguntas e suas interpretações eram então registradas nos ossos.

A dinastia Zhou

Os Zhou derrotaram os Shang em 1046 a.C. Os historiadores dividem essa dinastia em dois períodos. O primeiro é o Zhou Ocidental. Em 770 a.C., após a rebelião de um senhor local, o rei mudou sua capital para Luoyang, no leste. A partir desse momento, a dinastia ficou conhecida como Zhou Oriental e governou até 256 a.C. A era Zhou foi uma época de progresso tecnológico. Os artesãos faziam objetos detalhados de bronze. Por volta de 600 a.C., ferramentas e armas de ferro se tornaram comuns.

O calendário chinês

Hoje a China utiliza o calendário ocidental, mas também existe um calendário tradicional, criado entre 770 e 476 a.C., que tem um ciclo de 12 anos. Cada ano do ciclo recebe o nome de um de 12 animais, que determinam a personalidade das pessoas nascidas naquele ano. Como exemplo, acredita-se que as pessoas nascidas no ano do tigre (como 2010) sejam corajosas e confiantes. Os nascidos no ano do rato (como 2008) são considerados trabalhadores e sociáveis.

Rato: 2008, 2020
Boi: 2009, 2021 
Tigre: 2010, 2022 
Coelho: 2011, 2023 
Dragão: 2012, 2024 
Serpente: 2001, 2013 
Cavalo: 2002, 2014 
Cabra: 2003, 2015
Macaco: 2004, 2016 
Galo: 2005, 2017 
Cão: 2006, 2018 
Porco: 2007, 2019 

REVOLUCIONÁRIO

CONFÚCIO

Filósofo, viveu de 551 a 479 a.C.

China

Confúcio veio de um pequeno Estado no leste da China chamado Lu. Depois de trabalhar para seu governante local, começou a ensinar aos seguidores suas filosofias de vida e como a sociedade deveria ser organizada, com base no respeito aos mais velhos, na erudição e nos rituais. As ideias de Confúcio raramente foram apreciadas naquela época. Após sua morte, entretanto, tornaram-se muito importantes na China e em toda a Ásia.

ANTIGO EGITO

Por volta de 3530 a.C., a agricultura começou a ser praticada ao longo do rio Nilo, permitindo que a civilização florescesse. De acordo com a lenda, por volta de 2925 a.C., o governante Menés uniu o Alto (sul) e o Baixo (norte) Egito e se tornou o primeiro rei. Mais tarde, os reis passaram a ser chamados de faraós, sendo considerados divindades. Após sua morte, eram mumificados e colocados em pirâmides ou tumbas com seus pertences.

A Grande Pirâmide de Gizé

A maior pirâmide já construída foi feita para o rei Quéops, em Gizé, por volta de 2550 a.C. Medindo originalmente 146,6 metros de altura, feita com 2,3 milhões de blocos de calcário, a construção levou aproximadamente 20 anos para ficar pronta e incluía várias câmaras e passagens. Os arqueólogos localizaram recentemente um espaço escondido dentro da pirâmide – eles estão usando scanners para determinar seu tamanho e sua finalidade.

O rio da vida

O Nilo era a principal fonte de água, e a lama de suas margens era usada para fazer tijolos. Em julho, o rio inundava, deixando uma camada escura de lodo que tornava a terra fértil. Ele também servia como uma espécie de estrada: a correnteza levava os navegantes rio abaixo e os ventos os traziam de volta.

- A ponta da pirâmide pode ter sido coberta de ouro.
- Cobertura externa de calcário liso
- Câmara do rei
- "Câmara de alívio", que evita o desabamento da estrutura sobre a câmara do rei.
- Grande vazio
- Respiradouro
- Pequeno vazio
- Entrada
- Blocos de calcário
- Câmara da rainha
- Câmara subterrânea
- Circulação de ar
- Grande galeria
- Passagem descendente

CONSULTORA ESPECIALISTA: Salima Ikram. **VEJA TAMBÉM:** Leitura e escrita, pp.26-27; Rituais fúnebres, pp.46-47; O Crescente Fértil, pp.54-55; Stonehenge, pp.58-59; Deuses antigos, pp.64-65; Reinos africanos antigos, pp.88-89.

Mumificação

Os antigos egípcios preservavam os corpos dos mortos, acreditando que seus espíritos viveriam para sempre. Esse processo é chamado de mumificação e, na época do rei Tut, levava 70 dias. Os sacerdotes removiam todos os órgãos internos, exceto o coração, que se pensava ser a fonte da inteligência. Os antigos egípcios acreditavam que Anúbis, o deus do embalsamamento, supervisionava o processo.

Anúbis, deus do embalsamamento.

① Removendo os órgãos
Os intestinos, o fígado, os pulmões e o estômago eram colocados em canopos (vasos), cada um com o formato de uma cabeça específica: falcão, ser humano, babuíno e chacal, respectivamente.

② Cobrindo o corpo com sal
O corpo e a cavidade onde ficavam os órgãos eram cobertos por um sal especial chamado natrão, que absorvia a umidade. Após cerca de 40 dias, o corpo estava completamente seco.

③ Envolvendo o corpo em bandagens
Por fim, o corpo era preenchido com linho, pintado com resinas e envolto em linho, em seguida posto em um caixão e colocado em uma tumba, com os potes e itens pessoais, como móveis, que seriam necessários na vida após a morte.

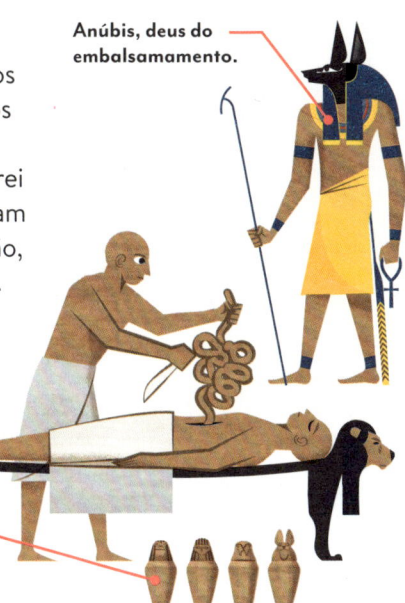

Hieróglifos

Por volta de 3200 a.C., os antigos egípcios adotaram o sistema de escrita hieroglífico. Mais de 700 símbolos representavam diferentes palavras e sons. Os hieróglifos eram esculpidos em pedra ou escritos em folhas feitas de papiro – de onde vem a palavra "papel".

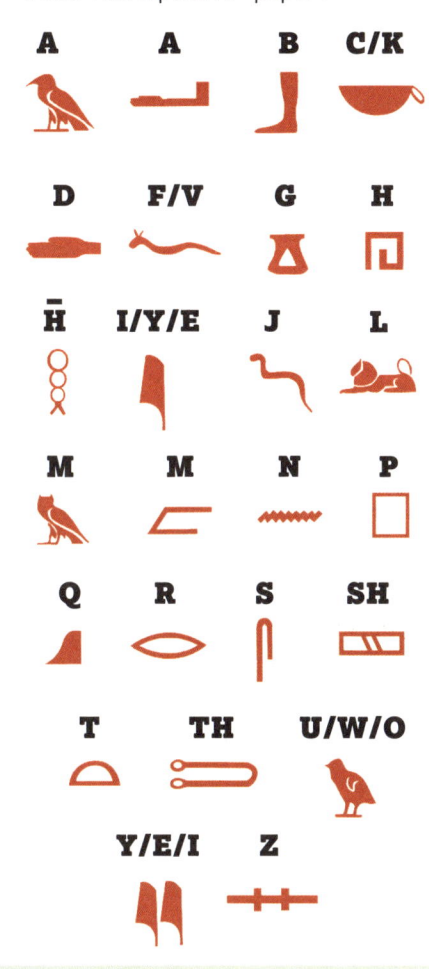

A	A	B	C/K
D	F/V	G	H
H̄	I/Y/E	J	L
M	M	N	P
Q	R	S	SH
T	TH	U/W/O	
Y/E/I	Z		

REVOLUCIONÁRIA

RAINHA HATSHEPSUT
Rainha-faraó, reinou de 1473 a 1458 a.C.

Egito

A rainha Hatshepsut governou o Egito por 15 anos, a partir do ano 1473 a.C. Seu reinado foi essencialmente pacífico, baseado no comércio, não na guerra. Ela construiu um grande templo e enviou uma missão comercial marítima para Punt, no Mar Vermelho. As estátuas geralmente a retratam como um faraó, com uma barba falsa, símbolo da realeza. Hatshepsut morreu em 1458 a.C. e foi enterrada no Vale dos Reis, perto de Luxor.

Fatos Fantásticos!

Durante a mumificação, o cérebro é removido pelo nariz. Antigamente, pensava-se que as pessoas enganchavam o cérebro com uma vara e depois o puxavam pelas narinas. Hoje, a maioria dos cientistas acredita que elas remexiam o cérebro com uma vara através de um buraco no crânio. Como o cérebro é mole, se transformava em líquido e escorria pelo nariz.

O cérebro liquefeito escorria pelo nariz.

DEUSES ANTIGOS

As culturas antigas acreditavam em muitos poderes superiores que estariam envolvidos no mundo e em sua criação. A maioria das culturas adorava vários deuses; poucas tinham um deus principal. Era comum achar que os seres divinos controlavam fenômenos naturais, como o clima e o céu noturno, e que determinavam o desenrolar das guerras, doenças e colheitas. O vasto número de deuses antigos, tanto com formas humanas como não humanas, ficou registrado na arte e na escrita.

Os deuses do Egito

O Antigo Egito tinha mais de 2 mil deuses. Os antigos egípcios acreditavam que os deuses poderiam ajudá-los em suas vidas e após a morte, por isso faziam rituais em homenagem a eles, conforme mostrado no pergaminho abaixo. Os faraós (reis) eram responsáveis pelos templos onde aconteciam as cerimônias religiosas. Eles também afirmavam ser os sucessores dos deuses e seus representantes na Terra.

1 Sacerdotes
Os rituais do templo eram realizados por sacerdotes (mostrado aqui) e sacerdotisas.

2 Faraó
Também detinha o título de "Sumo Sacerdote de Todos os Templos".

3 Ptá
Deus criador, também era patrono dos artesãos e arquitetos.

4 Sacmis
A deusa da guerra, da cura e da medicina, assumia a forma de uma leoa.

5 Set
Um trapaceiro, era o deus do caos, das tempestades e do fogo.

6 Hator
A deusa do céu, das mulheres e da fertilidade às vezes era retratada com orelhas de vaca.

7 Ísis
Essa deusa poderia ajudar a curar os doentes e trazer os mortos de volta à vida.

8 Osíris
Deus da ressurreição e dos mortos, era também o deus da fertilidade e da agricultura.

CONSULTOR ESPECIALISTA: Paul Dilley. **VEJA TAMBÉM:** Crenças religiosas, pp.20-21; Os primeiros australianos, pp.52-53; Mesopotâmia Antiga, pp.56-57; Stonehenge, pp.58-59; Antigo Egito, pp.62-63; Civilizações andinas, pp.66-67; Os olmecas e os maias, pp.72-73; O Império Máuria, pp.80-81; Roma Antiga, pp.84-85.

Deuses antigos
A LISTA

O mundo antigo tinha milhares de deuses. Aqui estão 10 dos mais notáveis; alguns são adorados até hoje:

1. Hórus Filho de Ísis e Osíris, era o deus dos céus no Antigo Egito. Ele tem a forma de um falcão ou de um homem com cabeça de falcão.

2. Jano O deus romano do tempo e das transições, é frequentemente representado com duas faces. Os portões de seu templo eram abertos durante a guerra e fechados em tempos de paz.

3. Marduque O mais importante deus babilônico, também era conhecido como Bel, que significa "Senhor".

4. Mitra Deus dos contratos (tratados ou pactos) que teve origem no Irã, era adorado em uma ampla área – da Grã-Bretanha à Índia.

5. Quetzalcóatl Deus mesoamericano das estrelas da manhã e da tarde, tem a forma de uma serpente emplumada.

6. Thor Armado com um martelo e associado ao trovão, era adorado pelos povos germânicos, incluindo os vikings.

7. Os Três Puros Os deuses mais elevados da religião taoista, são responsáveis pela criação do Universo.

8. Trimúrti Grupo das três divindades supremas do hinduísmo: Brahma, Vishnu e Shiva.

9. Zeus O antigo deus grego dos céus e do trovão governava todos os outros deuses gregos.

10. Javé Este é o nome pessoal dado ao Deus único na Bíblia hebraica. Originalmente o deus dos israelitas, hoje é reverenciado no judaísmo, no cristianismo e no islamismo.

CIVILIZAÇÕES ANDINAS

A cordilheira dos Andes, na costa oeste da América do Sul, foi o lar de muitos povos. Entre eles estiveram os Norte Chico (3000-1800 a.C.), os Chavín (900-200 a.C.) e os Nazca (200-600 d.C.). Esses povos construíram edifícios cerimoniais, como templos, e sistemas de irrigação para a terra. Domesticaram espécies vegetais e criaram animais para obter lã e fazer tecidos. Eles comercializavam esses bens, assim como metais e conchas preciosas.

Fatos Fantásticos!

Estudando o cocô, os cientistas conhecem mais os Norte Chico. Cocô fossilizado ajudou a compreender alguns hábitos alimentares dos Norte Chico. Eles comiam milho, frutos do mar, anchovas, batata-doce e goiaba, por exemplo. Ferramentas com pólen também indicam que cultivavam milho.

Cidade sagrada

Caral, no norte do Peru, foi uma das primeiras cidades da América do Sul. O povo Norte Chico a construiu entre 3000 e 1800 a.C. Trata-se de um dos mais de 30 assentamentos antigos que os arqueólogos encontraram na área. Na parte principal de Caral, existem mais de 32 edifícios – incluindo templos, praças rebaixadas e casas. Esta cidade sagrada era um importante centro de cerimônias religiosas.

Ruínas do anfiteatro de Caral.

A mulher dos quatro broches

Arqueólogos descobriram uma múmia de 4.500 anos em Aspero, perto de Caral. A tecnologia digital mostra como ela seria em vida (à esquerda). Quatro broches de osso, em forma de macacos da floresta e pássaros do deserto, mantinham presos os restos de sua túnica. Esses broches e o local do enterro podem significar que ela tinha um status superior.

Primeiro, os cientistas fizeram a digitalização do crânio da múmia.

Uma parte do crânio estava escondida por restos em decomposição.

Cientistas preencheram as lacunas e suavizaram a mandíbula.

Eles analisaram mulheres contemporâneas para adicionar detalhes.

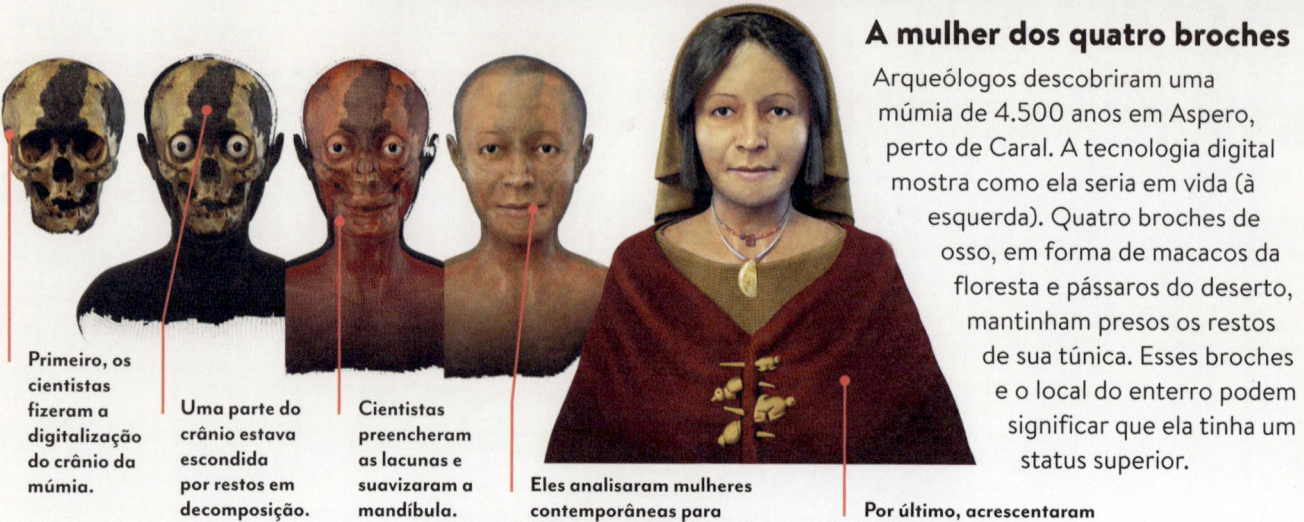

Por último, acrescentaram cabelo, roupas e um véu.

CONSULTORA ESPECIALISTA: Alicia Boswell. **VEJA TAMBÉM:** Roupas e ornamentos, pp.18-19; Deuses antigos, pp.64-65; Os olmecas e os maias, pp.72-73; Astecas e incas, pp.104-105; Novos impérios, pp.112-113; Escravidão nas Américas, pp.116-117; Mapa-múndi político, pp.142-143.

Ser supremo

O Deus dos Báculos é uma divindade fundamental na cultura andina. É uma figura poderosa, que as pessoas acreditam ter criado o mundo. As representações o mostram como semi-humano, muitas vezes com presas. Seu nome vem dos dois cajados, ou báculos, que o deus segura. Eles podem ter o formato de cobras. A mais antiga imagem encontrada desse ser supremo data de cerca de 2250 a.C.

Cultura Chavín

A cidade em ruínas de Chavín de Huántar, no norte do Peru, era um centro político e religioso de destaque, com templos ricamente decorados de entalhes e esculturas. A religião de seus habitantes era muito importante para os povos da região central dos Andes. Alguns peregrinavam até Chavín e artistas faziam criações religiosas para a cidade. As esculturas em pedra mostram humanos e animais fantásticos.

As linhas de Nazca

As linhas de Nazca, no Peru, foram feitas há mais de 2 mil anos, provavelmente pelos Nazca ou Paracas, um povo ainda mais antigo. Para produzir os desenhos, foram removidas rochas superficiais de modo a expor o solo mais claro abaixo delas. Algumas linhas se estendem por quilômetros, outras são contornos de animais e figuras humanas. As formas gigantes são visíveis apenas do alto, por isso as pessoas que as criaram jamais puderam vê-las completas. Ainda assim, foram perfeitamente desenhadas. Os estudiosos acham que as linhas tinham um propósito ritualístico.

NOTA da especialista!

ALICIA BOSWELL
Arqueóloga

A maioria das sociedades deixou registros escritos que contam suas histórias. Nos antigos Andes, não havia uma escrita alfabética. Em vez disso, usavam-se nós e cordas para registrar informações. Se os estudiosos conseguirem decifrar esse sistema, serão capazes de compreender muito mais as sociedades andinas.

"O lixo é o tesouro de um arqueólogo! Podemos aprender muito sobre as pessoas através daquilo que elas jogam fora."

67

A CONQUISTA DO PACÍFICO

Os povos indígenas do Oceano Pacífico eram grandes navegadores. Os ancestrais dos atuais habitantes da Nova Guiné se estabeleceram no oeste da Melanésia há cerca de 40 mil anos. As ilhas da Micronésia e da Polinésia foram colonizadas por falantes do austronésio, talvez vindos de Taiwan, que exploraram as inúmeras ilhas do Pacífico por meio de ousadas viagens de longa distância. A partir de 1500 a.C., eles povoaram toda a Oceania por 1.500 anos.

Navegando de canoa

Os polinésios usavam grandes canoas de madeira em suas explorações marítimas. Algumas tinham estabilizadores – peças flutuantes presas a uma das laterais. Outras, como esta aqui, tinham dois cascos. Os polinésios usavam seu conhecimento sobre as estrelas e os mares para se orientar. Na década de 1970, a Polynesian Voyaging Society construiu uma canoa polinésia tradicional que navegou por milhares de quilômetros. Isso provou que os polinésios teriam de fato sido capazes de realizar viagens de longa distância.

Ao percorrer longas distâncias, as canoas eram frequentemente equipadas com abrigos para passageiros e cargas.

As velas triangulares permitiam que as canoas percorressem distâncias muito maiores do que se fossem movidas apenas por remos.

As partes de madeira eram muitas vezes atadas com fibras de coco.

Os dois cascos de madeira tornavam as canoas polinésias estáveis mesmo quando o mar estava agitado. Elas eram grandes o suficiente para transportar todas as plantas e animais necessários para colonizar uma ilha.

CONSULTOR ESPECIALISTA: Patrick V. Kirch. **VEJA TAMBÉM:** Roupas e ornamentos, pp.18-19; Os primeiros australianos, pp.52-53; Deuses antigos,

Explorando a Oceania

Os austronésios exploraram e colonizaram ilhas distantes em toda a Melanésia, Micronésia e Polinésia. O crescimento populacional pode ter incentivado algumas dessas viagens. Outras podem ter sido acidentais: o vento desviou as canoas de seu curso original. Mas, na maioria das vezes, eles saíam como exploradores, procurando novas terras para ocupar e desenvolvendo formas sofisticadas de navegação.

Cultura lapita

O povo lapita, do Leste Asiático, colonizou ilhas na Melanésia e na Polinésia Ocidental de 1300 a 800 a.C. Eles decoravam suas cerâmicas de barro com desenhos elaborados (acima). Foram a primeira grande cultura do Pacífico. Suas cerâmicas foram encontradas entre a Nova Guiné, a leste, e Samoa, a oeste.

O incrível Maui

O herói trapaceiro Maui está presente nas histórias de muitas sociedades polinésias diferentes. Essas histórias são transmitidas até hoje. Nelas, Maui é frequentemente associado a feitos incríveis. Diz-se que ele roubou fogo do submundo para dar aos humanos e puxou as ilhas do fundo do mar com seu anzol.

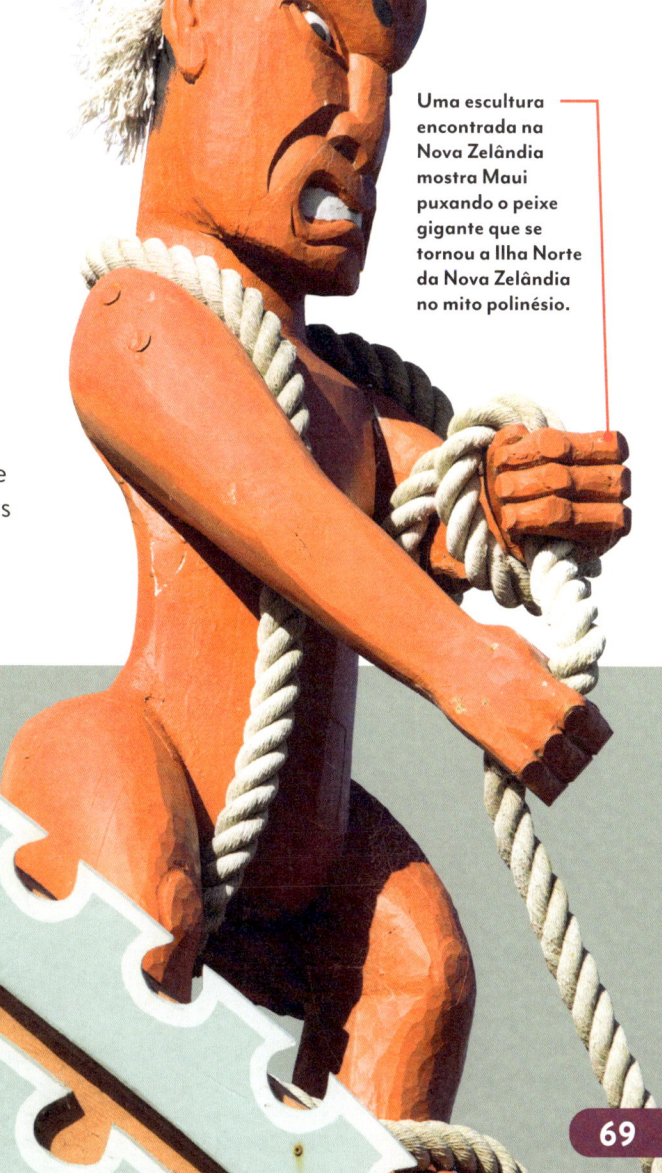

Uma escultura encontrada na Nova Zelândia mostra Maui puxando o peixe gigante que se tornou a Ilha Norte da Nova Zelândia no mito polinésio.

Um jovem faz uma parada de mão durante uma acrobacia sobre o touro.

Cnossos

Um mural de Cnossos, a maior cidade palaciana minoica, mostra a taurocatapsia – o esporte ritual que consiste em dar cambalhotas sobre um touro em disparada. Os minoicos construíram belos palácios com cidades em Creta. Cnossos foi destruída por um incêndio por volta de 1350 a.C.

Os touros eram animais importantes para os minoicos e estão presentes com frequência em pinturas e relevos.

A pele pálida da figura indica que ela é uma mulher. Homens e mulheres praticavam esse esporte.

MINOICOS, MICÊNICOS E FENÍCIOS

Duas das primeiras civilizações da Europa se desenvolveram entre 3000 e 1000 a.C. no mar Egeu e ao redor dele. Os minoicos receberam esse nome de Minos, seu primeiro rei mítico. Viviam na ilha de Creta, cuja capital era Cnossos. A cultura micênica posterior dominou a Grécia de 1500 a 1200 a.C. Os micênicos conquistaram Creta por volta de 1400 a.C., mas sua civilização entrou em colapso misteriosamente por volta de 1200 a.C. Nesse mesmo período, os fenícios, no Mediterrâneo oriental, fundaram uma série de portos comerciais ao longo da costa.

Mar Egeu

O mar Egeu é um braço do mar Mediterrâneo oriental. A oeste está a Grécia, lar dos micênicos. Creta, onde viviam os minoicos, fica ao sul. A leste se situa a atual Turquia. Os hititas criaram um império na região de 1700 a 1200 a.C.

CONSULTOR ESPECIALISTA: John Bennet. **VEJA TAMBÉM:** Conflito e guerra, pp.22-23; Linguagem e narrativas, 24-25; Leitura e escrita, pp.26-27; Rituais fúnebres, pp.46-47; Grécia Antiga, pp.76-77; Alexandre, o Grande, pp.78-79.

O Minotauro

De acordo com um mito grego, o rei Minos de Creta mantinha o Minotauro – uma fera com corpo de homem e cabeça de touro – preso em um labirinto. Quando o povo de Atenas matou um de seus filhos, Minos obrigou a cidade grega a enviar sete rapazes e sete donzelas a cada nove anos para serem sacrificados ao Minotauro. Por fim, o herói ateniense Teseu matou a fera e escapou do labirinto com a ajuda da filha de Minos, Ariadne, que se apaixonou por ele.

Segundo o mito, o Minotauro era filho da esposa de Minos e de um touro branco.

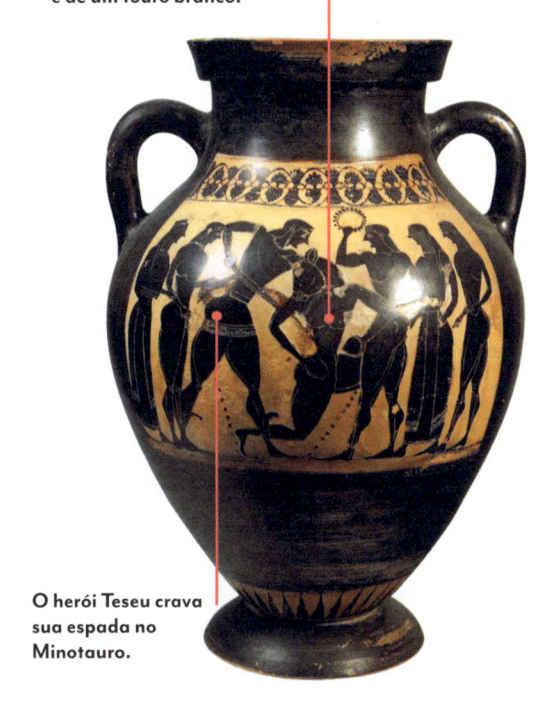

O herói Teseu crava sua espada no Minotauro.

Cidades micênicas

Uma máscara de ouro, que se acredita ser a máscara mortuária do rei Agamenon, estava entre os muitos objetos sofisticados encontrados em sepulturas de Micenas, que já foi o centro da civilização grega. Os micênicos se espalharam por todo o território grego e construíram complexos palacianos fortificados que se tornaram grandes cidades – como Micenas, Pilos e Tirinto.

Os fenícios

No segundo e primeiro milênios antes de Cristo, os fenícios – cuja terra natal é hoje o Líbano, na costa oriental do Mediterrâneo – construíram um império comercial que se estendia até a Espanha, no Ocidente. Comerciantes e colonizadores, eles eram habilidosos na construção de embarcações.

A Guerra de Troia na vida real

Segundo a lenda, um grupo de soldados gregos se escondeu em um cavalo de madeira para lançar um ataque contra seus inimigos em Troia. Os troianos levaram o cavalo para dentro da cidade e, depois que escureceu, os gregos atacaram. Existem duas verdades por trás desse mito: catapultas (máquinas que lançavam projéteis) eram protegidas por peles de cavalos molhadas para não pegar fogo e os micênicos travaram uma guerra perto de Troia por volta de 1200 a.C.

DESBRAVANDO O DESCONHECIDO

Será que algum dia os sistemas de escrita minoicos serão decifrados?

Os minoicos tinham dois sistemas de escrita. Um deles, conhecido como Linear A, usava símbolos para representar sons e alguns objetos, como vacas, porcos e grãos. Os estudiosos não conseguiram traduzi-lo completamente, mas sabem ler o Linear B, o sistema de escrita micênico que é uma adaptação do Linear A. Foi dele que se originou a língua grega.

As inscrições nesta tabuleta, descoberta em Micenas, estão no sistema Linear B.

OS OLMECAS E OS MAIAS

Duas grandes civilizações se desenvolveram nas florestas tropicais da Mesoamérica, uma área que se estende do México à América Central. Por volta de 1500 a.C., os olmecas praticavam a agricultura e viviam em aldeias e cidades, algumas das quais se tornariam centros urbanos. A cultura olmeca influenciou os maias no sudeste do México, Guatemala e Belize, cuja civilização remonta a cerca de 1200 a.C.

Cabeças colossais

Os olmecas esculpiram enormes cabeças em rochas. Essas cabeças com capacete tinham de 1,5 a 3,4 metros de altura e pesavam muitas toneladas. Até hoje foram encontradas 17, sendo que uma delas é maior que um elefante! Podem ser imagens de governantes olmecas ou de praticantes de um jogo de bola.

Os olmecas que praticavam o jogo de bola mesoamericano usavam capacetes como este.

Os artesãos olmecas usavam ferramentas de pedra para esculpir os traços do rosto.

As pedras gigantes são de basalto, uma rocha vulcânica porosa.

Comércio e cultura

Os artesãos olmecas usaram materiais de lugares distantes para esculpir itens decorativos, como esta estátua. Os olmecas também controlavam uma rede comercial que se espalhava por toda a Mesoamérica. Eles trocavam pedras preciosas e conchas por materiais como penas, pedras coloridas e obsidiana, uma espécie de vidro vulcânico com o qual faziam lâminas e pontas de flecha.

Feitos maias
A LISTA

A civilização maia era altamente desenvolvida, com excelente conhecimento de matemática e astronomia.

1. Matemática O sistema numérico maia usava apenas três símbolos para os numerais: uma barra equivalia a cinco, um ponto equivalia a um e uma curva equivalia a zero. Com eles, eram capazes de escrever qualquer número.

2. Calendário Ao observar os movimentos dos planetas, das estrelas, do Sol e da Lua, os maias desenvolveram um sistema preciso de contagem do tempo. Eles tinham um calendário dividido em meses e uma semana de 20 dias.

3. Arquitetura Os maias construíram grandes cidades por volta de 600 a.C. Altos terraços abrigavam templos, palácios e edifícios cívicos dispostos em torno de praças.

4. Arte Os maias decoravam edifícios com frisos coloridos, relevos e pinturas, muitas vezes mostrando cenas mitológicas.

5. Escrita A escrita maia tinha mais de 800 caracteres, conhecidos como glifos. Embora se pareçam com imagens, representam sons e às vezes palavras inteiras. Eles também usavam cascas de árvore para fazer papel.

CONSULTORA ESPECIALISTA: Elizabeth Graham. **VEJA TAMBÉM:** Conflito e guerra, pp.22-23; Jogos e esportes, pp.42-43; Stonehenge, pp.58-59; Deuses antigos, pp.64-65; Civilizações andinas, pp.66-67; Astecas e incas, pp.104-105; Desafios ambientais, pp.174-175; Cidades do amanhã, pp.188-189.

O jogo de bola mesoamericano

Como todos os povos mesoamericanos, os olmecas e os maias disputavam um jogo com uma bola de borracha. Podia ter duas equipes ou às vezes apenas dois indivíduos, que ficavam cada qual no seu campo da quadra. Os jogadores tinham que lançar a bola para o outro campo, sempre mantendo-a em jogo, rebatendo-a com cotovelos, joelhos ou quadris (não usavam mãos e pés). Se a bola parasse num dos campos, a equipe ou pessoa daquele lado perdia ponto. Também existia uma versão similar ao squash, em que uma equipe ficava rebatendo a bola contra uma parede e não podia deixar que ela passasse para o campo adversário, na parede oposta.

As equipes usavam uma bola de borracha maciça.

Os maias costumavam usar chapéus elaborados, enquanto os olmecas geralmente usavam capacetes.

Os jogadores usavam proteções de algodão para evitar lesões causadas pela bola, que podia pesar 4,5 quilos.

DESBRAVANDO O DESCONHECIDO

Por que algumas cidades maias entraram em declínio?

De cerca de 800 a 950 d.C., as cidades maias entraram em declínio. Algumas, em partes da Guatemala e do México, foram abandonadas, enquanto outras cidades e vilas em Yucatán e na costa de Belize prosperaram. Após o colapso, o comércio, principalmente pelo mar, se tornou muito importante. Os estudiosos ainda não sabem ao certo o que provocou a crise e as mudanças. Alguns apontam para uma seca ou a erosão da terra; outros acham que o motivo foi a guerra. O mistério continua sem solução.

NOTA da especialista!

ELIZABETH GRAHAM
Arqueóloga

Os maias construíram grandes cidades e alimentaram milhares de pessoas sem jamais terem domesticado animais. Eles tinham uma dieta baseada em vegetais, embora também comessem perus, patos, peixes e tartarugas, e caçassem cervos. Suas cidades eram verdes, com muitas árvores, plantas e jardins.

"Se copiassem os maias, as cidades modernas poderiam se tornar sustentáveis."

O IMPÉRIO PERSA

Os medos e os persas surgiram de tribos iranianas que se espalharam para oeste a partir da Ásia Central. Em 550 a.C., Ciro, o Grande, fundador do Império Persa, conquistou o reino dos medos e, mais tarde, o dos babilônios. As conquistas de Dario, o Grande, ampliaram esse império. Seu filho Xerxes não conseguiu conquistar a Grécia, mas a Pérsia continuou a ser uma grande potência pelos 150 anos seguintes. Por fim, caiu para Alexandre, o Grande, em 330 a.C.

Ouro

Homens e mulheres importantes usavam joias de ouro cravejadas de lápis-lazúli, turquesa e outras pedras. Este brinco de ouro detalhado representa Bés, um deus egípcio que era adorado em todo o Império Persa. Os persas e os outros grupos étnicos que eles dominaram frequentemente intercambiavam elementos culturais e religiosos.

Guerreiros persas

A figura à esquerda, representada em uma parede do palácio de Dario, o Grande, em Shush (antiga Susa), no Irã, mostra as vestimentas dos guerreiros persas e suas armas – lanças e arcos. O exército persa tinha soldados de infantaria e cavaleiros. Alguns soldados ficavam permanentemente em palácios e fortalezas, outros eram contratados ou convocados para serviços temporários.

CONSULTOR ESPECIALISTA: John O. Hyland. **VEJA TAMBÉM:** Roupas e ornamentos, pp.18-19; Conflito e guerra, pp.22-23; Dinheiro, pp.34-35; Mesopotâmia Antiga, pp.56-57; Grécia Antiga, pp.76-77; Alexandre, o Grande, pp.78-79.

Feitos persas
A LISTA

Sob o comando de grandes governantes, o Império Persa (também chamado de Império Aquemênida, em referência à dinastia familiar de seus reis) se tornou altamente desenvolvido.

1. Cilindro de Ciro Uma declaração de Ciro, o Grande, inscrita em um cilindro de argila por volta de 539 a.C., celebra a conquista da Babilônia e afirma que o principal deus da Babilônia o convocou para governar e salvar seu povo.

2. Governo O império foi dividido em 20 satrapias (ou províncias), cada uma governada por um sátrapa (governador), que tinha o dever de manter a ordem, montar exércitos e cobrar impostos.

3. Correios Os reis persas criaram um dos primeiros serviços de correio. Mensageiros a cavalo transportavam decretos por todo o império usando um sistema de retransmissão.

4. Dinheiro Sob o comando de Dario, o Grande, começaram a ser utilizadas moedas de ouro e prata, tornando o comércio mais flexível do que em um sistema baseado apenas no escambo.

A estrada tinha 2.400km de extensão.

O Império Persa sob Dario, o Grande.

A estrada real

Para unir seu império e tornar mais rápidos os deslocamentos de exércitos e mensageiros, os reis persas construíram um complexo sistema rodoviário chamado Estrada Real. Seus ramos ligavam Susa e Pérsis, capitais persas, a outras cidades – incluindo Sárdis (na atual Turquia) e Babilônia (no atual Iraque).

Rainha Atossa

As rainhas persas possuíam escravizados e grandes propriedades, presentes do rei. Às vezes, viajavam pelo império separadas de seus maridos. Atossa foi uma rainha famosa, filha de Ciro, o Grande, e uma das seis esposas de Dario, o Grande. Ela ajudou a garantir que seu filho Xerxes sucedesse a Dario em 486 a.C.

REVOLUCIONÁRIO
DARIO, O GRANDE
Rei, governou de 522 a 486 a.C.

Pérsia

Em 522 a.C., Dario I conquistou o trono persa. Graças a conquistas na Índia e na Trácia (atual Bulgária), o império atingiu seu maior tamanho, estendendo-se por 5 mil quilômetros, desde os Bálcãs até o vale do Indo. As Tabuletas da Fortaleza de Persépolis registram as habilidades dos oficiais de Dario na organização de trabalhadores e na cobrança de impostos no centro do império.

Cidades magníficas

Os persas tinham várias grandes cidades imperiais, incluindo Babilônia e Mênfis, mas Susa e Pérsis (conhecida pelos gregos como Persépolis) detinham os palácios reais mais importantes. Ambas foram construídas por Dario, o Grande, no sul do Irã, começando por volta de 520 a.C. Pérsis abrigou muitos edifícios oficiais, incluindo o Templo da Apadana, um salão real com capacidade para 10 mil pessoas.

GRÉCIA ANTIGA

Nos tempos antigos, a Grécia não era uma nação governada por um único líder. Em vez disso, era composta por cidades-estados – cidades independentes e as áreas ao redor delas. Cada uma das mais de mil cidades-estados tinha forças armadas próprias, mercado, costumes e leis. Cidades-estados rivais muitas vezes lutavam entre si por território e influência. Algumas também estabeleceram colônias ultramarinas em todo o Mediterrâneo e além, espalhando sua cultura. A mais rica das cidades-estados foi Atenas, que tinha uma poderosa força naval.

Centro de comércio e aprendizagem

A pintura deste cílice (recipiente para consumo de bebidas) representa uma escola. Foi feita em Atenas, um importante centro de aprendizagem que abrigou grandes filósofos como Platão, Sócrates e Aristóteles. Estas cenas eram motivos populares em cílices, ânforas (potes para armazenar azeite e vinho) e vasos gregos, comercializados em todo o Mediterrâneo.

Mulheres espartanas

A cidade-estado de Esparta, famosa por seus guerreiros, treinava mulheres para serem atletas. Esta estatueta de uma jovem espartana data do século VI a.C. Embora as mulheres não pudessem atuar como atletas nos Jogos Olímpicos, uma princesa espartana e experiente amazona chamada Cinisca se tornou a primeira mulher campeã olímpica quando uma equipe de bigas treinada por ela venceu uma competição em 396 a.C.

As mulheres espartanas praticavam esportes como corrida, luta livre e lançamento de dardo.

Esta cena, com alunos e mestres, foi pintada em um cílice por volta de 500 a.C.

O professor está segurando um estilo – um tipo de caneta – e um bloco de cera para escrever.

Os alunos estudavam música, leitura, poesia e retórica (como argumentar bem, por exemplo).

Os professores eram severos e esperavam que os alunos decorassem poemas extensos.

CONSULTOR ESPECIALISTA: Bill Parkinson. **VEJA TAMBÉM:** Crenças religiosas, pp.20-21; Conflito e guerra, pp.22-23; Leitura e escrita, pp.26-27; Crime e legislação, pp.36-37; Educação, pp.38-39; Jogos e esportes, pp.42-43; Rituais fúnebres, pp.46-47; O Império Persa, pp.74-75; Roma Antiga, pp.84-85.

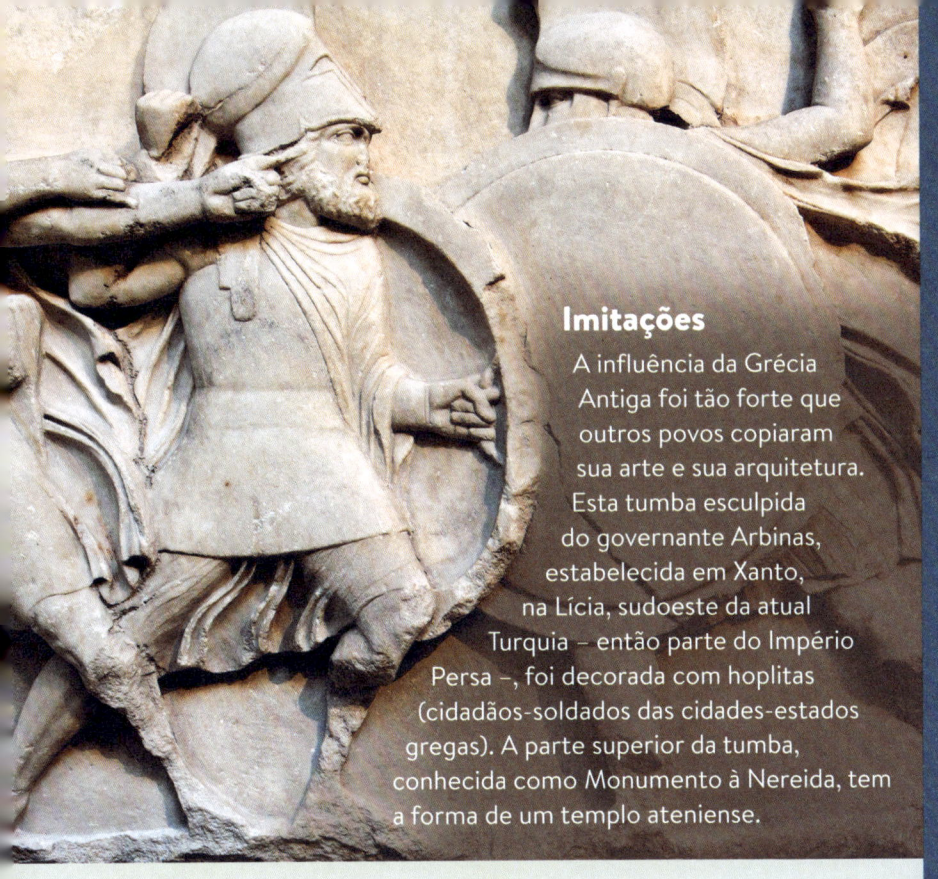

Imitações

A influência da Grécia Antiga foi tão forte que outros povos copiaram sua arte e sua arquitetura. Esta tumba esculpida do governante Arbinas, estabelecida em Xanto, na Lícia, sudoeste da atual Turquia – então parte do Império Persa –, foi decorada com hoplitas (cidadãos-soldados das cidades-estados gregas). A parte superior da tumba, conhecida como Monumento à Nereida, tem a forma de um templo ateniense.

Zeus Rei dos deuses
Hermes Mensageiro dos deuses
Poseidon Deus do mar
Afrodite Deusa do amor
Apolo Deus do Sol
Hera Deusa do casamento
Ártemis Deusa da caça
Atena Deusa da sabedoria
Deméter Deusa da colheita
Dionísio Deus do vinho
Hefesto Deus do fogo
Ares Deus da guerra

Deuses e deusas

Os antigos gregos adoravam muitos deuses, com personalidades e poderes distintos. Cada um dos 12 deuses principais, chamados olímpicos – porque se acreditava que viviam no monte Olimpo, no norte da Grécia –, cuidavam de um aspecto diferente da vida. O rei dos deuses era Zeus e a rainha era Hera, a deusa do casamento.

Governo grego
A LISTA

As cidades-estados gregas tiveram quatro tipos principais de governo:

1. Monarquia Antes do século XIX a.C., cada cidade-estado era governada por um rei, que passava o título a um membro de sua família (geralmente um filho). Esparta tinha dois reis com igual poder, que governavam juntos.

2. Oligarquia Significa "governo de poucos", em que um pequeno grupo de cidadãos (geralmente de famílias ricas ou nobres) governava a cidade em conjunto.

3. Tirania Na Grécia Antiga, um tirano não era necessariamente mau. Era simplesmente alguém que havia tomado o poder (em vez de herdá-lo, como um monarca) e governava sozinho.

4. Democracia Em 400 a.C., algumas cidades-estados eram democracias, palavra que significa "governo do povo". Cidadãos adultos do sexo masculino (mas não mulheres nem escravizados) podiam votar para os cargos públicos.

NOTA do especialista!

BILL PARKINSON
Arqueólogo

Os arqueólogos tentam entender como as culturas humanas mudaram ao longo do tempo. Por exemplo, eles querem descobrir por que as pessoas começaram a viver em grandes aldeias agrícolas que deram origem às cidades. A arqueologia, que se debruça sobre um tempo muito mais antigo que a história escrita, pode fornecer evidências sobre o passado.

"Nós estudamos pessoas. Podemos obter muitas informações até de um cocô antigo!"

ALEXANDRE, O GRANDE

Um dos governantes e generais mais poderosos que o mundo já viu, Alexandre III é conhecido nos livros de história como Alexandre, o Grande. Em 334 a.C., ele deu início a uma longa série de conquistas na Ásia e no norte da África que culminaram em um enorme império, que se estendia de sua terra natal, a Macedônia, até o Egito, ao sul, e a Índia, a leste. Em uma década viajando e guerreando, ele e seu temível exército permaneceram invictos. Morreu de causas desconhecidas aos 32 anos, em 323 a.C.

1 Alexandre nasceu em 356 a.C. em Pela, capital da Macedônia.

2 Em 343 ou 342 a.C., o pai de Alexandre, Filipe II, rei da Macedônia, contratou o grande filósofo Aristóteles para ser tutor de seu filho.

3 Em 338 a.C., Alexandre lutou na Batalha de Queroneia, na Grécia. Sua vitória colocou todas as cidades-estados gregas, exceto Esparta, sob o governo de seu pai, Filipe II. Quatro anos depois, Alexandre sucedeu a seu pai como rei.

4 Em 334 a.C., Alexandre cruzou de barco o Helesponto (hoje Dardanelos, o estreito trecho de água entre a Europa e a Ásia). Liderando um exército de 30 mil soldados de infantaria e 5 mil soldados a cavalo, seu objetivo era conquistar o poderoso Império Persa.

5 Em 333 a.C., na Batalha de Isso (sul da atual Turquia), Alexandre desempenhou um papel central. Ele lutou a pé e a cavalo para derrotar o exército de Dario III, rei da Pérsia, que fugiu.

6 Em 332 a.C., Alexandre conquistou o Egito e fundou a cidade de Alexandria. O enorme farol da cidade, aqui representado em uma moeda antiga, viria a se tornar uma das Sete Maravilhas do Mundo Antigo.

7 Em 331 a.C., a grande vitória de Alexandre na Batalha de Gaugamela arruinou o Império Persa, aumentando de forma impressionante as terras sob o comando do governante.

CONSULTOR ESPECIALISTA: Duncan Keenan-Jones. **VEJA TAMBÉM:** Conflito e guerra, pp.22-23; Mesopotâmia Antiga, pp.56-57; Antigo Egito, pp.62-63; O Império Persa, pp.74-75; Grécia Antiga, pp.76-77; O Império Máuria, pp.80-81.

Fatos Fantásticos!

Alexandre batizou uma cidade em homenagem a seu cavalo preferido! Bucéfalo era um corcel negro que Alexandre domou. Quando o cavalo morreu na Batalha de Hidaspes (atual Paquistão), em 326 a.C., Alexandre fundou ali a cidade de Bucéfala.

LEGENDA

✗ BATALHAS PRINCIPAIS

→ A VIAGEM DE ALEXANDRE

9 Em 327 a.C., ele liderou seu exército mais a leste, visando à Índia, que era o fim do mundo conhecido pelos gregos.

SOGDIANA

MAR CÁSPIO

RIO OXO

BÁCTRIA

BUCÉFALA

MÉDIA

ECBÁTANA

ROXANA

SUSA

RIO INDO

PERSÉPOLIS

ARIANA

8 Em 328 a.C., enquanto estava na Ásia Central, Alexandre se casou com Roxana, a filha de um nobre local.

PÉRSIS

RIO HIDASPES (JELUM)

ÍNDIA

GOLFO PÉRSICO

10 Em 326 a.C., os homens de Alexandre cruzaram o rio Indo. Eles haviam marchado 18 mil quilômetros e travado dezenas de batalhas. Exaustos e com saudades de casa, recusaram-se a prosseguir, e Alexandre teve que voltar.

MAR ARÁBICO

11 Depois de ser forçado a recuar em sua jornada de conquistas, Alexandre passou grande parte de seu tempo na Babilônia e morreu ali em 323 a.C. Alguns acreditam que ele tenha sido envenenado, mas a causa da morte pode ter sido apenas uma doença.

79

As esculturas no portão mostram eventos da vida do Buda, mas não o próprio Buda.

Diz-se que a cúpula representa o céu que envolve a Terra. Seu diâmetro é de 36,6 metros.

O IMPÉRIO MÁURIA

Fundado por Chandragupta Máuria em 321 a.C., o Império Máuria foi o primeiro e maior a existir no subcontinente indiano. Sob a liderança do neto de Chandragupta, Asoca, que governou de 273 a 232 a.C. e ajudou a tornar o budismo a religião principal, o império se estendeu por 5 milhões de quilômetros quadrados. Após a morte de Asoca, o império se enfraqueceu e caiu em 185 a.C.

Santuário budista sagrado

A porta da Grande Stupa, um santuário abobadado em Sanchi, na região central da Índia, é decorada com elaboradas esculturas de símbolos e cenas relacionadas a Buda. Construída por Asoca no século III a.C., acredita-se que abrigue as cinzas do Buda. Era originalmente uma estrutura simples, mas foi bastante ampliada no século II a.C.

CONSULTOR ESPECIALISTA: Dominik Wujastyk. **VEJA TAMBÉM:** Crenças religiosas, pp.20-21; Conflito e guerra, pp.22-23; Stonehenge, pp.58-59; Alexandre, o Grande, pp.78-79; O Império Mogol, pp.108-109.

Império Máuria
LINHA DO TEMPO

321 a.C. Chandragupta, governante do reino de Mágada, no norte da Índia, funda o Império Máuria.

305 a.C. Chandragupta derrota Seleuco I Nicator, um ex-general de Alexandre, o Grande, impedindo a expansão selêucida na Índia.

297 a.C. Chandragupta morre e é sucedido como imperador por seu filho, Bindusara.

c. 273 a.C. Com a morte de Bindusara, Asoca reivindica o trono. Diz a lenda que ele foi desafiado por seus muitos irmãos. Ele só assegurou inteiramente sua posição como imperador perto de 268 a.C.

261 a.C. A Guerra de Calinga, que durou 10 anos, termina com a vitória de Asoca.

249 a.C. Asoca faz uma peregrinação a Lumbini, no Nepal, local de nascimento do Buda, onde constrói um pilar de arenito, inscrito com textos sagrados.

185 a.C. Brihadratha, o último imperador máuria, é morto por seu comandante militar Pusiamitra, cuja dinastia Sunga governa a Índia Central por cerca de um século.

100 a.C.-100 d.C. *Artaxastra* ("A ciência do ganho material"), uma obra sobre a arte do pensamento político e como ser um governante eficaz, é escrita por Cautília.

320 d.C. Chandragupta I funda o Império Gupta, a próxima potência a dominar o subcontinente indiano. O império continua como uma grande potência até meados do século VI.

REVOLUCIONÁRIO
ASOCA, O GRANDE
Imperador, reinou aprox. de 273 a 232 a.C.

Índia

Asoca é lembrado como um governante atencioso, gentil e esclarecido. Em 261 a.C., pôs fim a uma longa e sangrenta guerra contra Calinga, um Estado costeiro oriental, conquistando-o. Enojado por todo o sangue derramado, prometeu governar pacificamente e, mais tarde, se converteu ao budismo. Quando morreu, seu império se estendia pela maior parte do subcontinente indiano.

Budismo
Depois que se tornou seguidor do Buda, mostrado aqui meditando, Asoca encorajou seus súditos a adotarem o budismo. Ele usou sua riqueza para ajudar o povo. Tornou-se vegetariano e fez peregrinações, construiu templos e enviou monges por toda a Ásia para divulgar os ensinamentos do Buda.

Fatos Fantásticos!

Chandragupta dormia em uma cama diferente a cada noite. De acordo com a lenda, o fundador do Império Máuria temia que seus inimigos pudessem invadir seu palácio e matá-lo enquanto dormia. Seus servos provavam sua comida antes, para o caso de estar envenenada, e ele tinha espiões para avisá-lo sobre conspirações.

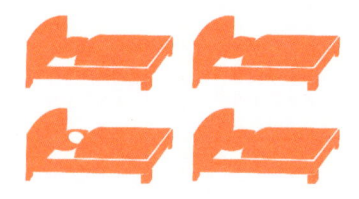

Os éditos de Asoca
Há um leão sentado no topo de um dos muitos pilares de arenito extremamente polidos que Asoca ergueu por todo o império. Artesãos qualificados gravaram símbolos, animais e ensinamentos budistas, detalhes da vida de Asoca e suas ideias religiosas e políticas. Essas inscrições são conhecidas como os éditos de Asoca. Mais de 30 sobreviveram. A maioria está em pedras, mas alguns foram esculpidos em paredes de cavernas.

O exército enterrado foi descoberto a cerca de 1.200 metros da parede externa da tumba principal.

Cada estátua foi feita separadamente e possui traços faciais realistas.

A Grande Muralha

Por muito tempo, os governantes da China construíram muralhas para se proteger de tribos inimigas. A grande conquista de Ying Zheng foi começar a uni-las e formar uma única Grande Muralha. Milhares morreram de exaustão ou em acidentes durante sua construção. Ao longo dos séculos, outros governantes fizeram acréscimos à estrutura, até atingir mais de 8.850 quilômetros de extensão.

Um terço da extensão da Grande Muralha consiste em barreiras naturais, como rios e cadeias de montanhas.

CONSULTORA ESPECIALISTA: Hou-mei Sung. **VEJA TAMBÉM:** Conflito e guerra, pp.22-23; Rituais fúnebres, pp.46-47; As primeiras dinastias chinesas, pp.60-61; Antigo Egito, pp.62-63; A China dos Tang, pp.90-91.

O EXÉRCITO DE TERRACOTA

Na década de 1970, arqueólogos descobriram cerca de 8 mil figuras de terracota (argila) em tamanho natural enterradas à entrada do túmulo de Ying Zheng, um poderoso governante da China Antiga. Ele uniu a China durante seu governo, em 221 a.C., e se autodenominava Qin Shi Huang ("Primeiro Imperador Soberano"). As figuras eram seu exército de terracota, criado para protegê-lo na vida após a morte.

Em marcha

Ying Zheng ordenou que seu enorme túmulo fosse construído antes de sua morte, com cerca de 50 quilômetros quadrados. O exército foi encontrado em câmaras subterrâneas, com cavalos de cerâmica e carruagens de bronze, e está voltado para leste – pronto para lutar contra os antigos inimigos do imperador.

A descoberta de pelo menos 10 formatos de rosto diferentes sugere que pelo menos 10 moldes básicos foram usados.

As estátuas foram modeladas à mão e pintadas em diversas cores. A maioria já perdeu suas cores originais.

ROMA ANTIGA

A Roma Antiga começou como uma cidade onde hoje é a Itália e cresceu até se tornar um vasto império, que se estendia da Grã-Bretanha ao norte da África e até o Oriente Médio. O império durou mil anos – de cerca de 500 a.C. a mais ou menos 476 d.C., quando foi derrotado por povos invasores do norte. Os romanos se consideravam herdeiros das tradições da Grécia Antiga. Eles fundiram deuses romanos com deuses gregos e experimentaram a democracia grega.

Rômulo e Remo

Segundo a lenda, Roma foi fundada por Rômulo, filho de uma princesa. Ele e seu irmão gêmeo, Remo, foram criados por um pica-pau, uma loba e um pastor depois que seu tio tentou afogá-los. Já adultos, os dois construíram uma cidade juntos, mas depois brigaram. Por fim, Rômulo matou Remo, batizou a cidade de Roma e se tornou seu primeiro rei.

As Guerras Púnicas

Aníbal foi um poderoso general de Cartago, no norte da África, que lutou contra Roma. Ele é famoso por ter usado elefantes na guerra da mesma forma que alguns exércitos usavam cavalos. Nos séculos III e II a.C., Roma e Cartago travaram três guerras, que ficaram conhecidas como Guerras Púnicas (ou Cartaginesas). Elas tiveram fim quando o exército romano destruiu a cidade inimiga, em 146 a.C.

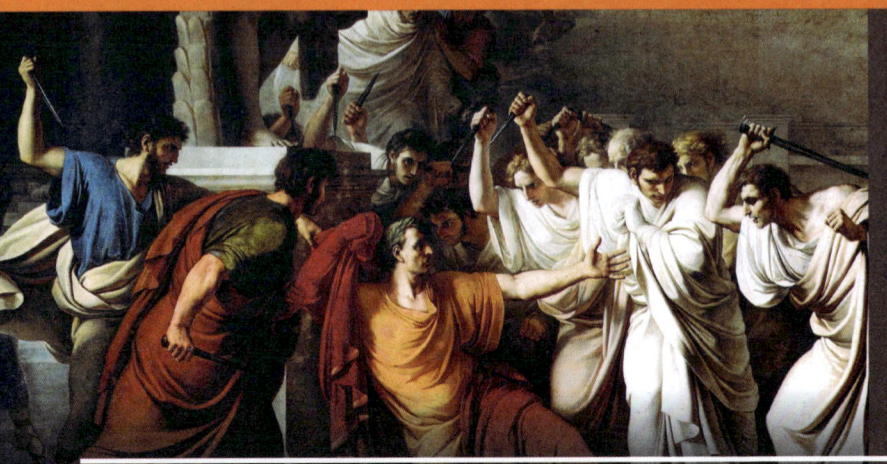

Júlio César

Depois de conquistar a Gália, uma grande área da Europa ao norte da Itália, o general romano Júlio César retornou a Roma em 49 a.C. e se tornou um ditador. Após cinco anos de guerra civil, os seguidores de César saíram vitoriosos, mas alguns senadores temiam que ele quisesse virar rei. Sessenta o esfaquearam até a morte em 44 a.C., no dia 15 de março ("Idos de Março", no calendário romano).

CONSULTOR ESPECIALISTA: Duncan Keenan-Jones. **VEJA TAMBÉM:** Conflito e guerra, pp.22-23; Linguagem e narrativas, pp.24-25; Crime e legislação, pp.36-37; Minoicos, micênicos e fenícios, pp.70-71; Grécia Antiga, pp.76-77; O mundo bizantino, pp.86-87.

O Império Romano

A partir do século V a.C., Roma expandiu seu império. Seus exércitos conquistaram o que hoje é a Itália e depois derrotaram Cartago, acrescentando terras no norte da África e na Hispânia. Tomaram a Grécia, a Síria e a Ásia Menor, conquistaram a Gália e invadiram a Grã-Bretanha. Em seu auge, sob a liderança do imperador Trajano (98-117 d.C.), o reinado se estendia por 3.700 quilômetros de norte a sul e por mais de 4 mil quilômetros de leste a oeste.

Em 220 a.C., Roma começou a invadir a Hispânia (onde hoje ficam Espanha e Portugal).

Os romanos ocuparam a Grã-Bretanha, a fronteira norte do império, de 43 a 410 d.C.

Em 146 a.C., Roma conquistou a Grécia.

A Síria caiu para Roma em 64 a.C.

Júlio César colocou toda a Gália sob domínio romano por volta de 50 a.C.

Cartago, capital do Império Cartaginês, caiu para Roma em 146 a.C.

O Egito se tornou uma província romana em 31 a.C., quando o futuro imperador Augusto derrotou a rainha Cleópatra.

A arte e os romanos

Pinturas coloridas nas paredes (chamadas de afrescos), como esta de uma mulher tocando cítara – um instrumento de cordas grego –, mostram como a arte era importante para os romanos. Este afresco veio de Pompeia, uma cidade no sul da Itália que foi soterrada e preservada sob cinzas vulcânicas quando o Vesúvio entrou em erupção em 79 d.C. Escavações revelaram joias, pinturas, esculturas e muitos detalhes sobre o dia a dia da vida romana.

REVOLUCIONÁRIO
AUGUSTO
Imperador, de 27 a.C. a 14 d.C.
Roma

Herdeiro de César, Augusto fingiu não querer ser rei, mas aumentou diligentemente seu poder de modo a se tornar o primeiro imperador de Roma. Após a morte de César governou com Marco Antônio, mas acabaram se voltando um contra o outro. Augusto derrotou Antônio e Cleópatra, rainha-faraó egípcia, em 31 a.C. Também financiou as artes, fundou cidades e construiu estradas. Em seu governo, o império floresceu e desfrutou de paz e prosperidade.

O legado de Roma
A LISTA

Os romanos influenciaram as línguas, a literatura, as leis, o governo, as estradas e os edifícios de todos os lugares que governaram.

1. Política Entre 509 a.C. e 27 a.C., um período denominado República Romana, os romanos substituíram sua monarquia por uma democracia, embora apenas homens livres pudessem votar.

2. Idioma Algumas línguas modernas, como francês, espanhol, português, italiano e romeno, têm suas raízes no latim, a língua dos antigos romanos.

3. Arquitetura Os romanos projetaram e construíram grandes edifícios. Alguns, como o Coliseu, sobrevivem até hoje.

4. Engenharia Os romanos executaram grandes projetos de engenharia. Construíram centenas de quilômetros de estradas que conectavam seu império e aquedutos para levar água doce às suas cidades.

5. Guerra O exército romano foi muito eficaz porque era extremamente treinado e organizado. Influenciou todo o militarismo das eras seguintes.

6. Literatura Roma produziu grandes poetas, como Virgílio, Horácio e Ovídio, cujas obras influenciaram muitos escritores, incluindo Camões.

O MUNDO BIZANTINO

Uma grande nova potência surgiu quando o Império Romano se dividiu em duas partes, em 395 d.C. Roma e o Império Romano do Ocidente foram conquistados pelos hunos e por tribos germânicas por volta de 476 d.C. A parte oriental, conhecida como Império Bizantino, prosperou, sobrevivendo por quase mil anos, até 1453, quando os turcos otomanos invadiram a sua capital, Constantinopla.

Hagia Sophia

Construída por Justiniano I em 537 d.C., em Constantinopla, Hagia Sophia foi a maior catedral do mundo durante mil anos. Essa igreja, cujo nome significa "Sagrada Sabedoria", foi transformada em mesquita em 1453, quando o sultão Mehmed II conquistou a cidade. Hoje Constantinopla é conhecida como Istambul e o edifício ainda é uma mesquita.

Os primeiros cristãos

O cristianismo, derivado da vida e dos ensinamentos de Jesus Cristo, virou a religião oficial do Império Romano em 380 d.C. À medida que mais pessoas se convertiam, templos pagãos foram sendo demolidos e igrejas sendo construídas, algumas delas ricamente decoradas com mosaicos e ícones (imagens de figuras sagradas). Uma série de reuniões com a participação de líderes cristãos resultou em declarações de fé, estabelecendo quais crenças sobre Cristo deveriam ser ensinadas.

- A catedral tem mais de 56 metros de altura.
- Sua enorme cúpula foi reconstruída depois de ter parcialmente desabado devido a um terremoto em 558.
- A linha de janelas em arco logo abaixo da cúpula enche o edifício de luz.

CONSULTORA ESPECIALISTA: Eugenia Russell. **VEJA TAMBÉM:** Crenças religiosas, pp.20-21; Conflito e guerra, pp.22-23; Crime e legislação, pp.36-37; Roma Antiga, pp.84-85; A Era de Ouro do Islã, pp.92-93; Europa medieval, pp.94-95.

Uma Idade de Ouro

O Império Bizantino atingiu sua maior extensão sob Justiniano I (o Grande), legislador e patrono das artes. Basílio II (976-1025) liderou os exércitos de forma a mantê-lo como a potência mais importante do sudeste da Europa e Oriente Médio. Sua capital, Constantinopla, era a maior e mais rica cidade da Europa – centro do comércio, da arquitetura, da arte, da produção de manuscritos e do cristianismo ortodoxo. Murais, mosaicos e edifícios abobadados dessa época sobrevivem até hoje. Esta gravura mostra uma viúva pedindo ajuda ao imperador Teófilo (829-842).

O mundo bizantino
LINHA DO TEMPO

395 O Império Romano se divide. A metade oriental se transforma no Império Bizantino; Constantinopla é sua capital.

441-52 Átila, o Huno, invade o Império Bizantino e, mais tarde, a Gália (uma região da Europa Ocidental) e a Itália. Ele morre em 453.

527-65 O imperador Justiniano I conquista territórios na Pérsia, no norte da África e na Europa, e faz de Constantinopla uma das maiores cidades do mundo. No fim de seu reinado, o Império Bizantino se estendia do Oriente Médio até a Espanha.

963 O Mosteiro da Grande Lavra é construído no monte Atos, na Grécia, tornando-se um importante centro do cristianismo bizantino.

1054 O Grande Cisma divide o cristianismo em seções oriental e ocidental, mais tarde chamadas de ortodoxia bizantina e catolicismo romano. A primeira se torna a religião oficial do Império Bizantino.

1071 O Império Bizantino perde a maior parte da Anatólia (Turquia) para os turcos seljúcidas.

1204 Os cruzados (guerreiros cristãos) tomam Constantinopla. Miguel VIII retoma a cidade para o Império Bizantino em 1261.

1453 Após um cerco de 55 dias, os turcos otomanos tomam Constantinopla e o Império Bizantino entra em declínio.

REVOLUCIONÁRIA
TEODORA
Imperatriz, governou de 527 a 565 d.C.

Império Bizantino

A mulher mais poderosa da história bizantina começou a vida como filha de um treinador de ursos. Após seu casamento com o imperador Justiniano, tornou-se sua conselheira de maior confiança. Usou sua influência para promover políticas religiosas e sociais e foi uma das primeiras governantes a reconhecer os direitos das mulheres. Ajudou a aprovar leis para proteger as meninas e dar mais direitos às divorciadas.

Fatos Fantásticos!

Os bizantinos usavam lança-chamas contra seus inimigos.
Constantemente sob ataque, os bizantinos desenvolveram uma arma secreta: o fogo grego, uma mistura à base de petróleo que não podia ser apagada pela água. Eles o lançavam por meio de tubos ou enchiam potes com ele e o lançavam. Foi usado para destruir uma frota árabe invasora em 673.

REINOS AFRICANOS ANTIGOS

Antes de cerca de 1000 d.C., impérios poderosos governavam vastas áreas do enorme e diversificado continente africano. Alguns deles, como o Império de Gana, tornaram-se muito ricos controlando as rotas comerciais que atravessavam a África, particularmente aquelas que cortavam o deserto do Saara.

Reinos e impérios

As antigas potências africanas se espalhavam pelo continente desde Cartago, no Mediterrâneo, até o Império de Gana, ao sul do Saara. Mais ao sul, o reino de Axum ficava nas atuais Etiópia e Eritreia. Diferentes reis e governantes formaram Estados poderosos, que às vezes eram maiores do que os países atuais.

As pirâmides eram os túmulos dos reis de Meroé. Havia mais delas nessa cidade do que no Egito.

Um manto de pele de leopardo.

As pirâmides de Meroé eram mais baixas, mais íngremes e mais estreitas do que as do Egito.

Um órix – tipo de antílope encontrado no deserto.

Reinos no Nilo

Os reis de Napata (800-400 a.C.) governaram Cuxe, a região ao sul do Egito (hoje parte da República do Sudão). Eles se tornaram tão poderosos que invadiram o Egito por volta de 750 a.C. e o governaram como faraós até serem expulsos pelos assírios, em 656 a.C. Meroé sucedeu Napata como capital de Cuxe por volta de 590 a.C.

CONSULTORA ESPECIALISTA: Ghislaine Lydon. **VEJA TAMBÉM:** O Crescente Fértil, pp.54-55; Antigo Egito, pp.62-63; Minoicos, micênicos e fenícios, pp.70-71; Roma Antiga, pp.84-85.

A poderosa Cartago

Cartago, na atual Tunísia, no norte da África, era o centro do grande Império Cartaginês. Fundada pelos fenícios como porto comercial no século IX a.C., a cidade acabou por controlar grande parte da costa norte-africana, sul da Espanha e ilhas do Mediterrâneo. A partir de 264 a.C., entrou em confronto com Roma em uma série de conflitos chamados de Guerras Púnicas. Por fim, Roma conquistou Cartago, em 146 a.C.

Esta é uma estatueta da deusa Tanit, que, assim como seu parceiro Baal Hammon, era adorada pelos cartagineses.

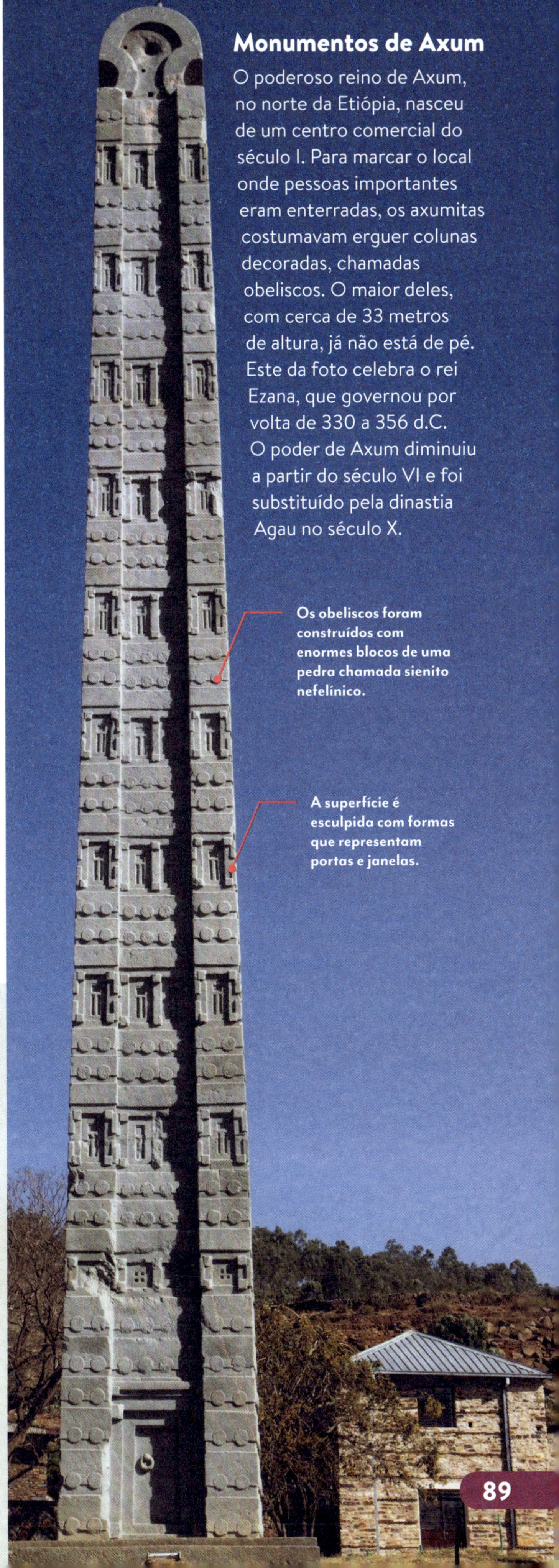

Monumentos de Axum

O poderoso reino de Axum, no norte da Etiópia, nasceu de um centro comercial do século I. Para marcar o local onde pessoas importantes eram enterradas, os axumitas costumavam erguer colunas decoradas, chamadas obeliscos. O maior deles, com cerca de 33 metros de altura, já não está de pé. Este da foto celebra o rei Ezana, que governou por volta de 330 a 356 d.C. O poder de Axum diminuiu a partir do século VI e foi substituído pela dinastia Agau no século X.

Os obeliscos foram construídos com enormes blocos de uma pedra chamada sienito nefelínico.

A superfície é esculpida com formas que representam portas e janelas.

Fatos Fantásticos!

O sal valia quase tanto quanto o ouro! Usado para conservar alimentos, o sal era extraído principalmente no Norte, transportado em camelos e trocado por ouro nas minas onde hoje ficam o Senegal, o oeste do Mali e a Guiné. O Império de Gana, que prosperou entre os anos 600 e 1200 d.C., também enriqueceu por meio da cobrança de impostos sobre mercadorias transportadas através do seu território.

O ouro enriqueceu o Império de Gana.

A CHINA DOS TANG

O período Tang é frequentemente considerado uma época de ouro da história chinesa. O imperador Gaozu fundou a dinastia Tang em 618 e os primeiros governantes se expandiram para oeste. O Império Tang era poderoso e próspero. Ele foi enfraquecido por rebeliões no século VIII e acabou por se dividir em reinos isolados em 907.

Estatuetas do período Tang

Os artesãos dos Tang fabricavam estatuetas de barro. Eles as colocavam dentro dos túmulos de pessoas importantes para protegê-las na vida após a morte. Cavalos, guerreiros e mercadores montados em camelos eram temas comuns.

Os comerciantes costumavam usar camelos para transportar mercadorias na Rota da Seda.

Os homens da Ásia Central são retratados como estrangeiros, com as barbas cheias e encaracoladas. Os chineses tinham barbas finas e retas.

Músicos viajavam da Ásia Central para a China pela Rota da Seda.

Algumas cerâmicas do período Tang eram feitas com uma técnica de uso de três cores. Elas eram chamadas de sancai.

Nação mercantil

As antigas moedas chinesas tinham um buraco no meio, para que as pessoas pudessem amarrá-las. Esta moeda foi cunhada sob o reinado do imperador Gaozong de Tang.

CONSULTORA ESPECIALISTA: Man Xu. **VEJA TAMBÉM:** Crenças religiosas, pp.20-21; As primeiras dinastias chinesas, pp.60-61; O exército de terracota, pp.82-83; Era das Explorações, pp.106-107; A ascensão do comunismo, pp.128-129; Guerra Fria, pp.134-135; Novas tensões, novas esperanças, pp.140-141.

A Rota da Seda

A expansão do Império Tang o conectou a uma importante rota comercial hoje conhecida como Rota da Seda. Ela ligava a China ao centro e ao sul da Ásia e levava caravanas de estrangeiros para a cidade de Chang'an (atual Xian), a capital da China na época. Eles viajavam para comerciar mercadorias e compartilhar sua cultura.

Alguns viajantes partiam de importantes centros religiosos. Budistas, taoistas e muçulmanos viviam lado a lado.

CAZAQUISTÃO • MONGÓLIA • TURPAN • SAMARCANDA • CHANG'AN • IRAQUE • KASHGAR • IRÃ • DELI • CHINA • ÍNDIA

Rota da Seda Principal

Conexões

Culturas de países da Ásia Central – como a Pérsia (atual Irã) – influenciaram a cultura chinesa.

Áreas controladas pela dinastia Tang, como Kashgar, comercializavam seda, cerâmica e outros produtos entre si.

Cerca de um milhão de pessoas viviam em Chang'an no auge da dinastia Tang.

REVOLUCIONÁRIA

WU ZETIAN
Imperatriz, reinou de 690 a 705

China

Wu Zetian foi a única imperatriz chinesa a governar por direito. Ela tomou o poder do marido quando este adoeceu e, pelos últimos 23 anos da vida dele, foi a verdadeira governante da China. Após a morte dele, Wu governou por meio de seus filhos, mas tomou o poder deles em 690. Ela se declarou imperatriz e fundou a própria dinastia, Zhou, de curta duração.

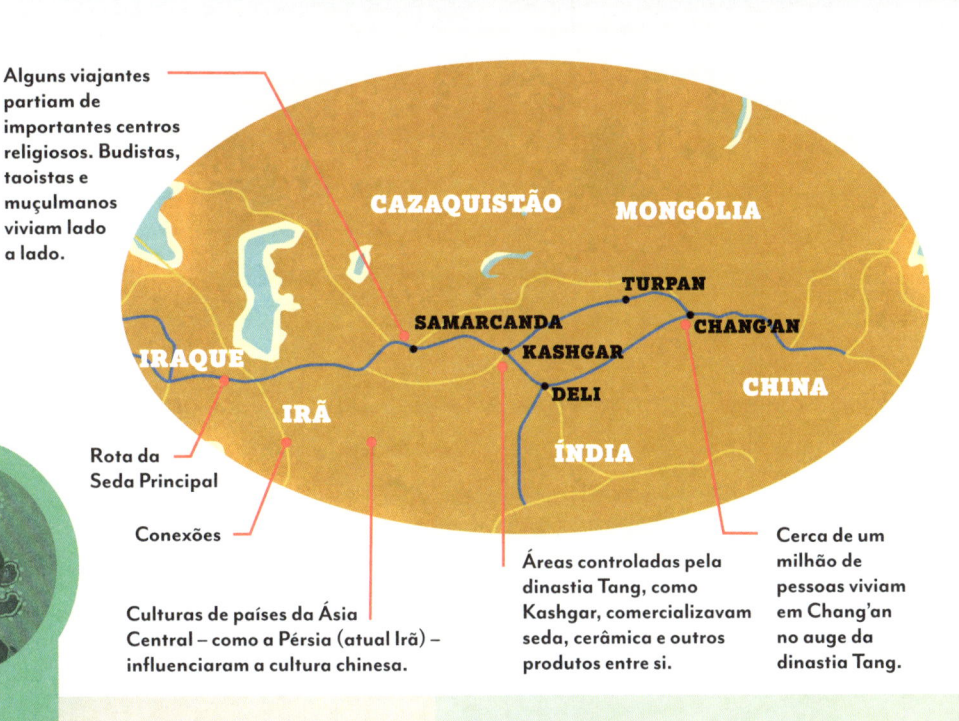

Fatos Fantásticos!

Os imperadores do período Tang redigiram uma lei que impedia o uso de roupas amarelas. Os imperadores das dinastias Tang e Sui (589-618) usavam túnicas amarelas, pois o amarelo representava boa sorte. No entanto, as leis proibiam funcionários e plebeus de usar essa cor.

Artes do período Tang
A LISTA

O período Tang é conhecido pelo florescimento das artes e da cultura.

1. **Música** Houve um ressurgimento das orquestras, acompanhadas por grandes grupos de dançarinos da corte.

2. **Poesia** Quase 50 mil obras sobreviveram. Essa época é considerada a Idade de Ouro da poesia chinesa.

3. **Pintura** Foi desenvolvido o uso de cores ricas na representação da vida na corte – principalmente imagens de damas da nobreza.

4. **Cerâmica** Os ceramistas desse período fabricavam porcelana branca, cerâmica tricolor e estatuetas de argila.

Difusão do budismo

O budismo se difundiu sob a dinastia Tang, em parte graças a peregrinos como o monge Xuanzang, que trouxe textos budistas da Índia. Pessoas de todas as esferas da vida, incluindo a família imperial, aristocratas e plebeus, patrocinaram ativamente projetos budistas. Foi nessa época que o Buda mais alto do mundo foi construído, em Leshan.

A ERA DE OURO DO ISLÃ

Pouco depois do ano 600, o profeta Maomé começou a pregar na Arábia uma nova fé: o islamismo. Após sua morte, em 632, a religião se espalhou tanto para oeste como para leste, da Espanha à Índia, e o número de muçulmanos cresceu enormemente. A dinastia muçulmana mais importante foi a Abássida, que durou de 750 a 1258. Conhecido como a Era de Ouro do Islã, esse período testemunhou grandes avanços e inovações na matemática, na filosofia, nas ciências, na medicina e na literatura.

Um pássaro no topo da torre gira.

O falcoeiro deixa cair uma bola na boca de um dragão.

O mundo islâmico

Em 750, o mundo islâmico se estendia da Espanha à Pérsia. A capital do califado Abássida era a grande nova cidade de Bagdá, que se tornou um centro de aprendizagem. Pessoas de todas as religiões, línguas e origens viajaram para lá e criaram uma nova cultura. Bagdá foi o centro cultural do Islã até sua destruição pelos mongóis em 1258. Califados eram Estados governados por califas, considerados sucessores políticos e religiosos de Maomé, o profeta do islamismo.

O cornaca bate no elefante com um malho ou machado.

Domínio mecânico

Em 1200, o inventor muçulmano Al-Jazari escreveu *O livro do conhecimento de dispositivos mecânicos engenhosos*. Ele é conhecido por ter criado máquinas fantásticas. Uma das mais elaboradas era um relógio-elefante. Um cornaca (condutor) está montado em um elefante que sustenta uma torre com um escriba, dragões e um falcoeiro. A cada meia hora, um mecanismo dentro do elefante – movido pela água – aciona diferentes partes.

O dragão deixa cair a bola em uma urna.

O escriba gira. Sua caneta aponta para o número de minutos que se passaram.

CONSULTOR ESPECIALISTA: David J. Wasserstein. **VEJA TAMBÉM:** Crenças religiosas, pp.20-21; O Crescente Fértil, pp.54-55; O Império Persa, pp.74-75; O Renascimento, pp.102-103.

Livros islâmicos

O Alcorão é o texto sagrado do islamismo. Acima estão duas páginas de um exemplar dos anos 800. Durante esse período, o patrocínio dos abássidas à "Casa da Sabedoria", em Bagdá, permitiu a tradução de muitos textos gregos e persas e de outros idiomas para o árabe, permitindo o desenvolvimento das ciências sob o islamismo. O árabe se tornou a língua principal da Espanha até o Iraque.

Lindos padrões

A arte islâmica não pode mostrar rostos de pessoas. O islamismo evita representações da forma humana. Por causa disso, edifícios, como as mesquitas, são decorados com padrões complexos. Eles retratam plantas e flores ou formas geométricas inspiradas nas descobertas matemáticas da Era de Ouro.

Inovadores da Era de Ouro do Islã
A LISTA

Muitos dos maiores estudiosos da Era de Ouro do Islã são hoje considerados os fundadores de áreas inteiras de estudo.

1. **Jabir ibn Hayyan (c. 721-815)** Muitos trabalhos científicos, principalmente em química, são associados a ele.

2. **Al-Khwarizmi (c. 780-850)** Astrônomo e matemático de Bagdá que inventou a álgebra. As palavras "algarismo" e "algoritmo" derivam do seu nome.

3. **Al-Kindi (c. 800-870)** Aclamado como o "filósofo dos árabes", escreveu cerca de 250 obras. Também ajudou a introduzir os algarismos indianos no Oriente Médio, de onde se espalharam para a Europa.

4. **Al-Sufi (903-986)** Registrou o primeiro avistamento da galáxia de Andrômeda. Por volta de 964, publicou uma obra importante sobre astronomia chamado *O livro das estrelas fixas*.

5. **Ibn al-Haytham (c. 965-1040)** Conhecido no Ocidente como Alhazém, escreveu mais de uma centena de obras sobre ciências, matemática e filosofia. Seu *Livro de óptica* explicou como enxergamos as coisas graças à luz.

6. **Ibn Sina (c. 980-1037)** Conhecido no Ocidente como Avicena, foi o mais influente filósofo-cientista islâmico. Escreveu um tratado de medicina traduzido para o latim e estudado por séculos.

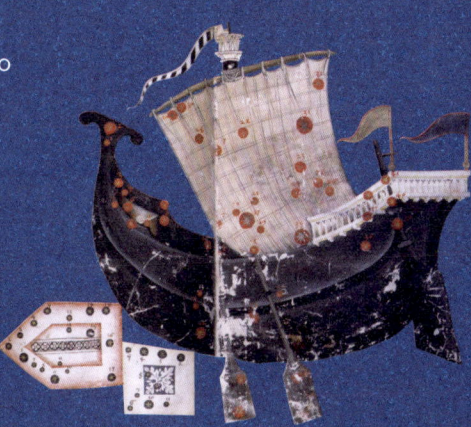

Ilustração do *Livro das estrelas fixas*, de Al-Sufi, mostrando a constelação do Navio dos Argonautas.

Al-Andalus

De 711 a 1200, grande parte da Espanha esteve sob domínio islâmico. Em 756, o governante muçulmano Abderramão fez de Córdoba sua capital. Como centro de um Estado poderoso, ela se tornou famosa pelo comércio e pela cultura. Sua Grande Mesquita era um dos maiores edifícios islâmicos do mundo. Mais tarde, foi convertida em catedral cristã. Hoje, o minarete (torre de onde os muçulmanos são chamados à oração) serve como campanário (foto).

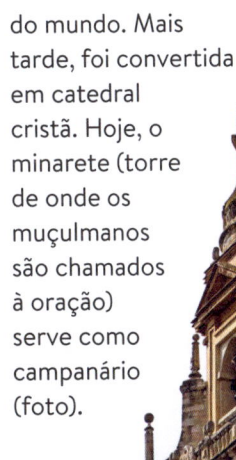

EUROPA MEDIEVAL

A palavra "medieval" vem do latim *medium aevum* (idade média) e é usada para descrever o período de 476 a 1453. Foi uma época de grandes mudanças na Europa. O rei guerreiro Carlos Magno unificou muitos reinos em um império. O cristianismo se espalhou por todo o continente e pelas Ilhas Britânicas, e doenças fatais devastaram populações.

O castelo medieval

Os governantes medievais mantinham controle sobre seus reinos por meio do feudalismo – um sistema em que os reis davam terras aos senhores vassalos em troca de lealdade e serviço militar. Os vassalos, por sua vez, cediam pedaços de terra aos camponeses, que deviam trabalhar tanto nos terrenos deles quanto nos próprios. Reis e nobres construíram castelos para se defender dos inimigos.

- Grossos muros de pedra protegiam o castelo e seus habitantes contra ataques das forças inimigas.
- Na Grã-Bretanha, um senhor precisava de uma licença do rei para construir ameias – paredes com aberturas para atirar flechas.
- As pessoas viviam na chamada torre de menagem; era sempre a parte mais bem fortificada de um castelo.
- Hortas e gado forneciam alimentos para a cozinha.
- Cozinheiros, jardineiros, faxineiros, artesãos e muitos outros viviam e trabalhavam dentro das muralhas do castelo.
- Os castelos muitas vezes tinham um fosso (um anel de água); os habitantes baixavam uma ponte levadiça sobre ele para permitir a entrada das pessoas.
- Senhores ou reis jantavam, recebiam convidados e conduziam negócios oficiais no grande salão do castelo.
- Os castelos eram residências particulares de famílias nobres ou reais. Elas contratavam cavaleiros para defendê-los.

CONSULTOR ESPECIALISTA: Michael Ray. **VEJA TAMBÉM:** Crenças religiosas, pp.20-21; Conflito e guerra, pp.22-23; A Era de Ouro do Islã, pp.92-93; Os efeitos das alterações climáticas, pp.180-181.

Os vikings

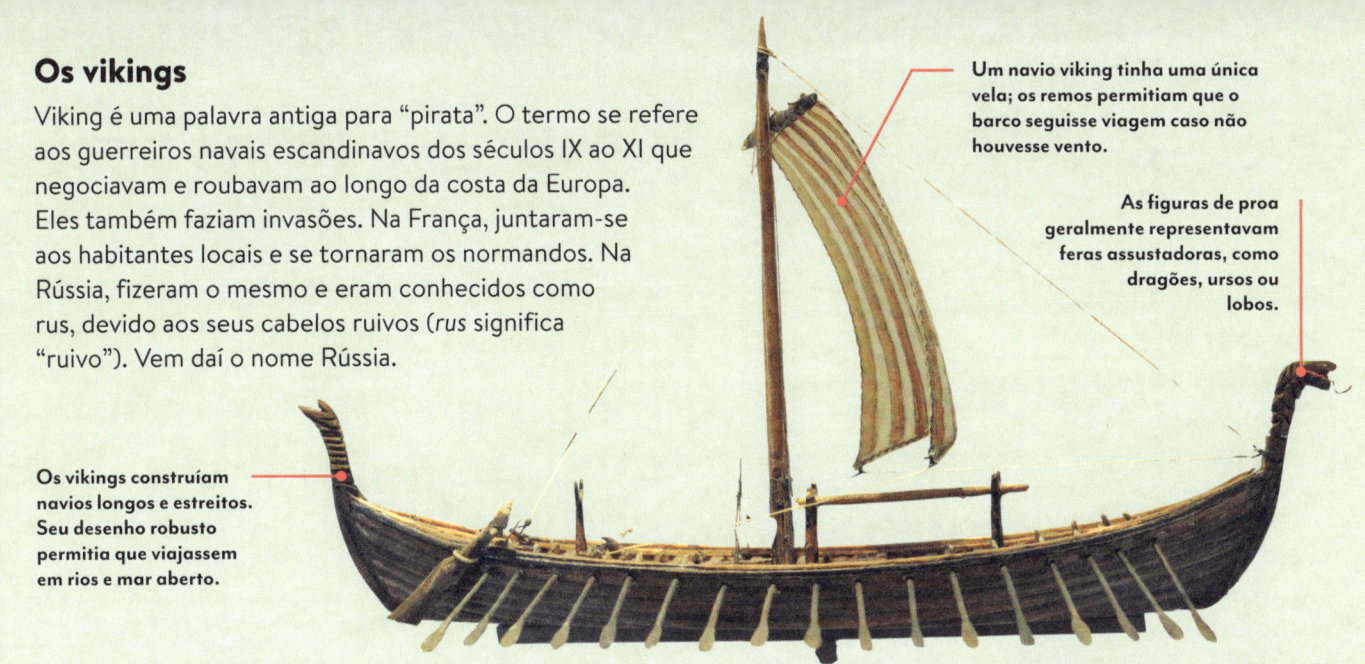

Viking é uma palavra antiga para "pirata". O termo se refere aos guerreiros navais escandinavos dos séculos IX ao XI que negociavam e roubavam ao longo da costa da Europa. Eles também faziam invasões. Na França, juntaram-se aos habitantes locais e se tornaram os normandos. Na Rússia, fizeram o mesmo e eram conhecidos como rus, devido aos seus cabelos ruivos (*rus* significa "ruivo"). Vem daí o nome Rússia.

Um navio viking tinha uma única vela; os remos permitiam que o barco seguisse viagem caso não houvesse vento.

As figuras de proa geralmente representavam feras assustadoras, como dragões, ursos ou lobos.

Os vikings construíam navios longos e estreitos. Seu desenho robusto permitia que viajassem em rios e mar aberto.

DESBRAVANDO O DESCONHECIDO

Quantas pessoas morreram da Peste Negra?

A Peste Negra foi uma praga que se espalhou pela Europa de 1347 a 1351. Era originalmente transmitida por pulgas infectadas que pulavam de ratos para humanos. Os historiadores divergem sobre quantas pessoas morreram devido a essa praga. Alguns dizem que foram 25 milhões – cerca de um terço da população da Europa. Outros acham que o número de mortos chegou a 50 milhões.

Período quente medieval

Entre 900 e 1300, partes da Europa desfrutaram de um clima um pouco mais quente, que provocou mudanças na agricultura, em especial no norte do continente. As colheitas de grãos prosperaram na Noruega e uvas para vinho foram cultivadas no extremo norte da Inglaterra. Foi nessa época que os vikings se estabeleceram na Groenlândia, onde as temperaturas mais altas reduziram o gelo do Oceano Ártico.

Cruzadas

Muitos europeus estavam unidos por suas crenças cristãs. De 1095 em diante, os exércitos da Europa Ocidental lutaram nas Cruzadas – uma série de campanhas militares para retomar territórios anteriormente cristãos que os muçulmanos haviam conquistado e assumir o controle de terras não cristãs. As três primeiras Cruzadas tiveram algum êxito e foram fundados Estados cristãos no Oriente Médio. Mais tarde, porém, as Cruzadas naquela região foram rechaçadas e os europeus não conseguiram manter seus territórios.

95

Tempos antigos e medievais
PERGUNTE AOS ESPECIALISTAS!

SALIMA IKRAM
Arqueóloga

O que mais você quer descobrir?
Quero descobrir por que os antigos egípcios mumificavam duas espécies de crocodilo: o crocodilo-do-nilo e o crocodilo-do-oeste-africano. Também gostaria de saber de onde vieram esses crocodilos-do-oeste-africano, já que eles normalmente não são encontrados no rio Nilo egípcio. Adoro esses animais e quero saber como e por que as espécies mais mansas da África Ocidental foram enterradas no Egito.

Qual questão ainda não foi resolvida na sua área?
Muitos de nós estamos trabalhando para entender as etapas da mumificação. Milhões de antigos egípcios foram mumificados e até hoje não conhecemos todos os detalhes desse processo.

Você pode nos contar um fato surpreendente?
O símbolo para "gato" no antigo Egito era pronunciado como *miu* ou *miau*!

JOHN O. HYLAND
Historiador

O que mais você quer descobrir?
Quero saber como a Pérsia e outros impérios antigos se expandiram e mantiveram o controle sobre enormes territórios. A Pérsia governava um território comparável em tamanho aos Estados Unidos. Eles travaram guerras a 3.219 quilômetros de distância do centro do império. Como faziam isso tanto tempo atrás?

O que ainda é um desafio na sua área?
Os antigos persas não deixaram para trás narrativas descrevendo seu império com as próprias palavras. Assim, os historiadores continuam tentando compreender as guerras e a diplomacia da Pérsia com a Grécia, pois só temos fontes gregas. Pelo lado positivo, temos um grande número de documentos primários e vestígios de sítios arqueológicos que nos contam muito sobre o funcionamento do império.

PATRICK V. KIRCH
Arqueólogo

O que mais você quer descobrir?
Quero descobrir como as pessoas que vivem nas ilhas remotas do Oceano Pacífico se adaptaram ao seu mundo insular. Muitos desses ilhéus desenvolveram modos de vida sustentáveis. Talvez possamos aprender com suas culturas tradicionais uma forma que nos ajude na adaptação às mudanças globais.

Do que você gosta em sua pesquisa?
A arqueologia é um campo gratificante – estamos sempre fazendo descobertas inesperadas. Uma vez, descobri o "deus do povo lapita", um pequeno osso esculpido em um antigo sítio nas ilhas Mussau, localizadas no oeste do Pacífico Sul. A escultura datava de cerca de 3 mil anos atrás. Era feita do osso de uma toninha e pode ter representado um deus mítico dos mares.

Tempos antigos e medievais
QUIZ

1) **A região do Oriente Médio onde os humanos começaram a praticar a agricultura é conhecida como:**
   a. Zona Fértil
   b. Crescente Fértil
   c. Planície Fértil
   d. Fazenda Fértil

2) **O Império Acadiano foi fundado por qual governante?**
   a. Sargão, o Grande
   b. Ciro, o grande
   c. Hamurabi
   d. Cleópatra

3) **Stonehenge é a estrutura circular de pedra pré-histórica mais famosa do mundo. Ela está localizada próximo a qual cidade inglesa?**
   a. Shaftesbury
   b. Sittingbourne
   c. Salisbury
   d. Sandwich

4) **Qual dos seguintes animais NÃO faz parte do ciclo do calendário chinês de 12 anos?**
   a. Serpente
   b. Coelho
   c. Porco-espinho
   d. Galo

5) **O povo Norte Chico fazia parte de uma civilização antiga localizada em qual continente?**
   a. América do Sul
   b. América do Norte
   c. África
   d. Ásia

6) **Diz-se que o deus polinésio Maui criou a Ilha Norte da Nova Zelândia depois de:**
   a. Puxar nuvens do céu
   b. Puxar um peixe gigante do oceano
   c. Pegar um meteorito antes que ele atingisse o solo
   d. Agitar um vulcão gigante

7) **Qual parte do corpo NÃO era utilizada no jogo de bola desenvolvido pelas civilizações olmeca e maia?**
   a. Cotovelo
   b. Quadris
   c. Joelhos
   d. Pés

8) **Na mitologia grega, Zeus era o rei dos deuses. Quem era a rainha?**
   a. Atena
   b. Hera
   c. Dionísio
   d. Dafne

9) **Onde se situava o Império Máuria?**
   a. Índia
   b. Indonésia
   c. Malásia
   d. Filipinas

10) **Segundo a lenda, Rômulo e Remo, fundadores de Roma, foram criados por uma loba, um pastor e que outra criatura?**
    a. Elefante
    b. Hiena
    c. Tartaruga
    d. Pica-pau

11) **O Império Romano viveu seu auge sob o governo de qual imperador?**
    a. Adriano
    b. Trajano
    c. Tito
    d. César Augusto

12) **Na década de 1970, arqueólogos descobriram quantas figuras de terracota em tamanho natural enterradas às portas de uma tumba na China?**
    a. 2 mil
    b. 5 mil
    c. 8 mil
    d. 10 mil

13) **Qual dos seguintes poetas NÃO era romano?**
    a. Virgílio
    b. Homero
    c. Ovídio
    d. Horácio

14) **A Hagia Sophia, em Constantinopla (atual Istambul, Turquia), foi originalmente construída como:**
    a. Igreja
    b. Mesquita
    c. Museu
    d. Mercado

RESPOSTAS: 1) b, 2) a, 3) c, 4) c, 5) a, 6) b, 7) d, 8) b, 9) a, 10) d, 11) b, 12) c, 13) b, 14) a

Quando o inventor Richard Trevithick criou sua primitiva máquina a vapor de alta pressão, mal sabia ele que revoluções surgiriam graças à sua curiosidade! De 1830 em diante, a energia do vapor de alta pressão mudou o mundo, permitindo aos humanos cruzar grandes distâncias, como neste trem a vapor. Ainda hoje, as usinas nucleares funcionam aquecendo a água para que vire vapor pressurizado, que, por sua vez, ativa as turbinas para gerar energia elétrica.

CAPÍTULO 3
TEMPOS MODERNOS

"Moderno" é uma palavra engraçada. Algumas vezes, a usamos para nos referimos a coisas que estão acontecendo agora. Em outras, como neste capítulo, ela significa tudo que veio depois da Idade Média – sendo que já se passaram mais de 500 anos! A exploração de novas terras levou a uma era de impérios que se expandiram rapidamente. O colonialismo alterou, ou mesmo destruiu, a vida de inúmeros povos nativos.

Vitória para alguns, destruição para outros... tudo se desenrolou por meio de revoluções, guerras mundiais e terrorismo. Mas nem tudo foi colonização e desgraça. Houve grandes transformações na arte, na medicina e na tecnologia. Testemunhe a habilidade dos pintores da Itália renascentista. Descubra como as revoluções na medicina tornaram a cirurgia indolor. Novas máquinas desestabilizaram a era dos artesãos, mas forneceram calor, comida e eletricidade às pessoas. Os humanos se lançaram para além do planeta em uma corrida espacial. E, pouco a pouco, grupos que eram discriminados e tratados como inferiores começaram a conquistar direitos que lhes haviam sido negados. É uma viagem turbulenta, portanto aperte o cinto de segurança.

IMPÉRIOS AFRICANOS

A África foi lar de muitos impérios e reinos. Entre eles, o Império do Mali se estendia desde a costa atlântica da África Ocidental, a oeste, até o deserto do Saara. O Império Etíope ocupou as atuais Etiópia e Eritreia. Tendo durado sete séculos, foi um dos mais longevos da história mundial. O Reino Axânti ocupou o que hoje é o sul de Gana, na costa da África Ocidental.

Mansa Musa do Mali

Um dos homens mais ricos que já existiu, Mansa Musa governou o Império do Mali. Ele subiu ao trono por volta de 1307. O comércio e a mineração de ouro tornaram seu império muito rico. Embora ninguém conheça os detalhes da fortuna de Musa, historiadores acreditam que a riqueza que ele acumulou com o comércio de ouro e sal chegava a 400 bilhões de dólares em valores atuais.

Estudos muçulmanos

As cidades comerciais de Gao e Tombuctu faziam parte do Império do Mali. Em Tombuctu, Musa ordenou a construção de muitos edifícios, incluindo três mesquitas, os locais de culto muçulmanos. Construída em 1327, a mesquita Djinguereber (foto) se transformou em um centro de aprendizagem.

Em 1324, Musa fez uma longa peregrinação à cidade sagrada muçulmana de Meca, na atual Arábia Saudita.

Musa dava moedas de ouro às pessoas por onde passava.

Além de 60 mil pessoas, a comitiva de Musa incluía 80 camelos, cada um carregando mais de 130 quilos de ouro.

CONSULTOR ESPECIALISTA: Etana H. Dinka. **VEJA TAMBÉM:** Crenças religiosas, pp.20-21; Europa medieval, pp.94-95; Escravidão nas Américas, pp.116-117; Mapa-múndi político, pp.142-143.

1. **Império do Mali**
Destacou-se na África Ocidental de 1200 a 1500.

2. **Império Etíope**
Atingiu seu auge sob os reis salomônicos, que reinaram a partir de 1270.

3. **Reino Axânti**
Esse reino da África Ocidental existiu em Gana desde o final dos anos 1600 até o final dos anos 1900.

Territórios imperiais

Os impérios do Mali e da Etiópia não são iguais aos países atuais que partilham seus nomes. A Etiópia ocupa quase o mesmo território que o império antigo, mas o Mali está em uma área diferente. Axânti não é um país hoje. O povo axânti vive em três países africanos: Gana, Togo e Costa do Marfim.

Tecidos *kente*

Os tecidos vibrantes se originaram do povo axânti, de Gana. Geralmente eram feitos de algodão cultivado na região. Os tecelões tramavam fios coloridos formando tiras de tecido de 10 centímetros com padrões complexos. Depois, costuravam-nas para fazer roupas. Esse estilo é conhecido como *kente*. Os tecidos *kente* e as estampas que os imitam ainda são usados localmente e em todo o mundo.
O dourado é uma cor dominante em muitos padrões – simboliza realeza, riqueza, status elevado, glória e pureza espiritual.

DESBRAVANDO O DESCONHECIDO

Quem construiu as igrejas de Lalibela escavadas na rocha?

A Etiópia é cristã desde cerca do ano 330. Seus reis traçavam a origem de suas famílias até o rei bíblico Salomão. Existem 11 igrejas escavadas na rocha na cidade de Lalibela. A maioria delas foi feita entre os séculos XII e XIII, durante o reinado do rei Lalibela, mas ninguém sabe quem as construiu. Os moradores locais acreditam que anjos as esculpiram.

Ouro da África Ocidental

O ouro era extraído de várias regiões africanas, incluindo a África Ocidental, parte da qual ficou conhecida como Costa do Ouro por algum tempo. Os povos fulâni e axânti, da África Ocidental, os sul-africanos e os antigos egípcios faziam belos artefatos de ouro. O leão retratado é um ornamento dos axântis. Para eles, esse metal simbolizava a alma e a riqueza da nação.

CONSULTORA ESPECIALISTA: Jane Long. **VEJA TAMBÉM:** Criando arte, pp.28-29; Grécia Antiga, pp.76-77; Roma Antiga, pp.84-85; A Era de Ouro do Islã, pp.92-93; Era das Explorações, pp.106-107.

O RENASCIMENTO

Com raízes na Itália do século XIV, o Renascimento reavivou o interesse europeu pelas culturas da Grécia e da Roma antigas. O conhecimento era um tema-chave, com ênfase na compreensão do mundo natural e na criação de arte realista. As ideias renascentistas se espalharam pela Europa graças, em parte, à invenção da prensa de impressão em 1439. Esse movimento proporcionou magníficas obras de arte, literatura e erudição.

Escola de Atenas (1509-1511)

O artista renascentista italiano Rafael pintou este afresco para a biblioteca do papa Júlio II, dentro do Vaticano, em Roma. Ele apresenta ideias culturais e artísticas importantes que surgiram durante o Renascimento. Retrata homens compartilhando sua sabedoria sobre o mundo natural. Não há mulheres nele porque poucas tinham acesso ao conhecimento na Itália renascentista.

1. Os arquitetos do Renascimento admiravam a simetria e as enormes proporções dos antigos edifícios romanos.

2. Cada arco é menor do que aquele que está "na frente" dele. Isso cria a ilusão de profundidade (chamada perspectiva) na superfície plana da parede.

3. As figuras se parecem com pessoas reais e se comportam como tais. Todas agem naturalmente e têm rostos, corpos e roupas diferentes.

4. Platão e Aristóteles, os dois mais famosos filósofos gregos da Antiguidade, ocupam lugar central na obra.

5. Rafael sugere uma influência da Era de Ouro do Islã ao incluir o filósofo muçulmano Averróis na obra.

6. A figura central deste grupo é Pitágoras, um importante pensador e matemático da Grécia Antiga.

7. Os artistas renascentistas procuravam representar com precisão a anatomia e a postura humanas em suas obras.

8. Detalhes da pele e das roupas mostram como Rafael cria a impressão de luz solar natural vinda do lado direito.

9. Os globos são referência ao estudo das estrelas e da Terra – os cientistas fizeram grandes avanços na astronomia durante esse período.

10. Para demonstrar seu orgulho por estudar o mundo natural, Rafael inclui uma representação de si mesmo (vestido de preto).

11. Os instrumentos matemáticos sugerem o enorme interesse pelas ciências que caracterizava os sábios da época.

12. A porta que dá acesso à biblioteca do papa, acima da qual foi pintado o afresco.

ASTECAS E INCAS

Entre as principais civilizações das Américas estavam os astecas e os incas. Os astecas viviam onde hoje é o México, enquanto os incas ficavam nos territórios que margeavam a costa do Pacífico na América do Sul. Os governantes desses dois povos afirmavam ter sido escolhidos por seus deuses. Eles estabeleceram grandes cidades e vastas redes comerciais.

1 O Império Asteca, onde hoje é o México, atingiu o auge entre o século XV e o início do século XVI.

2 Em 1100, o Império Inca fundou sua capital, Cuzco, onde hoje é o Peru. Atingiu seu auge no início do século XVI.

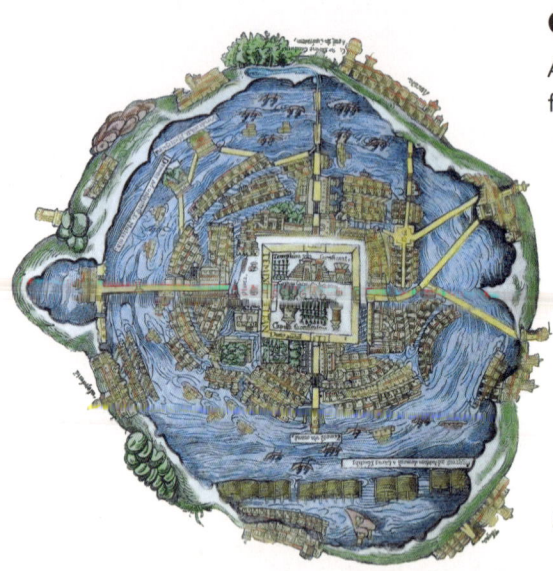

Cidade em um lago

A capital asteca, Tenochtitlán, ficava onde hoje é a Cidade do México. Foi fundada em uma ilha quase artificial no lago Texcoco. Cerca de 300 mil pessoas viviam ali no início do século XVI. No centro da capital havia um impressionante recinto cerimonial cercado por palácios da nobreza, incluindo o do imperador asteca Montezuma II.

Vastidão imperial

O Império Inca se estendia desde a região onde hoje ficam o Equador e a Colômbia até 80 quilômetros ao sul de Santiago, no Chile. Tinha uma população de cerca de 12 milhões de pessoas. O Império Asteca se estendia do Oceano Pacífico à Costa do Golfo e do que hoje é o centro do México até a atual Guatemala. Tinha uma população de 5 a 6 milhões.

Os quipos incas

Os incas faziam quipos para registrar informações importantes e acontecimentos históricos. Eles amarravam fios de fibras de lhama tingidas a um cordão grosso e faziam nós neles. Liam os quipos sentindo os nós. A sequência de fios ao longo da corda principal, a quantidade, os tipos de nó e as distâncias entre eles codificavam grandes quantidades de dados.

Habilidosos engenheiros

Os incas eram engenheiros brilhantes. Um de seus maiores feitos foi a construção de 38.500 quilômetros de vias de transporte. Em terrenos montanhosos, faziam pontes de corda suspensas sobre enormes desfiladeiros. Os incas usavam lhamas para transportar bens e mercadorias.

Passarelas altas Pontes de corda cruzavam cânions, desfiladeiros e rios.

Grama trançada Os incas teciam pontes de grama ichu, que era muito resistente em feixes.

Cabos Precisavam ser substituídos a cada ano para manter a ponte forte.

CONSULTOR ESPECIALISTA: Javier Urcid. **VEJA TAMBÉM:** Linguagem e narrativas, pp.24-25; Calendários, pp.32-33; Os olmecas e os maias, pp.72-73; Era das Explorações, pp.106-107; Novos impérios, pp.112-113; Era das Revoluções, pp.118-119; Mapa-múndi político, pp.142-143.

Pedra sólida
A pedra tem cerca de 91cm de espessura e quase 3,65m de diâmetro.

Deus supremo
O deus-Sol Tonatiuh, senhor do céu, é retratado no centro.

Deuses do Sol
Quatro figuras emolduradas em retângulo cercam Tonatiuh. Elas representam quatro eras anteriores ("sóis") do mundo.

Céus
Os símbolos nas bordas parecem relacionar o céu noturno ao mundo subterrâneo.

Ciclos
O círculo interno mostra 20 dias; ambos os sistemas de calendário funcionavam em ciclos de 20 dias.

Opostos
Xiuhtecuhtli, deus do fogo (esquerda) e Quetzalcóatl, deus do vento (direita). A personificação deles representa a luta desesperada entre a noite e o dia.

Fogo
Este anel representa as míticas serpentes do fogo (xiuhcocoah) e suas chamas intensas.

Calendário de pedra asteca

Os arqueólogos descobriram esta "pedra do Sol" em 1790. Os astecas a usavam como uma espécie de calendário. É bastante complexo e apresenta dois sistemas – um agrícola (de 365 dias) e um utilizado em rituais (de 260 dias). Originalmente, a pedra era pintada com cores vivas.

ERA DAS EXPLORAÇÕES

Os séculos XV a XVII são descritos como a Era das Explorações. É claro que o desejo de explorar não era novidade – por séculos as pessoas já tinham viajado grandes distâncias em busca de novos mundos. Mas foi durante esse período que ocorreram algumas das explorações mais notáveis. Esse fascínio por lugares distantes se manteve, com expedições sendo realizadas até os séculos XVIII e XIX.

A bússola magnética

Desde os anos 1100, os exploradores chineses usavam bússolas magnéticas. Esses dispositivos contêm agulhas que reagem ao campo magnético da Terra, por isso apontam sempre para o norte. A bússola magnética se tornou uma ferramenta útil para os primeiros exploradores, que também navegavam estudando as estrelas e os ventos.

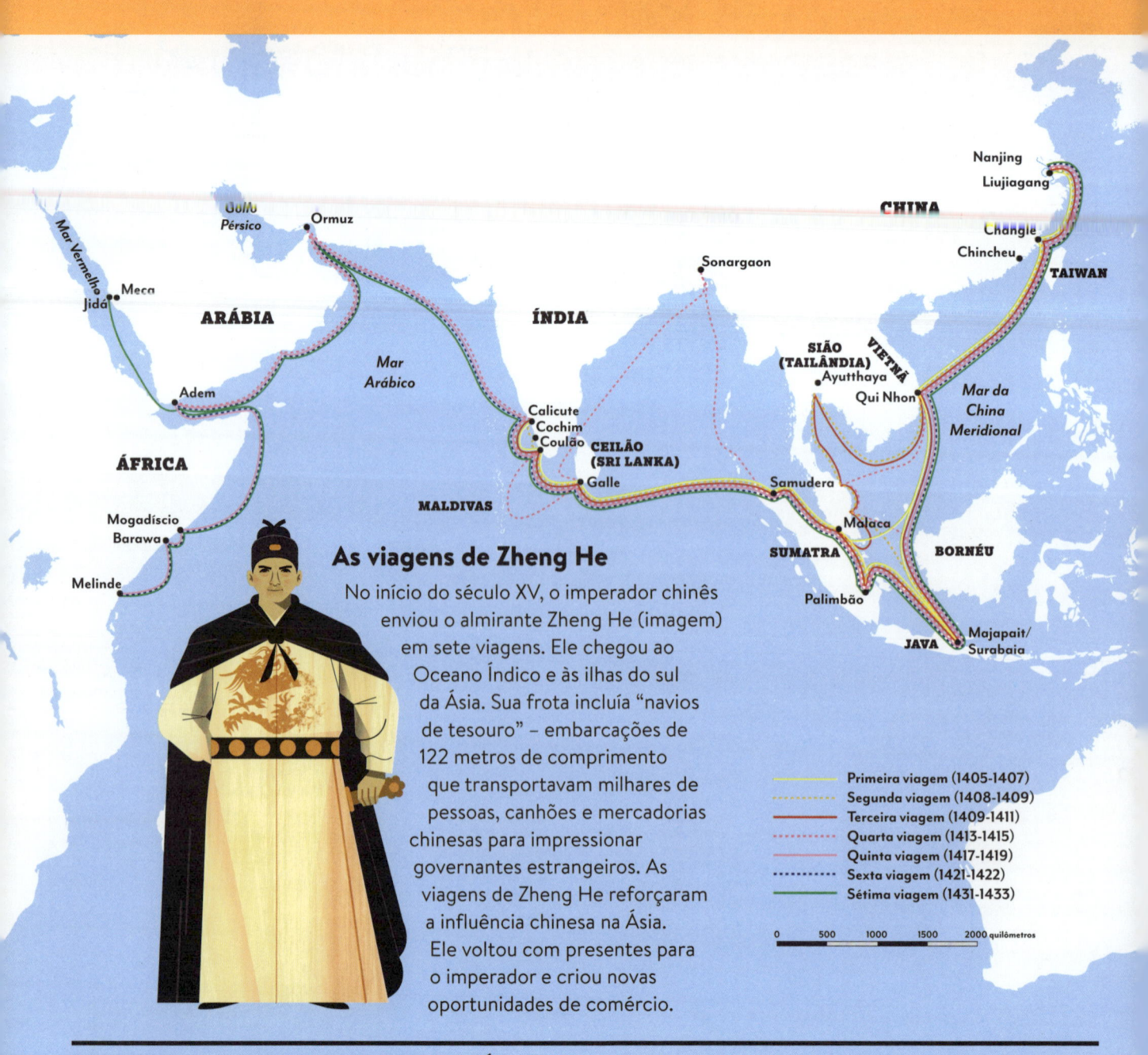

As viagens de Zheng He

No início do século XV, o imperador chinês enviou o almirante Zheng He (imagem) em sete viagens. Ele chegou ao Oceano Índico e às ilhas do sul da Ásia. Sua frota incluía "navios de tesouro" – embarcações de 122 metros de comprimento que transportavam milhares de pessoas, canhões e mercadorias chinesas para impressionar governantes estrangeiros. As viagens de Zheng He reforçaram a influência chinesa na Ásia. Ele voltou com presentes para o imperador e criou novas oportunidades de comércio.

- Primeira viagem (1405-1407)
- Segunda viagem (1408-1409)
- Terceira viagem (1409-1411)
- Quarta viagem (1413-1415)
- Quinta viagem (1417-1419)
- Sexta viagem (1421-1422)
- Sétima viagem (1431-1433)

CONSULTOR ESPECIALISTA: Lorenzo Veracini. **VEJA TAMBÉM:** Astecas e incas, pp.104-105; Novos impérios, pp.112-113; Colônias britânicas e francesas na América do Norte, pp.114-116; Escravidão nas Américas, pp.116-117; Era das Revoluções, pp.118-119; Descolonização, pp.136-137.

Fatos Fantásticos!

Das cerca de 250 pessoas que partiram da Espanha na expedição de volta ao mundo de Fernão de Magalhães, em 1519, apenas 18 regressaram. As demais morreram pelo caminho. O explorador português partiu da Espanha em 1519. Apenas um dos cinco navios regressou à Europa em 1522, mas Magalhães não estava a bordo. Ele morreu em uma batalha contra indígenas nas Filipinas, em 1521.

DESBRAVANDO O DESCONHECIDO

A expedição Franklin foi condenada pelos próprios suprimentos?

Em 19 de maio de 1845, uma expedição britânica liderada pelo capitão sir John Franklin partiu da Inglaterra para explorar o Ártico. Contava com dois navios, o *HMS Erebus* e o *HMS Terror*, transportando 128 militares e civis. A expedição foi vista pela última vez no fim de julho de 1845, ao norte da ilha Baffin, onde hoje é o território canadense de Nunavut. Os dois navios desapareceram e assim permanecem por mais de 150 anos. Pesquisas sugerem que os tripulantes podem ter sofrido envenenamento por chumbo proveniente do metal de suas latas de comida. Ninguém sabe ao certo, mas esse é um dos prováveis motivos para os homens terem morrido quando seus navios ficaram presos no gelo.

Era das Explorações
LINHA DO TEMPO

1417-1419 O navegador chinês Zheng He chega à África Oriental.

1492 O navegador italiano Cristóvão Colombo desembarca no Caribe.

1497 O explorador e navegador italiano Giovanni Caboto chega à costa leste da América do Norte.

1498 O explorador português Vasco da Gama se torna o primeiro europeu a chegar à Índia por via marítima.

1500 O comandante português Pedro Álvares Cabral navega da Europa para o Brasil.

1519 O explorador espanhol Hernán Cortés chega ao México.

1606 O navegador holandês Willem Janszoon se torna o primeiro europeu a desembarcar na Austrália.

1642 O comerciante holandês Abel Tasman é o primeiro europeu a chegar à Nova Zelândia.

NOTA do especialista!

LORENZO VERACINI
Historiador

O Dr. Veracini estuda a história de várias colônias. Ele acredita que é importante examinar a forma como o mundo tem sido explorado em busca de comércio, diplomacia, colonização, prestígio e riqueza.

"Adoro descobrir como o presente é moldado pelo passado."

O IMPÉRIO MOGOL

Em 1526, o imperador Babur fundou na Índia o Império Mogol, que se tornou um dos Estados mais poderosos do mundo no século XVII. Os governantes muçulmanos mogóis eram hábeis em unir as culturas hindu e muçulmana e governaram de forma competente por cerca de dois séculos, até a colonização britânica da Índia, em meados do século XVIII. Embora o nome "Mogol" possa se confundir com "Mongol", eles são distintos. A ligação é genealógica, pois Babur, fundador do Império Mogol (séc. XVI), era descendente de Genghis Khan, fundador do Império Mongol (séc. XIII).

Koh-i-Noor

O Koh-i-Noor é um diamante famoso, descoberto como um dos adornos do Trono do Pavão do imperador mogol Xá Jahan. Durante os anos de colonização britânica, o diamante se tornou propriedade da rainha Vitória e até hoje permanece no Reino Unido.

Taj Mahal

Situado às margens do rio Jamuna, em Agra, o Taj Mahal é uma das maiores glórias do Império Mogol. O imperador Xá Jahan ordenou a construção deste mausoléu após a morte de sua esposa preferida, Mumtaz Mahal, em 1631. Ele está enterrado lá com ela. Perfeitamente simétrico em seu design, o Taj Mahal levou mais de 15 anos para ser construído.

- No alto da cúpula, uma torre de bronze é encimada por uma lua crescente, símbolo do domínio global.
- Minaretes (torres finas e compridas) cercam o Taj Mahal; eles são inspirados na arquitetura das mesquitas turcas.
- Os padrões muçulmanos são frequentemente baseados em temas naturais. As flores, por exemplo, representam o jardim celestial do paraíso.
- A arquitetura utiliza uma fórmula matemática associada à perfeição e à harmonia.
- O fino mármore branco que recobre o Taj Mahal simboliza a pureza.
- A água do *charbagh* (um jardim de quatro partes) vem diretamente do rio Jamuna.

CONSULTORA ESPECIALISTA: Taymiya R. Zaman. **VEJA TAMBÉM:** Crenças religiosas, pp.20-21; Descolonização, pp.136-137.

Fatos Fantásticos!

Aquebar, o Grande, que governou de 1556 a 1605, possuía 101 elefantes. Muitos deles provavelmente faziam parte de seu exército – os mogóis montavam elefantes blindados em combate. Os enormes animais avançavam contra os soldados inimigos, que corriam o risco de ser pisoteados se tentassem chegar perto o suficiente para lutar.

Mulheres mogóis

As mulheres acompanhavam exércitos em expedições, eram ativas na construção de belos monumentos e contribuíram para o comércio e projetos de caridade. Muitas também se interessavam pelas artes. A filha do imperador Babur, Gulbadan Begum, escreveu uma das primeiras histórias do império. Já a filha do imperador Auranguezebe, Zeb-un-Nissa, era poeta. Nur Jahan (na imagem) construiu uma tumba de mármore branco para seu pai, um nobre chamado Itimad-ud-Daulah.

REVOLUCIONÁRIO

AQUEBAR, O GRANDE
Imperador, reinou de 1556 a 1605

Sinde (atual Paquistão)

Aquebar, o Grande, foi o terceiro imperador mogol e estendeu seu poderio sobre a maior parte do subcontinente indiano. Ele construiu um império no qual diferentes grupos puderam ocupar posições de poder. Era particularmente conhecido por seu interesse pelas artes.

❝*Um monarca deve estar sempre empenhado na conquista. Caso contrário, seus vizinhos pegarão em armas contra ele.*❞

- O imperador Babur conversa com Aquebar (vestido de laranja) no exterior do palácio.
- Muitas miniaturas foram usadas como ilustrações em livros.
- Os pintores faziam pinceladas finas para criar padrões complexos nas pequenas telas.
- A natureza e os animais eram elementos comuns da arte mogol.

Miniaturas mogóis

A pintura mogol muitas vezes assumia a forma de miniaturas, ilustrando cenas da corte, da história e da literatura. Esse trabalho poderia envolver uma equipe de artistas, cada um responsável por uma etapa diferente – até mesmo alguém responsável por acrescentar os detalhes aos retratos. Esse estilo de pintura é uma característica do diário pessoal do imperador Babur.

A GRANDE PAZ DO JAPÃO

De 1603 a 1867, líderes guerreiros chamados xoguns governaram o Japão. Edo (atual Tóquio) era sua capital. Apesar de seu nome guerreiro, esses governantes se concentraram no desenvolvimento de uma nação pacífica. Seguindo o que é conhecido como política de isolamento, os xoguns tinham relações externas limitadas e faziam negócios apenas com a China, a Holanda, a Coreia e o reino de Ryukyu (atual Okinawa). Essa época é conhecida como período Edo. Além de Edo, a cidade mercantil de Osaka e a antiga cidade de Quioto também cresceram nesse tempo.

Hierarquia social do xogunato

O Japão tinha uma hierarquia social estrita abaixo do imperador. O xogum, um líder guerreiro, detinha o verdadeiro poder. Abaixo dele havia cinco classes: senhores (*daimyos*), guerreiros (samurais), camponeses, artesãos e comerciantes. Não havia mobilidade social entre essas classes, ou seja, não era possível passar de uma para outra.

O ritual do chá

A cerimônia japonesa do chá, *sado*, se tornou popular entre todos os habitantes do país no período Edo, mas data de um momento anterior. Beber chá verde era um evento formal que podia levar até quatro horas e contava com rituais e utensílios específicos. Era um momento para as pessoas fugirem do ritmo acelerado do dia a dia na companhia de amigos e familiares.

Imperador
Uma figura de prestígio, mas sem qualquer poder efetivo.

Xogum
Líder militar supremo e verdadeiro governante, que tomava todas as decisões.

Daimyo
Um senhor que supervisionava e governava determinadas porções de terra.

Samurais
Os guerreiros do país, que também trabalhavam como funcionários do governo.

Camponeses
Os agricultores que proporcionavam uma economia estável para o império.

Artesãos
Pessoas que fabricavam armas e equipamentos para os samurais.

Comerciantes
Estavam entre as pessoas mais ricas da sociedade, mas eram considerados de classe baixa.

CONSULTOR ESPECIALISTA: Katsuya Hirano. **VEJA TAMBÉM:** Artes cênicas, pp.30-31; Segunda Guerra Mundial, pp.132-133; Mapa-múndi político, pp.142-143.

"Janela para o Ocidente"

A política nacional de reclusão do Japão impedia que os habitantes deixassem o país. Eles também não poderiam retornar ao Japão se já estivessem morando em outro lugar. O país se fechou ao comércio com todos os europeus, exceto os holandeses, em 1639. Eles comercializavam especiarias, tecidos, seda e porcelana (como a da foto à esquerda). Em 1641, os holandeses estabeleceram um entreposto comercial em Nagasaki. Foi o único porto autorizado a manter trocas com o Ocidente até 1854. Por essa razão, as pessoas se referiam a Nagasaki como "a janela para o Ocidente".

Ícones do teatro

O *kabuki* é uma forma tradicional japonesa de teatro musical, em que os atores usam maquiagem espessa e colorida para interpretar seus personagens. Imagens de atores célebres do *kabuki* se tornaram populares durante o período Edo, muitas vezes mostradas em xilogravuras conhecidas como *ukiyo-e*. Esses atores se tornaram ícones de estilo – graças, em parte, aos *ukiyo-e* baratos que foram produzidos aos milhares.

Fatos Fantásticos!

Cerca de 7% da população eram samurais. Além de serem guerreiros, os samurais estudavam matemática e caligrafia e escreviam poemas. Alguns eram mulheres, chamadas de *onna-bugeisha*. Recebiam a mesma instrução marcial que os homens, mas eram treinadas especificamente na *naginata*, uma arma comprida.

NOTA do especialista!

KATSUYA HIRANO
Historiador

Katsuya Hirano adora pesquisar como era a vida no Japão do período Edo, época em que havia uma forte crença em fantasmas. Como as pessoas não tinham eletricidade e as velas eram muito caras, a escuridão despertava a imaginação da população quando a noite caía.

❝*As pessoas acreditavam que era mais provável encontrar fantasmas e espíritos entre 2h e 2h30!*❞

NOVOS IMPÉRIOS

Em 1494, o Império Espanhol assinou o Tratado de Tordesilhas com o Império Português. Esse acordo dividiu o mundo entre as duas potências. Os colonizadores invadiram inúmeras civilizações que estavam estabelecidas havia muito tempo nas Américas. A terra era rica em prata e ouro e as populações indígenas podiam ser forçadas a trabalhar para eles. Os colonizadores também convertiam os habitantes locais à religião deles, o catolicismo, assim exercendo mais uma forma de domínio sobre esses povos.

Arte sobrevivente
Esta estátua de ouro de um guerreiro asteca foi feita entre 1345 e 1575.

Armas
O guerreiro segura dardos, o lançador deles e um escudo.

Conquistadores

Os líderes da colonização espanhola nas Américas ficaram conhecidos como conquistadores. Eles visavam regressar à Europa com recursos valiosos, que lhes proporcionariam grandes riquezas. Os espanhóis também forçaram as populações indígenas a se converter ao cristianismo e destruíram muitos de seus símbolos religiosos (ilustração).

Fatos Fantásticos!

O *peso de ocho reales* espanhol foi a primeira moeda global do mundo. Os espanhóis produziram um vasto número dessas moedas a partir da prata extraída em suas colônias sul-americanas, principalmente em Potosí, hoje parte da Bolívia. Vinte e cinco anos após sua primeira cunhagem, em 1497, a moeda estava em uso na Ásia, Europa, África e Américas. Permaneceu como moeda de comércio, semelhante ao dólar no mundo atual, por 300 anos.

Atraídos pelo ouro

A cobiça pelo ouro impulsionou a exploração europeia nas Américas durante os primeiros anos. O rei asteca Montezuma II enviou representantes ao colonizador Hernán Cortés com presentes extravagantes de ouro e prata. Ele esperava impedir que os espanhóis tomassem sua cidade. Mas Cortés entrou na capital asteca e prendeu o rei. Montezuma foi morto no cativeiro logo depois.

Doenças mortais

A chegada dos exploradores espanhóis introduziu doenças, como a varíola e o sarampo. Muitos indígenas morreram, pois eram vulneráveis a essas moléstias. Os historiadores estimam que só a varíola matou pelo menos um terço da população originária.

CONSULTORA ESPECIALISTA: Ivonne Del Valle. **VEJA TAMBÉM:** Crenças religiosas pp.20-21; Dinheiro, pp.34-35; Astecas e incas, pp.104-105; Era das Explorações, pp.106-107; Descolonização, pp.136-137.

A missão espanhola

Exploradores espanhóis e portugueses alegavam ter colonizado o Novo Mundo para difundir a fé católica. Ambos edificaram catedrais e igrejas para esse fim. Em dado momento, os espanhóis começaram a estabelecer missões: comunidades inteiras nas quais forçavam as populações indígenas a se adaptar à cultura espanhola. Eles estabeleceram 21 missões onde hoje é a Califórnia e as conectaram entre si por meio da construção de uma estrada de 965 quilômetros conhecida como El Camino Real.

- Esta ilustração se baseia na missão San Juan Capistrano, na Califórnia, fundada por missionários franciscanos espanhóis em 1776.
- Os campos continham pomares, jardins, pastos e gado, que alimentavam e vestiam os habitantes.
- Os indígenas foram obrigados a se converter ao cristianismo e a participar de missas.
- Uma missão típica continha um claustro (um pátio rodeado de galerias) retangular.
- Um cemitério sagrado era o local de descanso final dos indígenas que viviam na missão.
- Feitos de gesso e adobe (tijolos de barro e palha), os edifícios das missões muitas vezes precisavam de paredes grossas para sustentar seus telhados.
- Os cômodos da missão normalmente incluíam convento, dormitórios, oficinas e depósitos.

REVOLUCIONÁRIO

AMÉRICO VESPÚCIO
Explorador, viveu de 1454 a 1512

Itália

Foi o explorador italiano Américo Vespúcio quem constatou que as Américas não faziam parte da Ásia, como os europeus pensavam. Em vez de adotarem seu nome nativo, os europeus chamaram de América esse Novo Mundo, em homenagem a Vespúcio.

"Essas novas regiões... Podemos chamá-las de um novo mundo."

COLÔNIAS BRITÂNICAS E FRANCESAS NA AMÉRICA DO NORTE

No início do século XVII, alguns europeus cruzaram o Atlântico para começar novas vidas na América do Norte. Os principais colonizadores eram ingleses e franceses. Uns queriam novas oportunidades. Outros fugiam de seus países porque os governantes não lhes permitiam seguir a religião de sua escolha. Os ingleses se estabeleceram primeiro na Virgínia, depois em Massachusetts. Os franceses inicialmente criaram assentamentos em Acádia, na atual fronteira entre os Estados Unidos e o Canadá.

Primeiros colonizadores

O *Mayflower* – cuja réplica é mostrada na foto – partiu da Inglaterra em setembro de 1620 e, depois de 66 dias no mar, desembarcou em Plymouth, Massachusetts. Entre seus passageiros estava um grupo de pessoas em busca de liberdade religiosa. Elas ficaram conhecidas como peregrinos.

Choque de culturas

Os europeus se assentaram em terras pertencentes a povos indígenas. Alguns acolheram os recém-chegados como possíveis aliados nas lutas contra outros grupos. Outros não tiveram a mesma confiança. Por fim, o conflito pela terra terminou em violência na maioria das regiões.

Cesto da gávea
Servia como um ponto de observação elevado.

Convés principal
Os historiadores acreditam que a maioria dos passageiros dormia neste convés.

Convés superior
Onde os marinheiros trabalhavam e cuidavam do navio.

Porão de carga
Espaço de armazenamento de alimentos, ferramentas e suprimentos. Alguns passageiros também dormiam nele.

CONSULTOR ESPECIALISTA: Jeff Wallenfeldt. **VEJA TAMBÉM:** Crenças religiosas, pp.20-21; Era das Explorações, pp.106-107; Novos impérios, pp.112-113; Escravidão nas Américas, pp.116-117; Era das Revoluções, pp.118-119.

A verdadeira Pocahontas

Pocahontas era filha de um poderoso chefe indígena e vivia onde hoje é o estado da Virgínia. Seu verdadeiro nome de nascimento era Matoaka. Os colonizadores ingleses a capturaram ainda adolescente, em 1613, e ela se converteu ao cristianismo para se casar com o fazendeiro de tabaco John Rolfe. Pocahontas foi mantida em cativeiro e muitos historiadores acreditam que ela se converteu contra sua vontade.

Fatos Fantásticos!

Segundo a lenda, o notório pirata Barba Negra usava fósforos acesos nos cabelos. Dizia-se que os fósforos de combustão lenta (usados para acender os canhões dos navios) cercavam seu rosto de fogo e fumaça, criando uma aparência monstruosa para assustar os inimigos! Barba Negra foi um dos muitos piratas que atuaram ao longo da costa da Virgínia e da Carolina e no mar do Caribe, mirando navios ingleses e franceses e roubando as mercadorias a bordo.

O crescimento do comércio

Os europeus e as nações indígenas lutaram pela terra e por seus recursos, mas também faziam trocas comerciais. No Canadá, por exemplo, os Huron-Wendat, Algonquin e outros povos indígenas comerciavam peles com os franceses em troca de utensílios de metal e tecidos que pudessem usar em suas tradicionais cerimônias de oferendas. Os europeus também adquiriam produtos artesanais locais – como a caixa bordada com espinhos de porco-espinho abaixo.

Guerra por território

Enquanto a Grã-Bretanha e a França lutavam entre si na Guerra dos Sete Anos, na Europa, os soldados e colonizadores britânicos e franceses também guerreavam na América do Norte. Os conflitos nas colônias ficaram conhecidos como a Guerra Franco-Indígena (1754-1763). Ambos os lados recrutaram nações indígenas como aliadas, prometendo preservar os direitos deles à terra. Mais tarde, os colonizadores quebrariam essas promessas. A guerra terminou com a França cedendo o Canadá e outros territórios aos britânicos.

ESCRAVIDÃO NAS AMÉRICAS

A escravidão não era novidade no século XVI, mas foi nessa época que os europeus começaram a enviar um enorme número de africanos às Américas para trabalharem como escravizados. Esses africanos se tornaram fundamentais para um comércio complexo através do Oceano Atlântico. Os produtos que cultivavam, extraíam e processavam eram vendidos na Europa e nas colônias americanas. O resultado foi um mundo de exploração, em que aqueles que mais trabalhavam eram tratados da pior forma.

Por que isso aconteceu?

A substituição de trabalhadores indígenas por africanos foi motivada pela lucratividade do tráfico de escravizados – atividade amplamente explorada pelos europeus –, bem como pela elevada mortalidade de indígenas devido ao trabalho forçado e às doenças europeias. Os comerciantes enviaram 12,5 milhões de africanos através do Atlântico. Esses trabalhadores eram tratados como mercadorias. Não tinham direitos. Poderiam ser comprados e vendidos, espancados e até obrigados a trabalhar até a morte.

- Alimentos e animais de trabalho eram transportados da América do Norte para o Caribe.
- Algodão e tabaco eram exportados das Américas para a Europa Ocidental.
- Produtos caribenhos produzidos por escravizados, como o rum, eram exportados para a Europa Ocidental.
- Armas, metais, tecidos e vinho eram enviados da Europa para entrepostos comerciais na África.
- Melaço e açúcar eram exportados do Caribe para a América do Norte.

GRÃ-BRETANHA · **PORTUGAL** · **EUROPA** · **AMÉRICA DO NORTE** · **COLÔNIAS BRITÂNICAS** · **CARIBE** · **AMÉRICA DO SUL** · **BRASIL** (colônia portuguesa) · **OCEANO ATLÂNTICO** · **ÁFRICA OCIDENTAL** · **ÁFRICA** · **ÁFRICA CENTRO-OCIDENTAL** · **SUDESTE DA ÁFRICA**

- Mercadorias
- Pessoas escravizadas

O maior importador de pessoas escravizadas foi o Brasil Colônia; comerciantes enviaram quase 6 milhões de africanos para trabalhar lá.

A passagem do meio

A viagem que os escravizados faziam através do Atlântico ficou conhecida como "passagem do meio" e levava até 90 dias. Cerca de 1,5 milhão morreram no trajeto devido às doenças e à escassez de alimentos. A vida nas lavouras não era muito melhor. As pessoas trabalhavam nos campos de sol a sol, seis dias por semana. A comida que recebiam não era abundante nem nutritiva.

Até 600 pessoas eram colocadas em um navio.

Os escravizados do sexo masculino eram acorrentados uns aos outros, para evitar que atacassem a tripulação durante a viagem.

CONSULTOR ESPECIALISTA: Joseph E. Inikori. **VEJA TAMBÉM:** Crime e legislação, pp.36-37; Era das Explorações, pp.106-107; Novos impérios, pp.112-113; Colônias britânicas e francesas na América do Norte, pp.114-115; Era das Revoluções, pp.118-119; Descolonização, pp.136-137; Direitos civis, pp.138-139.

Fatos Fantásticos!

Henry Brown escapou da escravidão em uma caixa. Ele fugiu para a Pensilvânia dentro de uma caixa de 90×60×76 centímetros, auxiliado por membros da Underground Railroad. Essa organização de homens livres operava uma rede de estradas secretas e esconderijos. Além de Henry "Box" Brown, ela ajudou entre 30 e 100 mil pessoas escravizadas a escapar para estados livres e para o Canadá.

Abolição e guerra civil

As pessoas que tentam abolir a escravidão são chamadas de abolicionistas. No primeiro século da história dos Estados Unidos, organizou-se um poderoso movimento abolicionista no Norte, que era menos dependente do trabalho de escravizados do que o Sul. O Sul tentou se separar e criar um novo país, onde a escravidão continuaria legalizada. O Norte entrou em guerra para impedir a separação do Sul, e venceu. Embora a escravidão tenha sido abolida, o trabalho de garantir que as pessoas de todas as raças sejam tratadas de forma igual não foi concluído e continua até hoje.

Comércio de escravizados no Atlântico
LINHA DO TEMPO

1502 O comerciante espanhol Juan de Córdoba envia os primeiros africanos escravizados para as Américas.

1539 Os primeiros africanos escravizados chegam a Pernambuco para trabalhar em lavouras de cana-de-açúcar.

1804 A Revolução Haitiana acaba com o domínio colonial francês e a escravidão na ilha.

1807 O Parlamento Britânico aprova o Ato contra o Comércio de Escravos, tornando ilegal o comércio de escravizados em território britânico.

1850 A importação de africanos escravizados é abolida no Império do Brasil, embora a escravidão continue.

1863 A Proclamação de Emancipação do presidente Abraham Lincoln marca o primeiro passo para a abolição da escravidão nos Estados Unidos.

1888 A escravidão é abolida no Brasil.

NOTA do especialista!

JOSEPH E. INIKORI
Historiador

O mundo moderno foi construído em boa parte com base no sangue do trabalho dos africanos. Eram atitudes hediondas. Em qualquer sociedade, a escravidão é abominável.

"Os historiadores se esforçam para garantir que as suas opiniões não influenciem seu estudo das questões históricas."

ERA DAS REVOLUÇÕES

No fim do século XVIII, os ideais de liberdade e emancipação inspiraram as pessoas a se rebelarem contra seus governantes. O espírito dessas revoltas se espalhou pelo mundo. Na Europa, ocorreram tantas rebeliões em 1848 que esse ano ficou conhecido como o "ano das revoluções".

A Revolução Americana

No final do século XVIII, os habitantes de 13 colônias britânicas na América do Norte (colonos) protestaram contra impostos instituídos pela Grã-Bretanha. As taxas foram criadas para cobrir os custos da Guerra dos Sete Anos, um conflito que envolveu potências europeias e que não estava diretamente relacionado com as colônias americanas. Representantes dos revoltosos se reuniram em Congressos Continentais e, após meses de discussão, declararam-se um país independente em 1776. No entanto, nem todos os cidadãos concordaram que essa era a escolha correta, e muitos (conhecidos como legalistas) se juntaram ao lado britânico. A guerra eclodiu, com conflitos como a Batalha de Princeton – mostrada na imagem abaixo. Quando as forças revolucionárias (patriotas) venceram a guerra, as 13 colônias se transformaram nos Estados Unidos da América, oficialmente reconhecidos pelo Tratado de Paris em 1783.

A Festa do Chá de Boston

Antes do início da guerra, os britânicos tributaram o chá para reafirmar seu direito de cobrar impostos às colônias. Em 16 de dezembro de 1773, os colonos de Boston, Massachusetts, protestaram contra o tributo. Alguns estavam vestidos como indígenas. Eles subiram em três navios britânicos no porto e jogaram mais de 300 caixas de chá no mar. Os britânicos impuseram punições, fazendo com que ainda mais colonos ficassem contra eles.

Os soldados usavam mosquetes, armas lentas e pesadas, com baionetas (acessórios semelhantes a facas).

George Washington, um general revolucionário, se tornou o primeiro presidente dos recém-formados Estados Unidos.

As bandeiras das tropas britânicas frequentemente continham a "Union Jack", o desenho atual da bandeira do Reino Unido.

As tropas britânicas ficaram conhecidas como casacas-vermelhas, por causa das jaquetas vermelhas que usavam.

Os soldados usavam tambores para dar sinais ou pedir assistência médica urgente em batalha.

CONSULTORA ESPECIALISTA: Cindy Ermus. **VEJA TAMBÉM:** Era das Explorações, pp.106-107; Colônias britânicas e francesas na América do Norte, pp.114-115; Escravidão nas Américas, pp.116-117; Sufrágio feminino, pp.126-127; Descolonização, pp.136-137; Direitos civis, pp.138-139

Ideais do Iluminismo

Um movimento conhecido como Iluminismo inspirou muitas revoluções que varreram a Europa e as Américas no fim do século XVIII e no início do século XIX. O Iluminismo levou as pessoas a questionarem se era certo que um governante tivesse controle sobre todos em um país sem que ele próprio tivesse que obedecer à lei.

Racionalismo
A ideia de que a razão e a lógica, em vez da crença ou das emoções, são as melhores fontes de conhecimento.

Individualismo
A crença de que cada pessoa é única e responsável por si mesma.

Igualitarismo
A crença de que todas as pessoas são iguais e devem ter os mesmos direitos.

Secularismo
A ideia de que os humanos podem pensar por si mesmos em vez de acreditar no que a Igreja diz.

Democracia
A ideia de que todos os membros de uma população devem ter o direito de opinar sobre a forma como seu país é governado.

Revolução Francesa

Em 1789, os franceses começaram a desafiar o domínio absoluto de sua monarquia. A nova classe rica queria deter mais poder, enquanto os pensadores franceses buscavam direitos iguais e os camponeses estavam irritados com os impostos injustos. O povo organizou uma revolução que pôs fim, temporariamente, ao domínio monárquico. Foi criada uma república, mas a ela se seguiu o "Reino de Terror". Os que tomaram o poder mataram muitos dos que não aceitaram apoiar sua versão da revolução – muitas vezes decapitando-os na guilhotina (imagem abaixo).

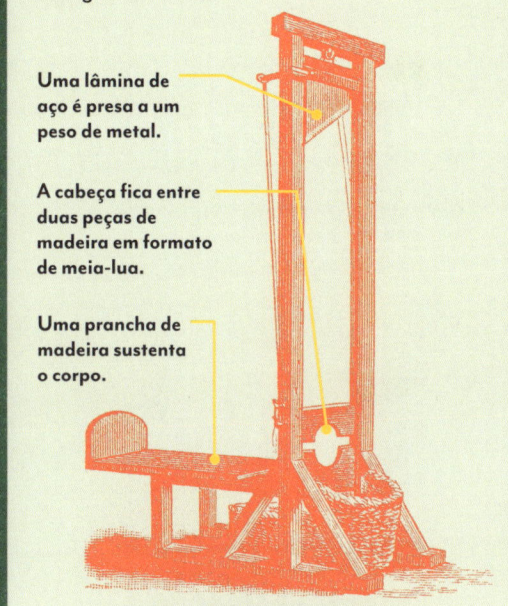

- Uma lâmina de aço é presa a um peso de metal.
- A cabeça fica entre duas peças de madeira em formato de meia-lua.
- Uma prancha de madeira sustenta o corpo.

REVOLUCIONÁRIO

SIMÓN BOLÍVAR
Revolucionário sul-americano, viveu de 1783 a 1830

Venezuela

Simón Bolívar foi um pioneiro da independência sul-americana. Líder militar e político, ajudou a libertar vários territórios do domínio colonial espanhol. Como resultado, foram fundados a Colômbia, a Bolívia, o Equador, o Panamá, o Peru e a Venezuela. A Bolívia foi batizada em homenagem a ele.

> *Um povo que ama a liberdade acabará por ser livre.*

Pioneirismo do Haiti

A Revolução Haitiana (1791-1804), na colônia francesa de Santo Domingo, resultou na independência do Haiti, a primeira república negra do mundo e o primeiro país das Américas (excluindo os Estados Unidos) a se tornar independente. Liderada por Toussaint Louverture (à direita), a revolução inspirou movimentos em toda a América Latina. As colônias espanholas, motivadas por ideias iluministas e pela influência das revoluções americana e haitiana, lutaram pela liberdade comandadas por líderes como Simón Bolívar e José de San Martín. O Brasil seguiu um caminho diferente, relativamente pacífico, em 1822, quando D. Pedro I declarou a independência e se tornou o primeiro imperador do Brasil, marcando a transição de colônia a monarquia independente.

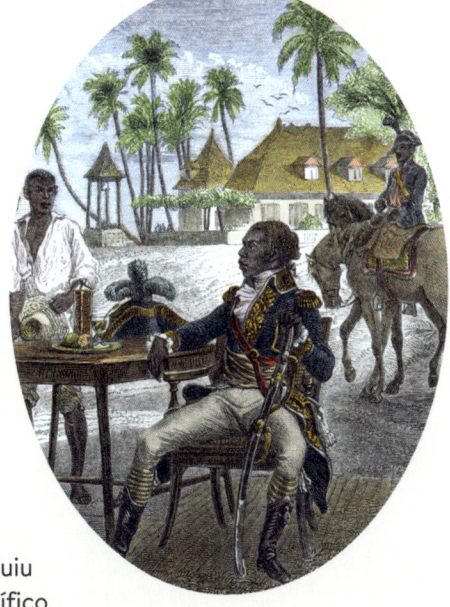

MARCOS DA MEDICINA

Desde o período medieval, as descobertas sobre o corpo humano permitiram que médicos e cirurgiões aprimorassem o tratamento de seus pacientes. Avanços importantes proporcionaram uma maior compreensão da anatomia (as partes do corpo) e dos motivos pelos quais as pessoas ficam doentes. Além disso, novas invenções e procedimentos médicos tornaram possível uma vida mais longeva. A tecnologia médica tem avançado rapidamente desde o século XIX, mas ainda há muitos mistérios a serem resolvidos.

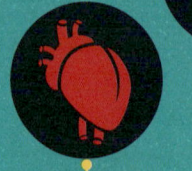

1543
Da organização do corpo humano, do médico flamenco Andreas Vesalius, traz descrições e ilustrações detalhadas da anatomia.

1674
O cientista holandês Antonie van Leeuwenhoek vê glóbulos vermelhos usando o microscópio, recém-inventado por ele. Em 1676, ele utiliza a mesma tecnologia para observar bactérias.

1796
Depois de perceber que as pessoas que tinham tido varíola bovina não contraíam varíola humana, o cirurgião britânico Edward Jenner testa com sucesso uma vacina que salva vidas.

1818
O médico britânico James Blundell realiza a primeira transfusão de sangue bem-sucedida entre humanos.

1853
A invenção da seringa hipodérmica (um êmbolo com agulha oca) permite a injeção de medicamentos – como vacinas e insulina – na corrente sanguínea.

Séc. XVI • Séc. XVII • Séc. XVIII • Séc. XIX

1628
O médico inglês William Harvey descobre que o coração humano bombeia sangue para o corpo.

1714
O termômetro de mercúrio do físico holandês Daniel Gabriel Fahrenheit permite fazer uma leitura precisa da temperatura corporal.

1816
Na França, René Laënnec inventa o estetoscópio após usar um pedaço de papel enrolado para escutar o tórax de um paciente.

1846
A cirurgia indolor com anestesia geral (em que o paciente fica inconsciente ao respirar vapores de éter) é apresentada publicamente pela primeira vez.

1867
O cirurgião britânico Joseph Lister usa uma substância química chamada ácido carbólico para limpar mãos, feridas e instrumentos durante cirurgias. O ácido atua como um antisséptico (substância que impede o crescimento de bactérias).

CONSULTOR ESPECIALISTA: Mike Jay. **VEJA TAMBÉM:** O corpo humano, pp.6-7; DNA e genética, pp.8-9; Tecnologia médica, pp.170-171; Humanos do futuro, pp.190-191.

Assistência médica 3D

Em 2018, a tecnologia de impressão 3D auxiliou a remoção de um tumor em um rim humano. Os médicos do Belfast City Hospital, na Irlanda do Norte, estavam tratando uma jovem mãe com insuficiência renal fatal. O pai dela doou um rim, mas havia um cisto (crescimento anormal) nele. Uma empresa de impressão médica criou um modelo exato do rim do pai. Os médicos então o estudaram para planejar como remover o cisto de forma segura. O transplante foi realizado com sucesso.

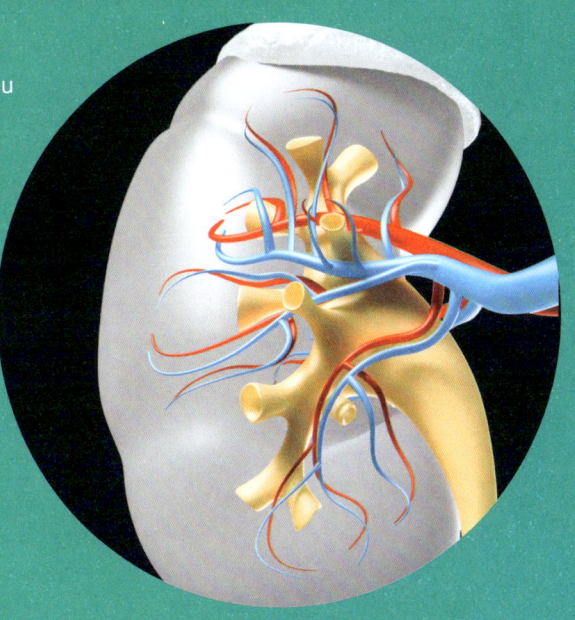

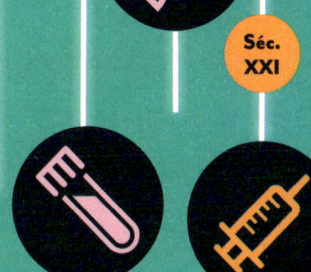

Décadas de 1870 e 1880
O alemão Robert Koch e o francês Louis Pasteur comprovam a teoria dos germes, que explica como as pessoas contraem e transmitem doenças por meio de patógenos.

1952
A médica americana Virginia Apgar desenvolve a "escala de Apgar" para avaliar se os recém-nascidos precisam ou não de cuidados médicos urgentes.

1964
A escocesa June Almeida, pioneira em imagens de vírus, descobre o primeiro coronavírus humano.

1983
Cientistas descobrem que o vírus da imunodeficiência humana (HIV) provoca a síndrome da imunodeficiência adquirida (Aids), permitindo o desenvolvimento de tratamentos.

Séc. XX

Séc. XXI

1895
O físico alemão Wilhelm Conrad Röntgen cria o aparelho de raios X, permitindo que médicos possam ver o interior de um corpo sem a necessidade de uma cirurgia.

1928
O cientista escocês Alexander Fleming descobre a penicilina, o primeiro antibiótico natural.

1952
A físico-química inglesa Rosalind Franklin produz imagens de raios X que revelam que a estrutura do DNA tem o formato de dupla-hélice.

1978
Louise Brown, o primeiro bebê de "proveta", nasce no Reino Unido. A fertilização do óvulo da mãe aconteceu em laboratório.

2006
É aprovada a vacina contra o papilomavírus humano (HPV), a primeira voltada para uma causa de câncer.

A paisagem industrial

A industrialização mudou a cara dos países onde se desenvolveu. Usinas, minas de carvão, fábricas têxteis e siderúrgicas foram construídas por todos os cantos e muitas pessoas abandonaram a agricultura para trabalhar nelas. As populações das cidades cresceram rapidamente e alguns empreiteiros edificaram novas infraestruturas em torno de suas indústrias emergentes – desde casas e lojas até canais e ferrovias.

Na esperança de conquistar a lealdade dos trabalhadores, alguns empregadores construíram igrejas, enfermarias e escolas em suas aldeias industriais.

A industrialização começou a se espalhar pelas zonas rurais.

Foram construídas casas para os trabalhadores nas proximidades.

Altas chaminés expeliam fumaça das fornalhas de carvão usadas para produzir o vapor que impulsionava as máquinas.

Grandes e robustos edifícios industriais acomodavam um maquinário pesado.

Rios caudalosos forneciam água para as fábricas.

Novas redes rodoviárias e ferroviárias ligavam uma cidade a outra.

REVOLUÇÃO INDUSTRIAL

A Revolução Industrial teve início na Grã-Bretanha no fim do século XVIII. Em seguida, espalhou-se pela Europa, pelos Estados Unidos e pelo Japão durante o século XIX. Em vez de fabricar produtos manualmente em pequenas oficinas, os trabalhadores os produziam em massa em grandes fábricas. Máquinas movidas a vapor e a água permitiam que as pessoas trabalhassem com mais rapidez e eficiência. Cidades cresceram à medida que as pessoas se afastavam de suas vidas agrícolas em busca de empregos nos novos centros urbanos.

Trabalho infantil

Muitas famílias que viviam na pobreza mandaram seus filhos para trabalhar nas fábricas. Nos Estados Unidos, o censo de 1870 contabilizou mais de 750 mil trabalhadores menores de 15 anos. As crianças realizavam trabalho manual árduo em condições precárias, em turnos de 12 horas ou mais.

CONSULTOR ESPECIALISTA: Brian Duignan. **VEJA TAMBÉM:** Educação, pp.38-39; Trabalho, pp.40-41; Escravidão nas Américas, pp.116-117; Qualquer coisa, em qualquer lugar, pp.150-151; Os megarricos, pp.160-161; Tecnologia smart e IA, pp.172-173.

Divisão do trabalho

Os trabalhadores muitas vezes se dedicavam a uma tarefa específica, como operar máquinas de fiar ou prender saltos em sapatos. Cada pessoa executava a mesma atividade sem parar, repetindo os mesmos movimentos de uma pequena parte do processo de fabricação. Isso levou à criação de uma linha de montagem móvel, em que um sistema mecanizado movia um produto de uma estação de trabalho para outra enquanto os trabalhadores realizavam suas tarefas individuais ao longo do processo.

Baixos salários, principalmente para as mulheres

Graças à produção em massa, o custo de muitos bens caiu e mais pessoas puderam poupar dinheiro pela primeira vez. No entanto, os operários trabalhavam longos e exaustivos turnos em troca de baixos ordenados. Na Inglaterra, o salário das mulheres ficava entre um terço e dois terços do salário dos homens. Os historiadores debatem se isso se devia à discriminação de gênero ou ao fato de elas realizarem tarefas diferentes, com níveis de qualificação mais baixos.

Homens britânicos, 10-15 xelins por semana

Mulheres britânicas, 5 xelins por semana

Crianças britânicas, 1 xelim por semana

Fatos Fantásticos!

Andrew Carnegie doou sua gigantesca fortuna de 350 milhões de dólares. Nascido na pobreza na Escócia, Carnegie virou um pioneiro da indústria siderúrgica nos Estados Unidos. Quando se aposentou, em 1901, prometeu doar sua fortuna (4,8 bilhões de dólares em valores atuais). Dez anos mais tarde, ele havia doado 90% de seu dinheiro, principalmente para escolas e bibliotecas.

Inovações da era industrial

A industrialização levou ao desenvolvimento de máquinas e meios de transporte revolucionários que dependiam frequentemente de combustíveis fósseis – como o carvão e o gás – para obter energia. Esses combustíveis fizeram crescer a poluição e, por fim, deram origem ao aquecimento global – vivemos hoje as consequências dele.

Máquinas de fiar
As máquinas de fiar Jenny (1764) e Mule (1779) produziam tecidos de qualidade em massa.
Séc. XVIII

Máquina a vapor (c. 1765)
A invenção de James Watt movia trens e máquinas industriais.

Gerador e motor elétricos (1831)
As invenções de Michael Faraday lançaram as bases para todos os usos futuros da eletricidade.
Séc. XIX

Telégrafo (1837)
A invenção de Samuel Morse permitiu que as pessoas mandassem mensagens a longas distâncias com mais rapidez.

Telefone (1876)
Invenção de Alexander Graham Bell que revolucionou a comunicação humana.

Lâmpada incandescente (1878-1879)
Inventada pelo químico Joseph Swan.

Motor de combustão interna (c. 1859)
Karl Benz criou o primeiro carro movido a gasolina com esse motor (1885).

Primeiros aviões (início dos anos 1900)
Os irmãos americanos Wilbur e Orville Wright e o brasileiro Santos Dumont são conhecidos por realizar os primeiros voos de aviões motorizados. A máquina dos Wright voou em 1903, utilizando uma catapulta para decolar, enquanto o *14-Bis*, de Dumont, decolou em 1906 sem a ajuda de dispositivos auxiliares. A disputa pela invenção ainda é um tema de debate, com diferentes critérios e reconhecimentos históricos.
Séc. XX

PRIMEIRA GUERRA MUNDIAL

Também conhecida como a Grande Guerra, a Primeira Guerra Mundial colocou alguns dos países mais poderosos do mundo uns contra os outros. Alemanha, Áustria-Hungria, Império Otomano e Bulgária (Potências Centrais) lutaram de um lado. Reino Unido, França, Rússia, Estados Unidos e outros países (Aliados) lutaram do lado oposto. Essa foi a primeira guerra verdadeiramente global do século XX, com conflitos na Europa, no Oriente Médio, na África, na Ásia e no Pacífico.

Guerra de trincheiras

Os soldados cavavam redes de canais, ou trincheiras. No nível do solo, a área entre as trincheiras de forças opostas era chamada de "terra de ninguém". Para avançar, os soldados tinham que deixar suas trincheiras e entrar na terra de ninguém. Isso os expunha ao fogo e às bombas inimigas. A vida nas trincheiras era um pouco mais segura – embora doenças se espalhassem entre os soldados devido à lama imunda.

Ataques com gás

As forças alemãs lançaram gás clorídrico na Segunda Batalha de Ypres (1915). O vento o carregava para as trincheiras aliadas e milhares de pessoas morreram. Ambos os lados correram para desenvolver armas químicas mais eficazes. Entre elas estava o fosgênio, que fazia com que os pulmões se enchessem de líquido, e o gás mostarda, um agente vesicante (provoca bolhas na pele). Cerca de 91 mil soldados foram mortos por gás durante a Primeira Guerra Mundial.

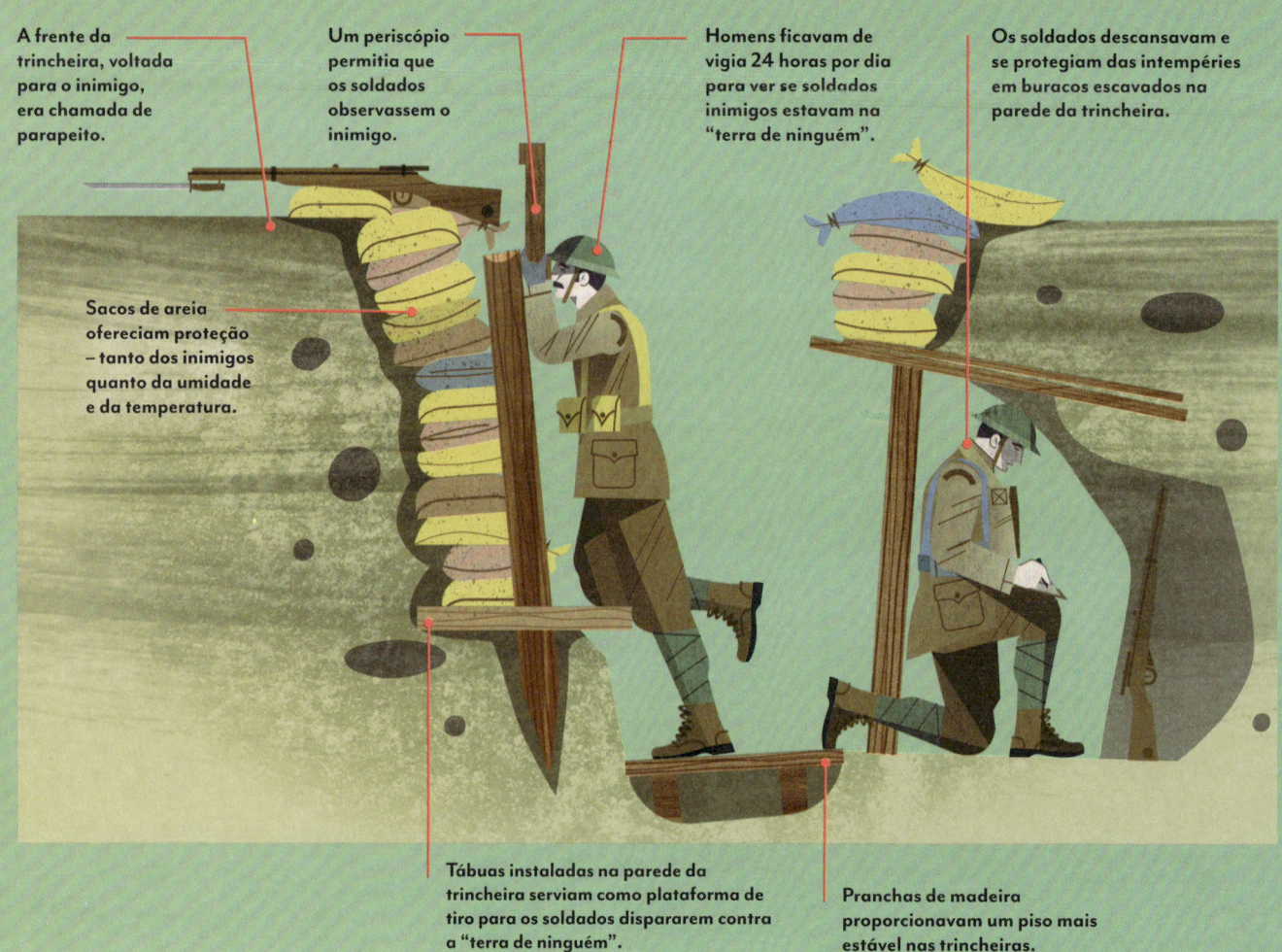

- A frente da trincheira, voltada para o inimigo, era chamada de parapeito.
- Um periscópio permitia que os soldados observassem o inimigo.
- Homens ficavam de vigia 24 horas por dia para ver se soldados inimigos estavam na "terra de ninguém".
- Os soldados descansavam e se protegiam das intempéries em buracos escavados na parede da trincheira.
- Sacos de areia ofereciam proteção – tanto dos inimigos quanto da umidade e da temperatura.
- Tábuas instaladas na parede da trincheira serviam como plataforma de tiro para os soldados dispararem contra a "terra de ninguém".
- Pranchas de madeira proporcionavam um piso mais estável nas trincheiras.

CONSULTORA ESPECIALISTA: Lora Vogt. **VEJA TAMBÉM:** Conflito e guerra, pp.22-23; Revolução Industrial, pp.122-123; Sufrágio feminino, pp.126-127; A ascensão do comunismo, pp.128-129; O "boom" e a crise, pp.130-131; Segunda Guerra Mundial, pp.132-133.

Grande Bertha

Um dos maiores canhões usados na guerra foi uma arma alemã apelidada de Grande Bertha. Era um obus – uma peça de artilharia de cano curto projetada para disparar mísseis para o alto. Os alemães fabricaram 12 Grandes Berthas durante a guerra e as usaram para atacar fortificações francesas e belgas.

A arma disparava projéteis que pesavam até 810 quilos.

Os projéteis penetravam até 12 metros no concreto e no solo.

Pesando cerca de 47 toneladas, a Grande Bertha tinha que ser desmontada para ser transportada.

Equipes de 240 homens operavam e faziam a manutenção de cada obus.

Alguns projéteis tinham fusíveis de efeito retardado, que explodiam após o impacto inicial.

Fatos Fantásticos!

No Natal de 1914, algumas unidades alemãs e britânicas baixaram as armas e foram ao encontro do inimigo. Os soldados partilharam as comidas que haviam recebido, entoaram canções e alguns até jogaram futebol com bola e gols improvisados. Outros aproveitaram a paz temporária para reparar as trincheiras e enterrar os mortos.

Pombos-correios

Os pombos-correios entregavam mensagens durante a guerra – colocadas em tubinhos presos às suas patas. Eles voavam sobre os campos de batalha e eram especialmente úteis para quem estava no mar. Em um caso interessante, um pombo voou 35 quilômetros em 22 minutos para entregar uma mensagem que salvou dois pilotos de um hidroavião que estava encalhado. Cher Ami, um pombo do Exército dos Estados Unidos, recebeu até a Croix de Guerre, uma das mais altas condecorações militares da França.

Ineditismos da guerra
A LISTA

A Primeira Guerra Mundial foi um conflito de muitas inovações, como as seguintes:

1. Capacete de aço Os franceses foram os primeiros a usá-los em batalha.

2. Uso militar de raios X Unidades móveis permitiram a realização de radiografias dos feridos nas linhas de frente francesas.

3. Submarinos Os alemães usaram U-boats. O "U" vem de *untersee* – "submarino" em alemão.

4. Tanques As forças britânicas foram as primeiras a utilizá-los de forma eficaz – na Batalha de Cambrai, em 1917.

5. Aeronaves Ambos os lados desenvolveram aviões com metralhadoras para atirar em aeronaves inimigas.

6. Porta-aviões O *HMS Argus*, dos britânicos, foi o primeiro porta-aviões.

7. Comunicações sem fio A Primeira Guerra Mundial foi o primeiro conflito a ver o uso generalizado dos rádios comunicadores.

O preço da guerra

A Primeira Guerra Mundial afetou todos os membros da sociedade, não apenas os combatentes. Cinco milhões de pessoas morreram lutando pelos Aliados, e 3,5 milhões pelas Potências Centrais. O conflito também custou a vida de 13 milhões de civis, muitos dos quais forçados a fugir de suas casas para escapar dos combates.

SUFRÁGIO FEMININO

O movimento pelo sufrágio feminino foi uma luta mundial pelo direito das mulheres de votar. Nos primeiros anos, grupos no Reino Unido e nos Estados Unidos direcionaram o movimento. Contudo, a primeira vitória do sufrágio feminino ocorreu na Nova Zelândia, onde as mulheres conquistaram o direito ao voto em 1893. Em muitos países, o direito de votar foi concedido como reconhecimento ao trabalho das mulheres em tempos de guerra.

As sufragistas usaram faixas, bandeiras e cartazes para chamar atenção para sua causa enquanto marchavam.

As sufragistas usavam faixas. As cores da NUWSS eram verde, branco, vermelho (*green, white* e *red* em inglês), que representavam as palavras *give women rights* ("deem direitos às mulheres").

CONSULTORA ESPECIALISTA: Lori Ann Terjesen. **VEJA TAMBÉM:** Revolução Industrial, pp.122-123; Primeira Guerra Mundial, pp.124-125; O "boom" e a crise, pp.130-131; Direitos civis, pp.138-139.

A União Nacional das Sociedades de Sufrágio das Mulheres (NUWSS, em inglês), do Reino Unido, foi apenas um dos vários grupos de sufragistas. No Brasil, Bertha Lutz e Maria Eugênia de Mendonça fundaram a Federação Brasileira pelo Progresso Feminino.

Quando as mulheres puderam votar
LINHA DO TEMPO

1893 Nova Zelândia	**1944** Jamaica
1902 Austrália	**1945** Itália
1906 Finlândia	**1946** Vietnã
1913 Noruega	**1947** Argentina
1915 Dinamarca	**1947** Japão
1917 Rússia	**1947** México
1918 Canadá	**1947** Paquistão
1918 Alemanha	**1949** China
1918 Reino Unido	**1949** Índia
1919 Holanda	**1955** Etiópia
1920 Estados Unidos	**1957** Zimbábue
1930 África do Sul	**1963** Marrocos
1931 Espanha	**1967** Equador
1931 Portugal	**1971** Suíça
1931 Sri Lanka	**1972** Bangladesh
1932 Brasil	**1999** Catar
1932 Uruguai	**2002** Bahrein
1934 Turquia	**2005** Kuwait
1935 Mianmar	**2006** Emirados Árabes Unidos
1944 França	**2011** Arábia Saudita

Reunião sufragista
Nesta fotografia, a sufragista e reformadora educacional inglesa Dame Millicent Fawcett discursa em uma reunião no Hyde Park, em Londres. Ela foi presidente da NUWSS de 1897 a 1919.

Embora alguns homens tenham protestado contra o sufrágio feminino, as sufragistas tiveram apoio masculino – até mesmo de membros do Parlamento Britânico.

A ASCENSÃO DO COMUNISMO

No século XIX, muitas pessoas trabalhavam em fábricas. Os proprietários das indústrias eram ricos, mas os operários eram bem pobres. Muitos desses trabalhadores apoiavam as ideias socialistas que diziam que a riqueza produzida nas fábricas deveria beneficiar a todos. Em 1848, Karl Marx publicou o *Manifesto comunista*, propondo que os trabalhadores tirassem a propriedade das mãos dos capitalistas (donos das fábricas) e a colocassem nas mãos de um novo governo, controlado pelos trabalhadores.

Revolução!
"Proletários de todos os países, unam-se! Vocês não têm nada a perder a não ser seus grilhões."

Socialismo:
O bem-estar das pessoas deveria ser mais importante do que os lucros.

Comunismo:
Os trabalhadores deveriam assumir o controle do governo e usá-lo em benefício da classe trabalhadora.

DAS KAPITAL

O capital, de Marx, explica por que ele acreditava que o capitalismo não funcionava.

Karl Marx

Foi um economista político e filósofo. Seu trabalho influenciou os governos comunistas do século XX. Marx acreditava que a sociedade avançava por meio da "luta de classes". Ele introduziu a crença comunista fundamental de que trabalhadores infelizes precisavam se insurgir e se revoltar contra os capitalistas donos das fábricas.

CONSULTOR ESPECIALISTA: Benjamin Sawyer. **VEJA TAMBÉM:** Revolução Industrial, pp.122-123; Segunda Guerra Mundial, pp.132-133; Guerra Fria, pp.134-135; Os megarricos, pp.160-161.

Simbolismo soviético

As primeiras nações comunistas se fundamentavam em pessoas trabalhando juntas para o Estado. O símbolo da foice e do martelo representava a união dos trabalhadores industriais (martelo) e rurais (foice). Os países comunistas de hoje misturam comunismo com elementos do capitalismo. O trabalho para ganho pessoal é estimulado, portanto algumas pessoas são muito mais ricas que outras.

REVOLUCIONÁRIO

VLADIMIR ILYICH ULYANOV (LÊNIN)

Líder soviético, viveu de 1870 a 1924

Simbirsk, Rússia

Vladimir Lênin liderou o Partido Bolchevique – o primeiro partido político marxista a assumir o poder em um país. Ele e seus aliados tomaram o poder na capital russa, Petrogrado, em outubro de 1917. Lênin, então, saiu vitorioso da Guerra Civil Russa (1918-1921) e foi o primeiro líder daquilo que, em 1922, se tornaria a União das Repúblicas Socialistas Soviéticas (URSS).

Países comunistas
A LISTA

Hoje, cinco países permanecem comunistas, embora adotem alguns aspectos do capitalismo. Eles representam 20% da população mundial.

1. China O Partido Comunista Chinês foi fundado em 1921. Já a República Popular da China, sob a liderança de Mao Tse-Tung, foi iniciada em 1949. População: 1.397.364.000 habitantes.

2. Vietnã Ho Chi Minh declarou o Vietnã um Estado comunista em 1945, ganhando o controle apenas do norte. Todo o país se tornou comunista em 1976. População: 96.479.000 habitantes.

3. Coreia do Norte Passou para o controle soviético após a Segunda Guerra Mundial. Tornou-se um Estado comunista em 1948. População: 25.727.000 habitantes.

4. Cuba Em 1958, Fidel Castro liderou a deposição do governo militar e ditatorial de Cuba. Em seguida, passou a governar como ditador de um país independente e comunista. População: 11.194.000 habitantes.

5. Laos Os revolucionários comunistas tomaram o poder no Laos em 1975. População: 7.271.000 habitantes.

A Revolução Cubana

Foi um movimento para devolver o controle de Cuba ao povo do país. Começou em 1953 e terminou com a derrubada do ditador Fulgêncio Batista em 31 de dezembro de 1958. A impopularidade de Batista, assim como a promessa de tomar terras de proprietários estrangeiros e usar a riqueza de Cuba para oferecer educação e saúde públicas, trouxe amplo apoio da população ao movimento do líder Fidel Castro (sentado, à direita).

Neste cartaz, as pessoas seguram *O Livro Vermelho*, de Mao Tse-Tung, que contém 267 citações do líder chinês.

A China de Mao

Mao Tse-Tung, líder do Partido Comunista Chinês (PCC), passou anos angariando apoio às ideias comunistas no interior da China. Ele foi um herói para muitos cidadãos que acreditavam que o país não estava sendo governado de acordo com os verdadeiros interesses do povo. Assim, Mao liderou seus seguidores em uma revolução contra o governo. Os comunistas venceram a guerra e ele se tornou líder da China em 1949. Após sua morte, em 1976, Deng Xiaoping, que havia lutado ao lado de Mao na revolução, assumiu.

O "BOOM" E A CRISE

Após a Primeira Guerra Mundial, muitas nações do Ocidente viveram um período de "boom". De maneira geral, as pessoas passaram a ganhar mais, gerando mais demanda por produtos e permitindo a fabricação de bens em massa. Isso gerou mais riqueza, mas o "boom" durou pouco. Em 1929 ocorreu uma enorme quebra da bolsa de valores nos Estados Unidos. Essa crise agravou as fragilidades já existentes na economia. Ela marcou o início da Grande Depressão – 10 anos de recessão econômica global.

Os loucos anos 1920

A década que se seguiu à Primeira Guerra Mundial foi uma época de rápidas mudanças no Ocidente. Muitas pessoas experimentaram a riqueza em uma escala nunca antes vista. Vieram novas tendências sociais e culturais, incluindo o surgimento das famosas "melindrosas", termo típico dos anos 1920 usado para se referir ao novo estilo de vida das mulheres jovens. As melindrosas eram constantemente vistas como impetuosas por fazer tudo que fosse tido como um desafio às normas radicais e limitadoras de outros tempos.

A Lei Seca e a era do jazz

Durante os anos de prosperidade, as pessoas às vezes iam a bares para beber e dançar jazz. Essa diversão não era bem-vista por todos. Em 1919, o governo dos Estados Unidos aprovou a chamada Lei Seca, que proibia as pessoas de comprar e vender bebidas alcoólicas. Como consequência, organizações criminosas operavam um tipo de bar chamado *speakeasy*, que vendia bebidas ilegalmente.

As mulheres ocidentais ganharam maior independência depois de terem assumido papéis masculinos durante a Primeira Guerra Mundial.

Os fabricantes publicavam anúncios de seus produtos em jornais e revistas. Este, por exemplo, é dos carros Renault.

Muitas indústrias testemunharam um "boom", pois mais pessoas gastavam dinheiro em seus produtos.

A fabricação em larga escala barateia produtos como automóveis.

CONSULTORA ESPECIALISTA: Margaret C. Rung. **VEJA TAMBÉM:** Revolução Industrial, pp.122-123; Primeira Guerra Mundial, pp.124-125; Sufrágio feminino, pp.126-127; Segunda Guerra Mundial, pp.132-133; Novas tensões, novas esperanças, pp.140-141; Mídias, pp.166-167.

Fatos Fantásticos!

Quando Charles Lindbergh fez o primeiro voo solo do mundo cruzando o Atlântico, mal conseguia ver para onde estava indo! Lindbergh precisava de combustível extra para fazer a viagem de 5.800 quilômetros, logo foram colocados tanques nas asas e sobre seu campo de visão frontal. Dessa forma, o piloto tinha que usar um periscópio para ver para onde estava indo. Todos os acessórios (incluindo rádio e paraquedas) foram deixados de lado para dar lugar ao peso extra do combustível.

Este tipo de avião geralmente tinha cinco assentos – o de Lindbergh tinha apenas um.

Os engenheiros personalizaram o monoplano de Lindbergh especialmente para seu voo.

A Era de Ouro de Hollywood

A década de 1920 foi considerada uma "Era de Ouro" em Hollywood, pois os filmes se tornaram uma forma popular de as pessoas aproveitarem seus momentos de lazer. A era do cinema mudo gerou muitas estrelas famosas, incluindo Stan Laurel e Oliver Hardy – o Gordo e o Magro (foto). O primeiro longa-metragem "falado", um filme com som, foi *O cantor de jazz*, lançado em 1927. Já o personagem Mickey Mouse, da Disney, apareceu pela primeira vez em 1928, no curta *O vapor Willie*.

A ascensão do fascismo

A Grande Depressão ajudou os líderes fascistas a chegarem ao poder na década de 1930. O fascismo é um estilo de governo que se concentra na força de uma nação, e não no bem-estar de seus indivíduos. Na Alemanha, o Partido Nazista de Adolf Hitler prometeu aprimorar a economia e restaurar o orgulho nacional após a derrota do país na Primeira Guerra Mundial. Esse mesmo nacionalismo levou Benito Mussolini ao poder na Itália. As políticas de Hitler estão entre as causas da Segunda Guerra Mundial.

A Grande Depressão

Foi a recessão mais longa e mais grave já vivida pela economia mundial. Começou nos Estados Unidos, em 1929, e se espalhou rapidamente por todo o mundo. O país americano registrou a maior queda de todos os tempos em sua economia e nos salários nos primeiros anos da depressão. As taxas de desemprego aumentaram no planeta inteiro, disseminando a pobreza e a fome.

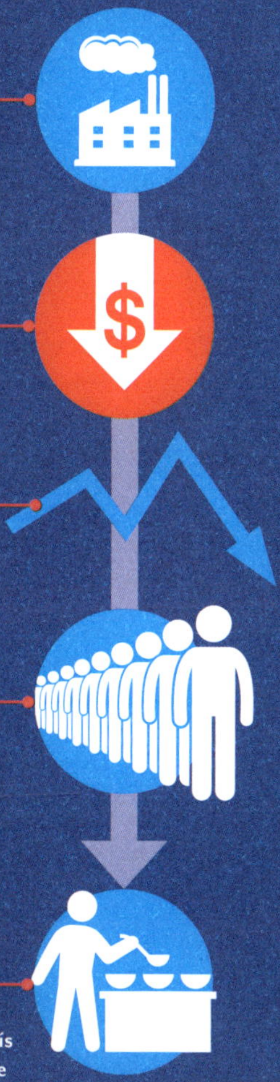

Produção
Entre 1929 e 1933, a produção nas fábricas, minas e serviços públicos americanos caiu quase pela metade.

Poder de compra
A média de poder de compra dos americanos caiu 50%.

Valor de mercado
Os preços das ações nos Estados Unidos caíram para cerca de um sétimo de seu valor antes da crise.

Empregos
O número de americanos desempregados aumentou de 1,4 milhão em 1929 para 10,6 milhões em 1933.

Pobreza
Cozinhas comunitárias foram abertas em todo o país para distribuir pão e sopa de graça às pessoas famintas.

SEGUNDA GUERRA MUNDIAL

Foi a maior e mais sangrenta guerra da história da humanidade. As potências do Eixo – Alemanha, Itália e Japão – lutaram contra os Aliados – França, Reino Unido, Estados Unidos, União Soviética e China. Batalhas ferozes ocorreram em terra, ar e mar, da Europa ao Pacífico, passando pelo Norte da África. Os Aliados queriam impedir que a Alemanha nazista de Adolf Hitler dominasse a Europa. Na arena do Pacífico, depois de invadir a China, o Japão tentou dominar o Leste Asiático e o Sudoeste do Pacífico.

Holocausto

Nos territórios ocupados pelos nazistas, a polícia secreta perseguia os cidadãos judeus, que eram obrigados a usar emblemas que os identificassem. Eles foram mandados para campos de trabalhos forçados e de extermínio. Os nazistas mataram pelo menos 6 milhões de judeus, bem como um grande número de membros do povo Romani, pessoas com deficiência, pessoas LGBT, leste-europeus e outros que consideravam inferiores.

Distância de segurança

As bombas representavam uma ameaça para as crianças, principalmente em cidades como Londres (abaixo), onde eram alvos fáceis. Em toda a Europa, crianças se mudaram para o campo em busca de segurança. A Finlândia lutou contra a vizinha União Soviética de 1939 a 1944. Durante esse período, sob o risco de invasão soviética, 80 mil crianças finlandesas foram levadas para a Suécia e a Dinamarca. A guerra deixou 21 milhões de pessoas desabrigadas – principalmente por causa de bombardeios e da ocupação das terras pelos inimigos.

A guerra na China

O Japão entrou em guerra com a China em 1937, invadindo grandes partes do país. O conflito prosseguiu até 1945. Na China, filmes e cartazes patrióticos insuflavam ânimo nas pessoas e encorajavam a resistência.

Táticas de choque

Os países em guerra desenvolveram novos métodos de combate. As forças alemãs adotaram táticas de Blitzkrieg ("guerra-relâmpago", em alemão), que combinavam ataques de bombardeiros pelo ar com tanques que avançavam rapidamente em terra. Pilotos kamikaze japoneses jogavam seus aviões contra navios dos Aliados para causar o máximo de destruição, suicidando-se. Outra tática-surpresa era disparar torpedos dos submarinos (imagem ao lado).

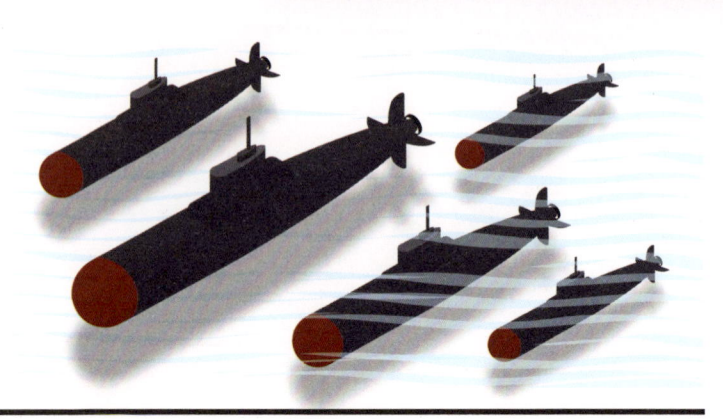

CONSULTOR ESPECIALISTA: Keith Huxen. **VEJA TAMBÉM:** Conflito e guerra, pp.22-23; Revolução Industrial, pp.122-123; Primeira Guerra Mundial, pp.124-125; A ascensão do comunismo, pp.128-129; O "boom" e a crise, pp.130-131; Guerra Fria, pp.134-135.

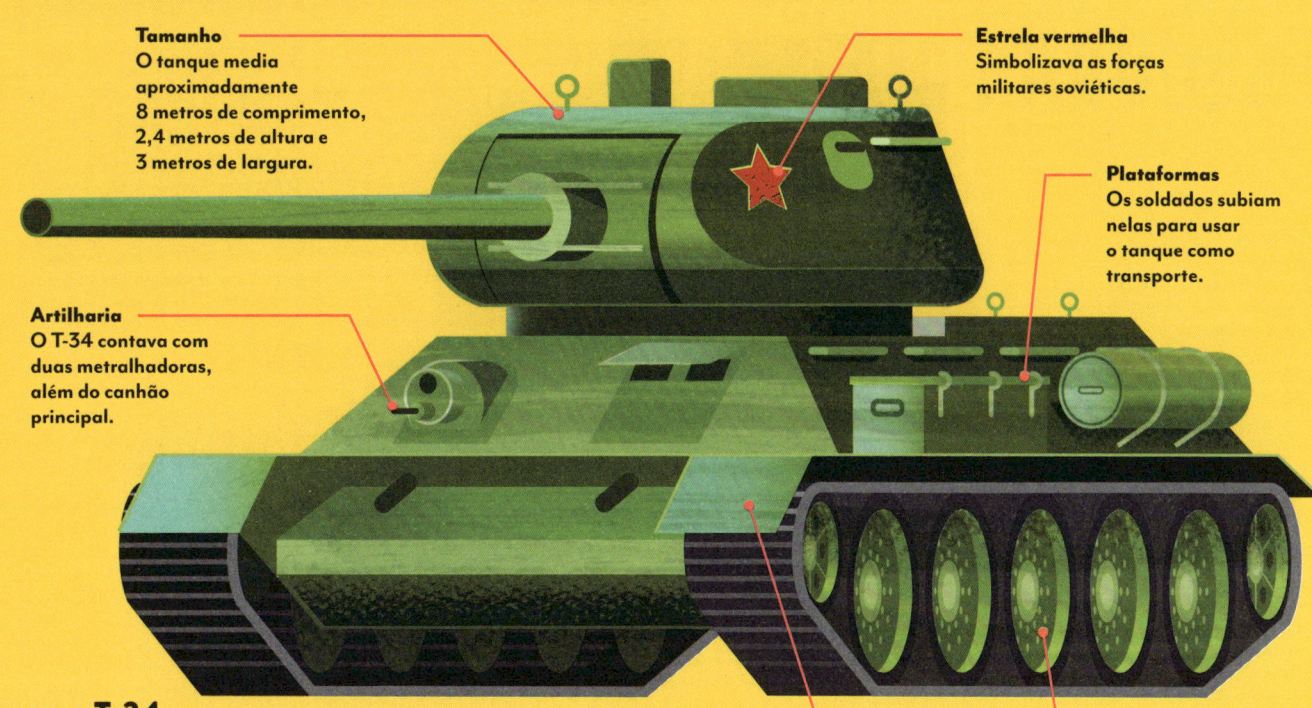

Tamanho
O tanque media aproximadamente 8 metros de comprimento, 2,4 metros de altura e 3 metros de largura.

Estrela vermelha
Simbolizava as forças militares soviéticas.

Plataformas
Os soldados subiam nelas para usar o tanque como transporte.

Artilharia
O T-34 contava com duas metralhadoras, além do canhão principal.

Blindagem inclinada
Ajudava a desviar os tiros do inimigo.

Grande e rápido
Pesando 24 toneladas, o tanque podia se locomover a 54 quilômetros por hora.

Tanque T-34

Durante a Segunda Guerra Mundial, a União Soviética e a Alemanha se dedicaram a desenvolver tanques maiores e mais fortes. Um dos maiores avanços foi a introdução do tanque russo T-34 em 1940. Ele era superior aos Panzers alemães, e um marechal de campo alemão chegou a considerá-lo o "melhor tanque do mundo". Produzido em larga escala – de 40 mil a 60 mil tanques –, o T-34 ajudou a desacelerar e a finalmente parar a invasão da União Soviética pelos alemães.

A bomba atômica

A arma mais letal da guerra foi a bomba atômica. O Japão entrou na guerra na esperança de expandir seu império. Em 1941, os japoneses atacaram uma base americana em Pearl Harbor, no Havaí, fazendo com que os Estados Unidos entrassem no conflito. Em 1945, para forçar a rendição japonesa, aviões americanos lançaram bombas atômicas sobre as cidades de Hiroshima e Nagasaki. Mais de 200 mil pessoas morreram.

Vítimas da Segunda Guerra Mundial

O número de mortos é apenas uma estimativa: varia de 50 milhões a 80 milhões de pessoas, sendo dois terços de civis. Muitas pessoas foram vítimas de execuções políticas e raciais, doenças, fome e afundamentos de navios. Outras nações que não desempenharam papéis tão centrais também perderam muitas vidas. O Brasil, por exemplo, recrutou mais de 25 mil jovens que lutaram contra o Eixo. Os combates brasileiros aconteceram principalmente no território italiano. Desse contingente, 467 homens morreram no conflito.

Milhões:
- 40 milhões de civis de todas as nações
- 8,7 milhões de militares soviéticos
- 6 milhões de judeus vítimas do Holocausto
- 5,5 milhões de militares alemães
- 3 milhões de militares chineses
- 2 milhões de militares japoneses
- 450 mil militares britânicos
- 415 mil militares americanos

GUERRA FRIA

Com o fim da Segunda Guerra Mundial, os Estados Unidos e a Europa Ocidental temiam a propagação das ideias comunistas da União Soviética (URSS) e da China. Ambos os lados tinham desenvolvido armas nucleares, e isso aumentou a tensão. O conflito se tornou uma guerra "fria", porque nenhum dos lados fez uso direto de quaisquer armas, pois a ameaça de destruição mútua já era suficiente – afinal, se uma nação atacasse, a outra contra-atacaria e tudo seria destruído.

Abrigo nuclear

Durante algum tempo depois de uma explosão nuclear, o ar na superfície fica repleto de poeira radioativa nociva. Por isso, algumas empresas anunciaram abrigos subterrâneos para a população. Hoje, sabemos que esses abrigos não poderiam proteger as pessoas da contaminação nuclear.

Mala de emergência presidencial

O presidente americano tem uma pasta de emergência apelidada de "Mala Preta". Contém tudo que é necessário para autorizar um ataque nuclear longe de um centro de comando. Se um inimigo disparar armas nucleares contra os Estados Unidos, o presidente poderá ordenar um contra-ataque sem demora.

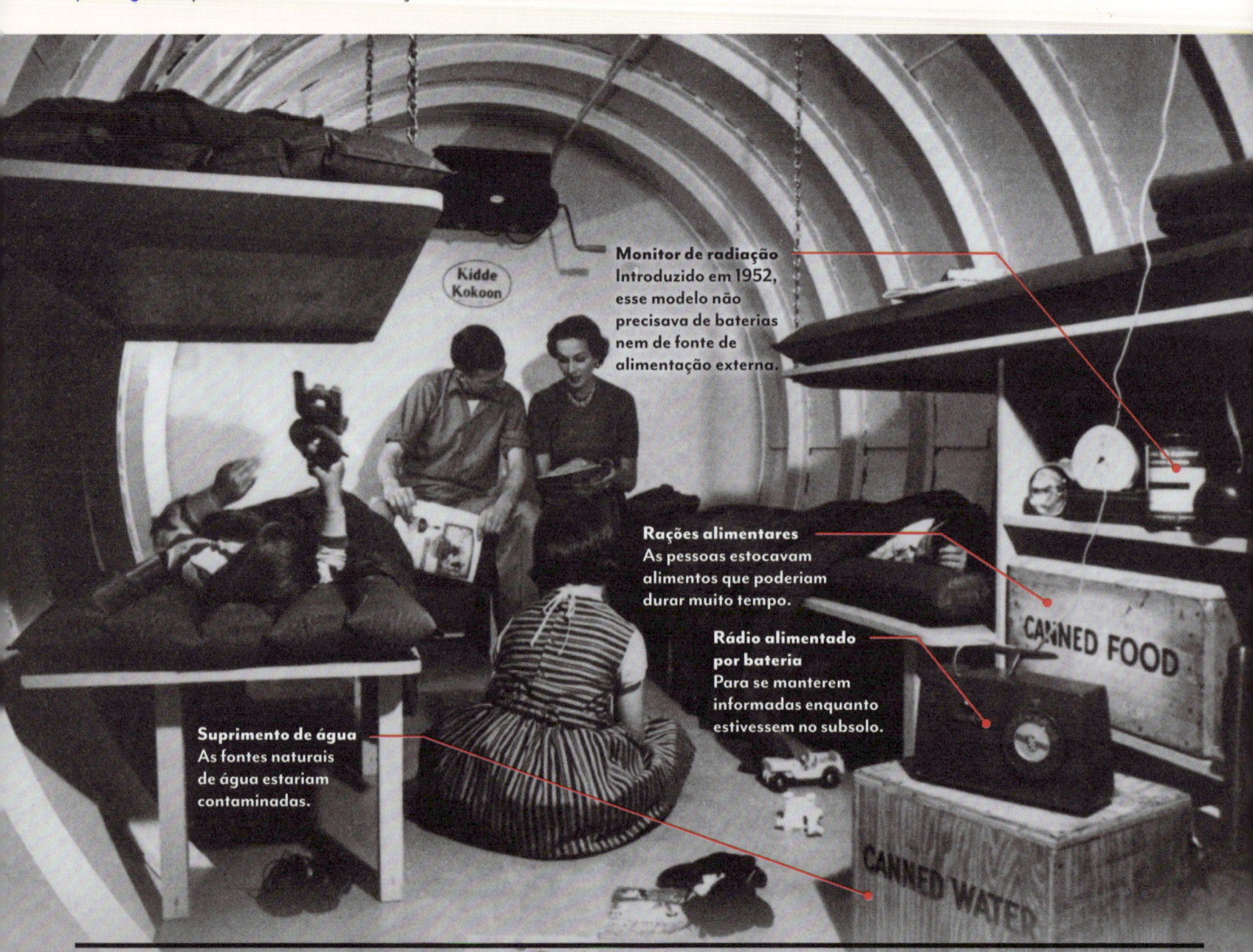

Monitor de radiação
Introduzido em 1952, esse modelo não precisava de baterias nem de fonte de alimentação externa.

Rações alimentares
As pessoas estocavam alimentos que poderiam durar muito tempo.

Rádio alimentado por bateria
Para se manterem informadas enquanto estivessem no subsolo.

Suprimento de água
As fontes naturais de água estariam contaminadas.

CONSULTOR ESPECIALISTA: Henry R. Maar III. **VEJA TAMBÉM:** Conflito e guerra, pp.22-23; A ascensão do comunismo, pp.128-129; Segunda Guerra Mundial, pp.132-133.

Guerras quentes
A LISTA

Uma série de conflitos armados ocorreu em todo o mundo por causa das tensões da Guerra Fria.

1. **Guerra da Coreia (1950-1953)** Cerca de 2,5 milhões de pessoas morreram na guerra entre a Coreia do Norte comunista, apoiada pela União Soviética, e a Coreia do Sul capitalista, que tinha o apoio dos Estados Unidos.

2. **Guerra do Vietnã (1954-1975)** O Vietnã do Norte comunista (apoiado pela URSS e pela China) lutou pelo controle do Vietnã do Sul capitalista (apoiado principalmente pelos Estados Unidos).

3. **Revolução Húngara (1956)** Os húngaros se rebelaram contra a influência soviética. Eles tentaram sair do Pacto de Varsóvia, que os vinculava à URSS. Em resposta, os soviéticos enviaram tropas para deter os rebeldes.

4. **Invasão da Tchecoslováquia (1968)** Os membros do Pacto de Varsóvia mandaram 200 mil homens para tomar o controle da antiga Tchecoslováquia. O governo do país vinha tentando introduzir reformas para dar maior liberdade ao povo.

Corrida espacial

Durante a Guerra Fria, a União Soviética (URSS) e os Estados Unidos competiram na exploração espacial. A URSS não só enviou o primeiro satélite ao espaço (*Sputnik 1*, em 1957), como o primeiro homem (Yuri Gagarin, em 1961) e a primeira mulher (Valentina Tereshkova, em 1963). Em 1969, os Estados Unidos colocaram o primeiro homem na Lua, Neil Armstrong.

Fatos Fantásticos!

Os animais desempenham papéis surpreendentes em missões especiais.
Muitos acreditam que a cadela soviética Laika foi o primeiro animal no espaço, mas moscas, camundongos e macacos já haviam sido enviados antes. Laika foi lançada em 1957 e faleceu após algumas horas em órbita, abrindo caminho para a exploração espacial humana. Além disso, a China utiliza pandas para selar alianças diplomáticas há séculos. Na década de 1950, enviou pandas à União Soviética e à Coreia do Norte. Em 1972, dois pandas foram enviados aos Estados Unidos como sinal de boa vontade.

REVOLUCIONÁRIO

MIKHAIL GORBATCHOV
Líder soviético, nascido em 1931
Privolye, Rússia

Mikhail Gorbatchov foi o último líder da União Soviética, formada por Vladimir Lênin em 1922. Ele introduziu políticas de *glasnost* (transparência) e *perestroika* (reestruturação), que ajudaram a pôr fim ao comunismo na URSS. Suas negociações com os Estados Unidos encerraram a Guerra Fria.

Alemanha reunificada

Dividida em leste comunista e oeste capitalista após a Segunda Guerra, a Alemanha foi palco de tensões durante a Guerra Fria. Em Berlim, um enorme muro separava as zonas comunista e capitalista. Em 1989, com a URSS em declínio, a Alemanha derrubou o muro e se reunificou.

DESCOLONIZAÇÃO

Após a Segunda Guerra Mundial, muitos países sob domínio colonial clamaram por autonomia. Isso significava que eles queriam independência dos impérios que os controlavam, como Reino Unido, França e Holanda. De 1945 a 1970, as regiões recém-independentes incluíam o Sul da Ásia, a maior parte da África, o Sudeste Asiático e o Caribe. Os movimentos de independência tiveram êxito variado. Alguns foram pacíficos, enquanto outros envolveram revolução e guerra.

Emitida em 1946, esta nota ostenta o primeiro presidente indonésio, Sukarno.

Novas moedas

Os países recém-independentes decidiram estabelecer suas identidades nacionais. Uma maneira de fazer isso era criar as próprias moedas. A Indonésia, por exemplo, estava anteriormente sob domínio holandês e utilizava o antigo florim das Índias Orientais Holandesas. Em 1949, ela substituiu o florim pela rupia indonésia.

Gandhi e a divisão da Índia

Mahatma Gandhi liderou o movimento para que a Índia se tornasse independente do Império Britânico. Ele e seus seguidores usaram métodos não violentos, como a recusa de comprar produtos fabricados no exterior, para fazer com que os britânicos aceitassem seus termos. A Índia conquistou a independência em 1947. Em seguida, dividiu-se em duas nações distintas: a Índia propriamente dita, com uma população de maioria hindu, e o Paquistão, com uma população de maioria muçulmana, devido ao aumento da violência entre esses dois grupos religiosos.

Carnaval de Notting Hill

A Lei da Nacionalidade Britânica, de 1948, concedeu cidadania a habitantes do antigo Império Britânico. Portanto, hoje o Reino Unido é lar de muitas pessoas com raízes nas antigas colônias. Algumas promovem eventos para celebrar a cultura de sua terra natal. Todo mês de agosto, por exemplo, caribenhos se vestem para participar do Carnaval de Notting Hill, em Londres – um evento realizado desde 1966.

CONSULTORA ESPECIALISTA: Robtel Neajai Pailey. **VEJA TAMBÉM:** Impérios africanos, pp.100-101; O Império Mogol, pp.108-109; Novos impérios, pp.112-113; Primeira Guerra Mundial, pp.124-125; A ascensão do comunismo, pp.128-129; Segunda Guerra Mundial, pp.132-133; Guerra Fria, pp.134-135; Direitos civis, pp.138-139; Mapa-múndi político, pp.142-143.

A África em 1960

Em 1884, um importante período de colonização teve início na África. No século XX, porém, a descolonização deu origem a nações independentes, 17 delas só em 1960.

Legenda do mapa:
- Países que conquistaram a independência antes de 1960
- Países que conquistaram a independência em 1960
- Territórios ainda não independentes em 1960
- Países que nunca foram colonizados

Localidades indicadas no mapa: Marrocos, Argélia, Tunísia, Saara Espanhol, Departamentos do Saara, Líbia, República Árabe Unida (Egito), Cabo Verde, Mauritânia, Mali, Níger, Chade, Sudão, Eritreia, Senegal, Gâmbia, Guiné Portuguesa, Guiné, Serra Leoa, Libéria, Burkina Faso, Costa do Marfim, Gana, Togo, Benin, Nigéria, Camarões, Fernando Pó, Rio Muni, São Tomé e Príncipe, Gabão, República do Congo, República Centro-Africana, República Democrática do Congo, Somalilândia Francesa, Etiópia, Somália, Uganda, Ruanda-Urundi, Quênia, Tanganica, Zanzibar, Seychelles, Angola, Rodésia do Norte, Niassalândia, Federação da Rodésia e Niassalândia, Moçambique, Comores, Madagascar, Maurícia, Ilha da Reunião, África do Sudoeste, Protetorado de Bechuanalândia, Rodésia do Sul, Suazilândia, Basutolândia, União Sul-Africana.

Luta pela liberdade

Os habitantes da Argélia celebraram sua independência em 1962 (foto), mas tiveram que lutar muito por isso. Os franceses mataram pelo menos 300 mil pessoas antes que os argelinos pudessem governar a si próprios.

Outros países que precisaram lutar pela liberdade foram a Indonésia, que conquistou sua independência da Holanda, e o Vietnã, que se tornou independente da França.

NOTA da especialista!

ROBTEL NEAJAI PAILEY
Especialista em desenvolvimento internacional

Robtel tem interesse em migração, raça e cidadania. Ela analisa as formas pelas quais os negros vivenciam o mundo de forma diferente, principalmente quando viajam ou vivem em países de maioria branca.

"As narrativas do colonialismo continuam a determinar quais os lugares e os espaços onde as pessoas podem transitar e que podem ocupar com base em sua raça."

Movimento dos Direitos Civis nos Estados Unidos

A Guerra Civil dos Estados Unidos acabou com a escravidão, mas não proporcionou aos afro-americanos direitos e oportunidades iguais aos dos brancos. No Sul, a segregação legalizada impedia os cidadãos negros de viver, trabalhar, brincar, fazer compras ou ir à escola junto com os brancos. Leis estaduais e locais dificultaram seus direitos de voto. Mesmo no Norte, eles raramente tinham as mesmas oportunidades que os brancos. A partir da década de 1950, os afro-americanos organizaram o Movimento dos Direitos Civis para exigir que fossem tratados de forma igual. Junto com aliados, organizaram protestos pacíficos em todo o país (incluindo a Marcha sobre Washington de 1963, mostrada aqui). Eles lutaram por seus direitos na Justiça e conquistaram mudanças importantes. Embora a Suprema Corte tenha declarado a segregação ilegal e o Congresso tenha aprovado uma série de leis que protegem os direitos de voto, os afro-americanos continuam a enfrentar desafios nos Estados Unidos até hoje.

Uma vida de liderança
John Lewis era um líder de protesto experiente, presidente do Comitê de Coordenação Estudantil Não Violenta na época da marcha. Ele passou sua vida adulta inteira defendendo a igualdade, inclusive como congressista pelo estado da Geórgia.

O sonho de King
O reverendo Dr. Martin Luther King Jr. liderou a Marcha sobre Washington de 1963, onde proferiu seu famoso discurso "Eu tenho um sonho". Nele, disse que sonhava que seus filhos viveriam para ver um mundo onde as pessoas não fossem "julgadas pela cor da pele, mas pelo conteúdo de seu caráter".

Apoio religioso
Muitos grupos religiosos aderiram ao Movimento dos Direitos Civis. Eugene Carson Blake era o diretor-executivo da Igreja Presbiteriana Unida dos Estados Unidos. Joachim Prinz (de óculos escuros, duas pessoas à direita) era presidente do Congresso Judaico Americano.

DIREITOS CIVIS

Os direitos civis englobam direitos políticos, como o de votar, assim como liberdades sociais e igualdade. Em muitas sociedades, vários grupos não têm os mesmos direitos e privilégios dos demais, sendo discriminados por causa de gênero, etnia, religião ou outros fatores. Nas últimas décadas, grupos organizaram movimentos para exigir direitos civis que lhes eram – e, em alguns casos, continuam a ser – negados.

Ajoelhados
Desde agosto de 2016, alguns atletas americanos têm protestado contra o racismo e a violência policial ajoelhando-se durante o hino nacional antes de uma partida – um ato que chama atenção para sua mensagem. O astro do futebol americano Colin Kaepernick (foto) foi o primeiro a usar essa forma de protesto não violento.

CONSULTOR ESPECIALISTA: Jeff Wallenfeldt. **VEJA TAMBÉM:** Crenças religiosas, pp.20-21; Os primeiros australianos, pp.52-53; Escravidão nas Américas, pp.116-117; Sufrágio feminino, pp.126-127; Segunda Guerra Mundial, pp.132-133.

Fatos Fantásticos!

A Segunda Guerra Mundial alimentou o movimento pelos direitos civis nos Estados Unidos. Cerca de 1,2 milhão de afro-americanos serviram em unidades racialmente segregadas durante a guerra – muitos deles com honras. Os Tuskegee Airmen voaram em 1.578 missões, destruíram 261 aeronaves inimigas e ganharam mais de 850 medalhas. Tendo lutado contra o racismo dos nazistas, os afro-americanos sentiram que era mais cruel do que nunca serem discriminados no próprio país.

REVOLUCIONÁRIO

NELSON MANDELA

Presidente, mandato de 1994 a 1999

Mvezo, província do Cabo, África do Sul

Nelson Mandela aderiu ao movimento para acabar com o apartheid, um sistema que discriminava os negros sul-africanos. Preso por seus protestos, tornou-se um símbolo dessa luta. Quando as leis do apartheid foram revogadas, saiu da prisão e se tornou o primeiro presidente negro da África do Sul.

"Se for preciso, esse é um ideal pelo qual estou disposto a morrer."

Direitos dos indígenas

Os povos indígenas das Américas, Austrália, África, Ásia e Europa há muito lutam pela igualdade de tratamento em seus lares ancestrais e pelo respeito por seus lugares sagrados. O povo australiano anangu obteve uma grande vitória em 2019, quando o governo concordou que turistas se mantivessem afastados de Uluru, uma formação rochosa sagrada.

90% dos trabalhadores em regime forçado são *dalits*.

78% dos *dalits* não têm casa com paredes de tijolo ou concreto.

20% não têm acesso a fontes seguras de água.

66% não têm banheiro em casa.

A casta registrada da Índia

O sistema hindu de castas divide a sociedade em cinco grupos na Índia. Os membros de classificação mais baixa, a casta registrada, são amplamente conhecidos como *dalits*. Eles têm sido historicamente tratados como inferiores e só eram autorizados a ter os empregos menos desejáveis. A discriminação se tornou ilegal em 1949, mas continua. De acordo com o censo de 2011, mais de 200 milhões de *dalits* vivem na Índia, muitos deles na pobreza.

Direitos LGBTQIA+

O movimento pelos direitos LGBTQIA+ surgiu na década de 1970 e tem havido progresso ao longo dos anos, especialmente no Ocidente. As vitórias incluem a legalização do direito de amar, casar e adotar filhos. Em muitas cidades, o evento anual do Orgulho celebra as liberdades LGBTQIA+ e renova as exigências por direitos pelos quais a comunidade ainda luta.

NOVAS TENSÕES, NOVAS ESPERANÇAS

No fim do milênio passado, a humanidade estava mais conectada globalmente. No entanto, muitas pessoas também permaneceram divididas, lutando por território e recursos devido a diferenças étnicas e religiosas. No início do século XXI, aumentaram as tensões por causa das economias em apuros e de ameaças crescentes ao meio ambiente. Apesar desses desafios, novos pioneiros surgiram para nos dar esperança para o futuro.

O 11 de Setembro e a ascensão do terrorismo

Em 11 de setembro de 2001, o grupo extremista islâmico Al-Qaeda orquestrou quatro ataques nos Estados Unidos, que mataram 2.977 pessoas. Dois desses ataques aconteceram na cidade de Nova York, onde terroristas lançaram aviões contra as torres do World Trade Center. O então presidente dos Estados Unidos, George W. Bush, convocou uma "Guerra ao Terror" global. O século XXI presenciou mais ataques desse tipo, embora não nessa escala.

CONSULTOR ESPECIALISTA: Jeff Wallenfeldt. **VEJA TAMBÉM:** Crenças religiosas, pp.20-21; Educação, pp.38-39; Sufrágio feminino, pp.126-127; Direitos civis, pp.138-139; Cidades, pp.162-163; Desafios ambientais, pp.174-175; Os efeitos das alterações climáticas, pp.180-181; Contendo as alterações climáticas, pp.182-183; Cidades do amanhã, pp.188-189.

Gigantes da tecnologia

Em 2018, a Apple se tornou a primeira empresa de capital aberto – cujas ações são livremente negociadas na bolsa de valores – a alcançar o valor de 1 trilhão de dólares. Amazon, Microsoft e Alphabet (controladora do Google) vieram logo em seguida. Esse marco simbolizou a influência cada vez maior de um pequeno número de grandes empresas, algumas das quais são hoje mais ricas e poderosas do que muitos países. Por causa disso, alguns ativistas (pessoas que lutam por mudanças sociais ou políticas) apelam a essas empresas para que atuem em questões como direitos humanos e privacidade.

Falando abertamente

No Paquistão, o movimento extremista Talibã impedia que meninas frequentassem a escola. Malala Yousafzai, uma menina de 11 anos de Suate, no norte do Paquistão, escrevia um blog sobre a vida sob o regime Talibã. Quando ela tinha 15 anos, um homem armado do Talibã deu um tiro na cabeça de Malala na tentativa de silenciá-la. Ela sobreviveu e hoje é ativista pela educação feminina. Em 2014, recebeu o Nobel da Paz por seu trabalho.

Fatos Fantásticos!

Até 2050, mais de dois terços da população mundial viverão em cidades. Até 2030, a estimativa é que mais de 40 cidades se tornarão "megacidades", com populações superiores a 10 milhões. A maior megacidade da atualidade, Tóquio, tem cerca de 37 milhões de habitantes – aproximadamente o mesmo número de pessoas que vivem no Canadá. As cidades têm muitas vantagens. Os serviços básicos – fornecimento de água e eletricidade, sistemas de educação e de transporte – são mais eficientes quando as pessoas vivem próximas. No entanto, o rápido crescimento da população pode levar à superlotação e ao risco de pandemias.

Cada vez mais verde

A destruição das florestas (desmatamento) ameaça os habitats dos animais e é uma das principais causas do aquecimento global. No século XXI, muitos países começaram a fazer um reflorestamento – o plantio de novas árvores para recompor áreas florestais. Por exemplo, em julho de 2019 os etíopes plantaram 350 milhões de árvores em todo o país em apenas 12 horas.

MAPA-MÚNDI POLÍTICO

O mundo hoje é composto por 193 países reconhecidos pela Organização das Nações Unidas (ONU), que foi fundada em 1945 e trabalha pela paz, pela segurança e pelos direitos humanos globais. Essa quantidade poderá mudar no futuro, à medida que alguns Estados buscam sua independência, tal como outros o fizeram no passado. Tornar-se um país reconhecido é bastante complexo. Nem todos concordam com nomes e fronteiras para si ou para outros.

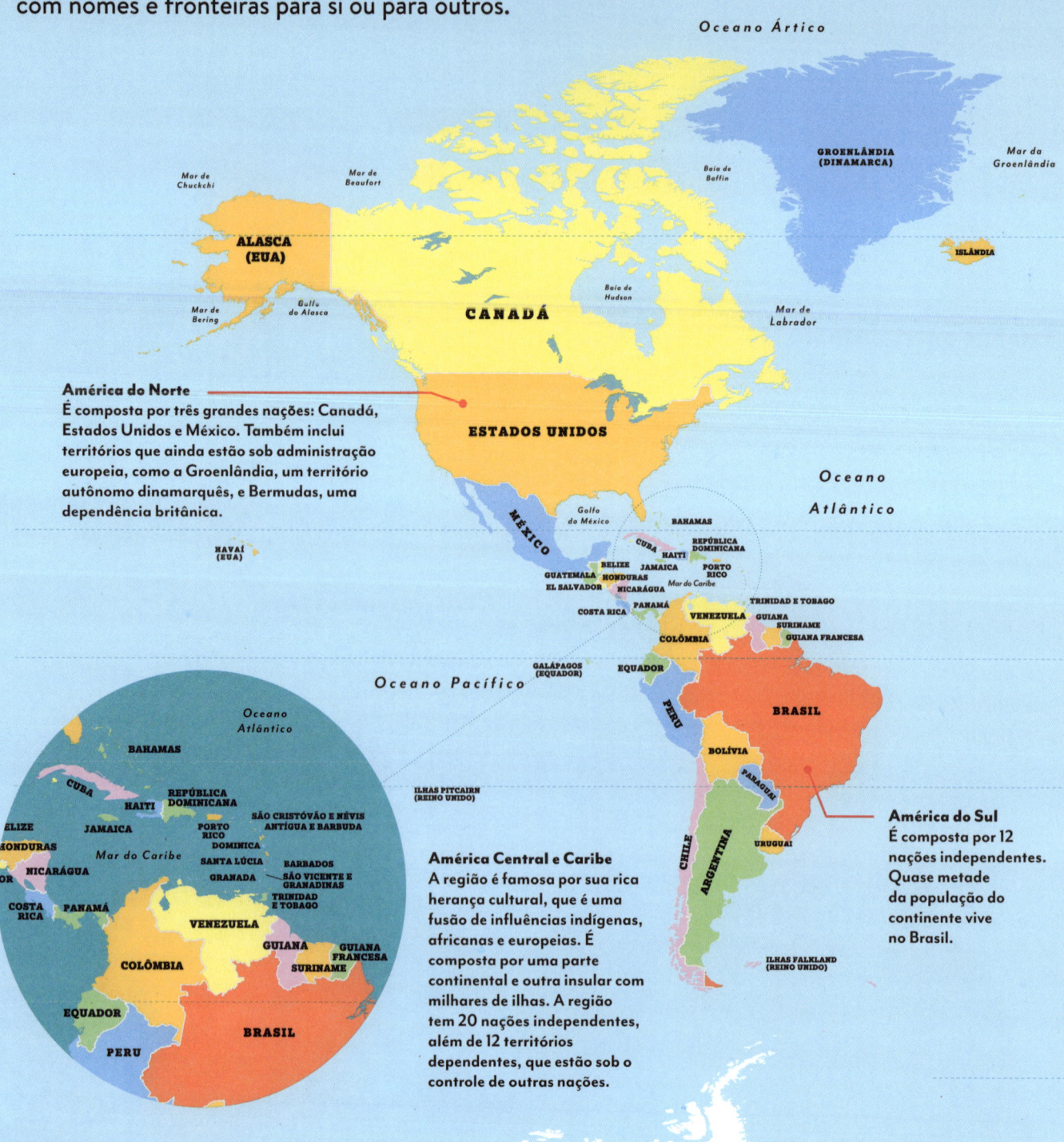

América do Norte
É composta por três grandes nações: Canadá, Estados Unidos e México. Também inclui territórios que ainda estão sob administração europeia, como a Groenlândia, um território autônomo dinamarquês, e Bermudas, uma dependência britânica.

América Central e Caribe
A região é famosa por sua rica herança cultural, que é uma fusão de influências indígenas, africanas e europeias. É composta por uma parte continental e outra insular com milhares de ilhas. A região tem 20 nações independentes, além de 12 territórios dependentes, que estão sob o controle de outras nações.

América do Sul
É composta por 12 nações independentes. Quase metade da população do continente vive no Brasil.

CONSULTOR ESPECIALISTA: Jeremy Crampton. **VEJA TAMBÉM:** Era das Explorações, pp.106-107; Novos impérios, pp.112-113; Era das Revoluções, pp.118-119; Segunda Guerra Mundial, pp.132-133; Descolonização, pp.136-137.

Europa

Dos 44 países que compõem o continente europeu, 27 fazem parte da União Europeia (UE). Essa união política e econômica foi criada para promover a paz, a democracia e a cooperação europeias após a Segunda Guerra Mundial. Hoje, 500 milhões de pessoas vivem na UE, falando 24 línguas oficiais. O Reino Unido deixou a União Europeia em janeiro de 2020.

Ásia

Maior continente do planeta, abriga 61% da população mundial em 47 países; 1,44 bilhão de pessoas vivem somente na China.

África

Hoje, o continente habitado há mais tempo do mundo tem 54 países – mais do que qualquer outro continente.

Antártida

É o continente mais frio e mais seco. Por conta de suas condições climáticas, praticamente não tem população permanente, embora tenha uma população provisória de alguns milhares de pessoas, entre cientistas e pessoal de apoio nas bases polares.

Oceania

Seus 14 países estão espalhados por muitas ilhas do Oceano Pacífico. O maior e mais populoso é a Austrália.

Tempos Modernos
PERGUNTE AOS ESPECIALISTAS!

CINDY ERMUS
Historiadora

O que há de surpreendente na sua área?
Existem tantas surpresas na História! Por exemplo, você sabia que o famoso cientista Tycho Brahe perdeu o nariz em um duelo e teve que usar um falso pelo resto da vida?

Do que você gosta no seu trabalho?
Ser historiadora é divertido porque é muito parecido com ser detetive. Você tem que descobrir o que aconteceu no passado coletando evidências em cartas antigas, diários, livros, jornais, objetos e todo tipo de material. Você também aprende sobre as coisas malucas que ocorreram. Estudar História é importante porque percebemos como chegamos ao presente. A História está repleta de lições importantes que podemos levar para o futuro.

ETANA H. DINKA
Historiador

Qual é a sua área de pesquisa?
Estudo a história africana, principalmente os processos históricos que deram origem aos Estados, economias, sociedades e políticas modernas. Meu foco de investigação tem sido a Etiópia imperial, sua criação e sobrevivência, e seu lugar na história africana. O envolvimento com esses temas é vital, porque nos ajuda a compreender melhor a história da humanidade.

Do que você gosta no seu trabalho?
Ele é fascinante porque os historiadores observam como o presente se desenvolveu e têm o privilégio de moldar a forma como o passado é compreendido. É preciso trabalho duro, além de estudo rigoroso e constante, para servir de ponte entre o passado e o presente. Eu gosto dessa mistura.

TAYMIYA R. ZAMAN
Historiadora

O que você mais quer descobrir?
Adoro ler o que as pessoas do passado escreveram, só que geralmente apenas pessoas poderosas e instruídas eram capazes de fazer isso. Tenho interesse em estudar a vida dos que não conseguiram escrever sobre si mesmos. Por exemplo, em vez de deixar livros, as mulheres às vezes transmitiam histórias oralmente aos netos, ou por meio de mantas costuradas que permanecem na família passadas cem anos, ou apenas deixavam silêncio, e só sabemos que existiram porque aparecem como uma linha ou duas no livro de outra pessoa.

O que há de surpreendente na sua área?
É sempre inesperado poder nos relacionar com alguém do passado. Uma das minhas personagens favoritas da história é Babur, o fundador do Império Mogol. Ele sentiu saudades de casa enquanto viajava, teve vergonha de sua primeira paixão e julgou outras pessoas por escreverem poemas ruins. Ao mesmo tempo, vivia em um mundo em que alguém poderia ser coroado rei aos 12 anos, comandar um exército ainda na adolescência e ser visto como uma divindade pelas pessoas que governava.

Tempos modernos
QUIZ

1) **Os reis cristãos da Etiópia ligavam suas famílias a que figura bíblica?**
   a. Moisés
   b. Salomão
   c. Davi
   d. Abraão

2) **O Reino Axânti existiu no território de qual país africano?**
   a. Mali
   b. Marrocos
   c. Gana
   d. Tanzânia

3) **Que explorador europeu morreu lutando contra povos indígenas nas Filipinas?**
   a. Fernão de Magalhães
   b. Cristóvão Colombo
   c. Hernán Cortés
   d. Francisco Pizarro

4) **Koh-i-Noor é um _____ indiano famoso.**
   a. Diamante
   b. Palácio
   c. Ícone
   d. Templo

5) **Qual imperador mogol ordenou a construção do Taj Mahal?**
   a. Aquebar, o Grande
   b. Babur
   c. Xá Jahan
   d. Jahangir

6) **O imperador mogol Aquebar, o Grande, possuía quantos elefantes?**
   a. 101
   b. 201
   c. 301
   d. 401

7) **Qual é o nome do famoso navio que primeiro levou os colonizadores ingleses para Plymouth, Massachusetts?**
   a. *Golden Hind*
   b. *Cutty Sark*
   c. *Mayflower*
   d. *Flower Pot*

8) **Qual dos anos abaixo é frequentemente citado como o Ano das Revoluções?**
   a. 1812
   b. 1830
   c. 1848
   d. 1918

9) **Qual país foi a primeira república negra independente do mundo?**
   a. Brasil
   b. Libéria
   c. Quênia
   d. Haiti

10) **Em 1816, o médico francês René Laënnec inventou o primeiro:**
    a. Estetoscópio
    b. Êmbolo
    c. Anestésico
    d. Dispositivo antirronco

11) **A Croix de Guerre, uma das mais altas condecorações militares da França, foi concedida a qual animal pelos serviços prestados durante a Primeira Guerra Mundial?**
    a. Cachorro
    b. Pombo-correio
    c. Elefante
    d. Cavalo

12) **Qual foi o primeiro país a dar o direito de voto às mulheres?**
    a. México
    b. Alemanha
    c. Nova Zelândia
    d. Japão

13) **Mickey, personagem de Walt Disney, apareceu pela primeira vez em qual filme?**
    a. *A festa de aniversário*
    b. *O vapor Willie*
    c. *O mágico Mickey*
    d. *A viagem do camundongo*

14) **Em 2018, qual empresa americana se tornou a primeira a valer mais de 1 trilhão de dólares?**
    a. Microsoft
    b. Apple
    c. Facebook
    d. Amazon

RESPOSTAS: 1) b, 2) c, 3) a, 4) a, 5) c, 6) a, 7) c, 8) c, 9) d, 10) a, 11) b, 12) c, 13) b, 14) b

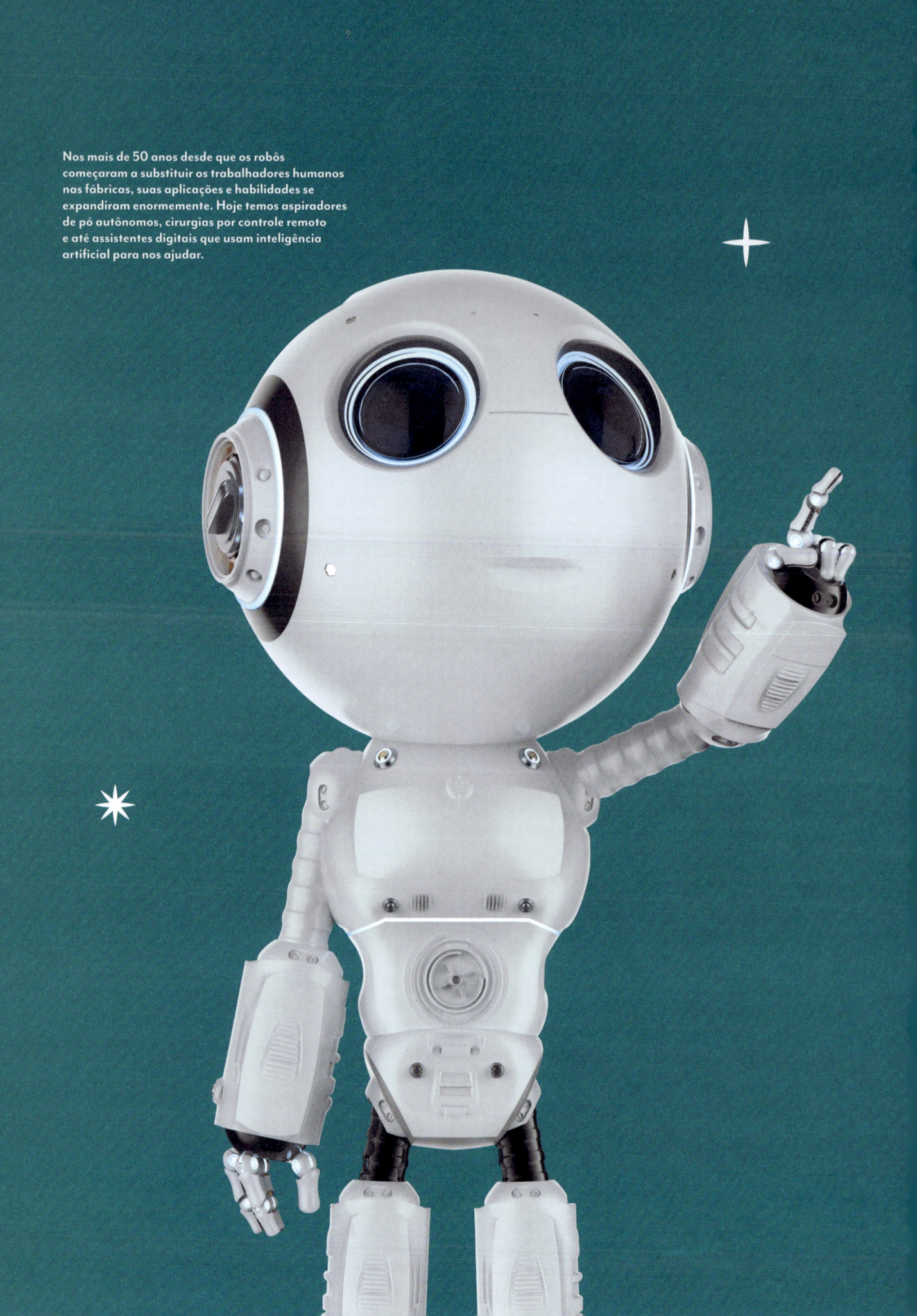

Nos mais de 50 anos desde que os robôs começaram a substituir os trabalhadores humanos nas fábricas, suas aplicações e habilidades se expandiram enormemente. Hoje temos aspiradores de pó autônomos, cirurgias por controle remoto e até assistentes digitais que usam inteligência artificial para nos ajudar.

CAPÍTULO 4
HOJE E AMANHÃ

Finalmente chegamos ao mundo familiar que nos rodeia. Nosso precioso planeta, onde vivem mais de 8 bilhões de pessoas, está repleto de cidades gigantes. Satélites orbitam a Terra, nos proporcionando conectividade constante. Todos os dias, a internet oferece notícias, compras e entretenimento a mais de 4 bilhões de pessoas. E os pesquisadores estão sempre descobrindo novas formas de tornar nossas vidas mais longas e saudáveis.

Mas esses avanços têm um preço. Nossa sede por tudo, desde carros e aviões até a alta-costura, provocou um excesso de plástico, a escassez de água potável e o aumento da desigualdade. O clima do planeta está cada vez mais quente e o nosso mundo interconectado é o terreno fértil perfeito para um antigo inimigo humano: as doenças.

E, assim, ficamos cara a cara com o maior de todos os desconhecidos a ser desbravado: o que o futuro nos reserva? Será que governos e cientistas serão capazes de nos proteger de futuras pandemias? Os engenheiros vão conseguir deter as alterações climáticas? Talvez sua geração seja aquela que encontrará uma forma de os humanos e o resto das preciosas criaturas da Terra prosperarem no futuro.

UM SÓ MUNDO

A população mundial continua a aumentar – de 1 bilhão de pessoas em 1800 para 8 bilhões hoje –, exercendo cada vez mais pressão sobre os recursos do nosso planeta. Estamos mais conectados do que jamais estivemos. A internet facilita a comunicação com outros usuários em qualquer lugar em um instante. O comércio prospera para além das fronteiras nacionais. Diferentes culturas e pessoas podem facilmente se misturar, e ideias e recursos são frequentemente compartilhados. No entanto, nesse mundo interconectado, doenças também podem se espalhar rapidamente pelos continentes.

Pandemias

Doenças infecciosas, como as causadas por vírus, podem se disseminar muito depressa. Quando uma doença se espalha por grandes regiões do planeta, como a covid-19, provoca uma pandemia. Os governos podem tentar travá-la testando indivíduos, rastreando os contatos de casos individuais e fechando fronteiras e locais onde as pessoas socializam. Em 2020, o governo chinês construiu dois novos hospitais em menos de 12 dias para tratar pacientes com covid-19. O Hospital de Huoshenshan (abaixo) foi construído em Wuhan, a origem do surto. E não foi apenas na China que hospitais foram erguidos da noite para o dia. Em todo o mundo, os sistemas de saúde ficaram pressionados com a superlotação. Operações semelhantes às de guerra foram montadas em hospitais de campanha. Praças públicas, ginásios e estádios esportivos passaram a abrigar estruturas hospitalares provisórias.

Esforço internacional

Cientistas chineses descobriram e partilharam a sequência genética do vírus causador da covid-19 em janeiro de 2020. Com essa informação, cientistas de todo o mundo puderam estudar o vírus. Graças à rápida colaboração internacional e aos avanços da ciência, os primeiros imunizantes contra a doença foram desenvolvidos em tempo recorde. Em menos de um ano, vacinas eficazes e seguras foram criadas, testadas e aprovadas, destacando o poder da ciência e a importância da cooperação global na luta contra pandemias. Mesmo com todo esse esforço, milhões de pessoas perderam suas vidas.

Dezenas de escavadeiras limpam o terreno para o Hospital de Huoshenshan.

Milhões de pessoas assistiram à construção do hospital em transmissões de vídeo ao vivo.

CONSULTORA ESPECIALISTA: Charlotte Greenbaum. **VEJA TAMBÉM:** O corpo humano, pp.6-7; DNA e genética, pp.8-9; Mapa-múndi político,

Empresas multinacionais

À medida que o mundo se tornou mais conectado, algumas empresas se tornaram conhecidas como multinacionais. O McDonald's é uma delas: presente em mais de 110 países, é uma das marcas mais famosas do mundo. Embora este letreiro esteja escrito em árabe, qualquer pessoa que não sabe o idioma reconhece imediatamente os arcos dourados.

Vendo o mundo

As pessoas viajam por vários motivos. Algumas procuram escapar do calor e conhecer a neve; outras visitam cidades estrangeiras e locais históricos. As companhias aéreas de baixo custo (*low-cost*) tornaram os voos mais acessíveis e o turismo nacional e internacional passou a ser um importante negócio.

Comunicação

Mais de 50% da população mundial utilizam a internet. Por meio das redes sociais e dos aplicativos, podemos nos conectar com pessoas de outros países. As videochamadas nos permitem falar pessoalmente sem sair de casa. Com o aumento da velocidade da rede, é possível fazer o download de arquivos, filmes e jogos cada vez maiores. Mas ainda há muito trabalho a ser feito para garantir que todos tenham acesso à internet.

REVOLUCIONÁRIO

STEVE JOBS
Estados Unidos

Empreendedor, viveu de 1955 a 2011

O inovador Steve Jobs fundou a Apple e ajudou a popularizar o computador pessoal. O lançamento do iPhone, o smartphone da Apple, com recurso *touch-screen* em 2007 – uma combinação de celular e computador com acesso sem fio à internet – transformou a forma como as pessoas se comunicam. A Apple virou uma das empresas mais bem-sucedidas do mundo.

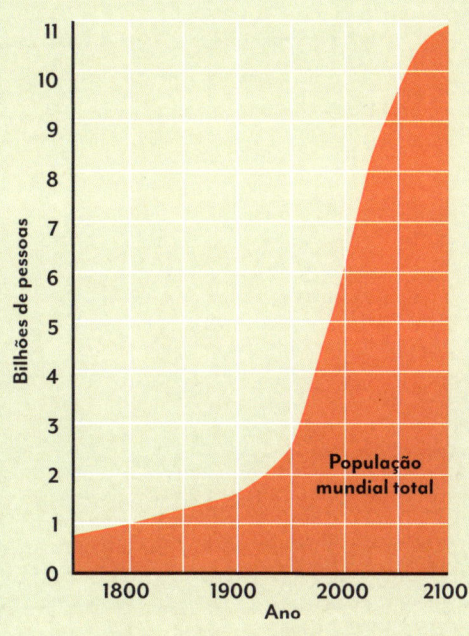

Crescimento da população mundial

O número de seres humanos na Terra cresceu rapidamente nos últimos dois séculos. Com os avanços médicos e a melhoria das condições de vida, pessoas em todo o mundo podem viver mais e melhor. No entanto, esse crescimento populacional provoca uma superlotação, tornando mais escassos recursos como alimentos, água e eletricidade. Os especialistas estimam que a população mundial vai parar de aumentar e se estabilizar em 2100, atingindo um pico de cerca de 11 bilhões.

QUALQUER COISA, EM QUALQUER LUGAR

Os países compram e vendem bens e matérias-primas entre si. Isso é chamado de comércio internacional. Enormes navios porta-contêineres como este transportam bilhões de toneladas de carga pelo mundo todos os anos. Eles carregam e descarregam em portos de águas profundas, com grandes áreas de armazenamento. A invenção do contêiner de carga, uma caixa retangular do tamanho de um ônibus onde se colocam as mercadorias, tornou o transporte marítimo mais rápido e barato. Os contêineres podem ser movidos facilmente dos navios para caminhões e trens. Atualmente, existem mais de 5 mil navios porta-contêineres no mundo.

Os contêineres são içados do cais para o navio por enormes guindastes.

Cerca de 11% de todas as mercadorias transportadas por via marítima são carregadas em contêineres.

A todo momento existem mais de 20 milhões de contêineres no mar.

Os motores do navio podem ter até 17 metros de altura (a altura de três girafas) e são mil vezes mais potentes que o motor de um carro.

CONSULTOR ESPECIALISTA: Richard Meade. **VEJA TAMBÉM:** Um só mundo, pp.148-149; Desigualdade, pp.152-153.

Os contêineres são carregados com mercadorias, desde alimentos até televisores. Cada um pode pesar até 30 toneladas – o equivalente a cinco elefantes. Eles são empilhados um em cima de outro.

Alguns contêineres são refrigerados para transportar alimentos, como frutas e legumes.

Perdido no mar

Em 1992, um contêiner com brinquedos de plástico caiu no Oceano Pacífico no caminho da China para os Estados Unidos. As correntes oceânicas espalharam os 28 mil brinquedos, como patos amarelos, castores vermelhos, tartarugas azuis e sapos verdes. Ao longo de muitos anos, alguns foram levados para o sul, até a Austrália, outros para o Ártico, até a costa do Maine, e para oeste, até a Escócia.

Também são armazenados contêineres no casco. Eles se encaixam em estruturas internas para impedir que se mexam muito quando o navio está em alto-mar.

A capacidade dos navios é medida em TEUs. Um TEU (Twenty-foot Equivalent Unit, ou Unidade Equivalente a 20 Pés) é uma medida-padrão para contêineres. Um contêiner de 20 pés (aproximadamente 6 metros) equivale a 1 TEU. Os maiores navios podem carregar até 23 mil TEUs.

DESIGUALDADE

Nem todas as pessoas têm acesso aos mesmos recursos. Nos países mais pobres, muitas crianças não conseguem permanecer na escola ou receber uma boa educação e algumas vivem aglomeradas e sem acesso a água potável. Mesmo nos países ricos, onde a maioria das pessoas tem o suficiente para viver, algumas ganham muito pouco. E os rendimentos não são partilhados de forma equilibrada: mais de 40% da riqueza mundial está concentrada nas mãos de apenas 1% da população.

Ricos e pobres

Algumas pessoas pobres vivem em países ricos e algumas pessoas ricas vivem em países pobres. Esta fotografia de São Paulo, no Brasil, mostra apartamentos de luxo com piscinas ao lado de favelas lotadas, cujas casas têm telhados de zinco. Alguns moradores das favelas não têm acesso a água encanada ou eletricidade.

CONSULTORA ESPECIALISTA: Charlotte Greenbaum. **VEJA TAMBÉM:** Direitos civis, pp.138-139; Novas tensões, novas esperanças, pp.140-141; Um só mundo, pp.148-149; Os megarricos, pp.160-161; Cidades, pp.162-163; Desafios ambientais, pp.174-175; Contendo as alterações climáticas, pp.182-183.

Salários iguais para trabalhos iguais

Homens e mulheres nem sempre recebem a mesma remuneração por seu trabalho. Isso acontece até com estrelas do tênis, como Serena Williams e Roger Federer. Ao longo da história moderna, as mulheres normalmente receberam menos que os homens, ainda que desempenhassem as mesmas funções. No Brasil, elas ganham, em média, cerca de 79,6% do que eles ganham. Isso é chamado de disparidade de gênero, mas, felizmente, tem diminuído pouco a pouco. Alguns países, como a Dinamarca e a Noruega, criaram leis tentando reduzir as diferenças salariais entre homens e mulheres.

Acesso à saúde

Em geral, países mais ricos possuem serviços de saúde mais avançados que os dos países mais pobres. No entanto, os cuidados médicos podem ser caros, como acontece nos Estados Unidos, onde muitas pessoas têm dificuldades em obter assistência. Um estudo de 2020 estima que 68 mil americanos poderiam ser salvos por ano se tivessem acesso gratuito aos cuidados de saúde. Em contraste, em alguns lugares, como no Brasil, a maior parte dos serviços de saúde é financiada por impostos públicos e oferecida gratuitamente aos residentes, sejam eles ricos ou pobres.

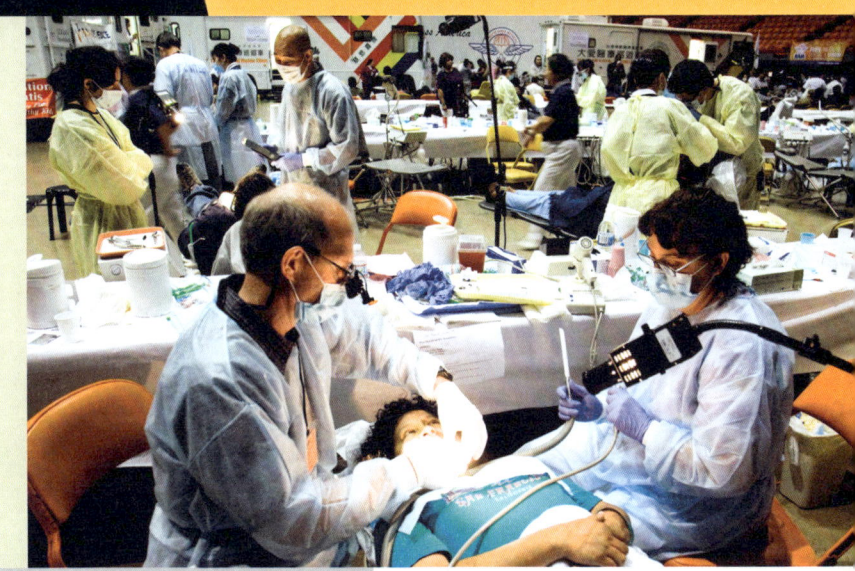

Desigualdade hídrica

A desigualdade hídrica é um desafio global, com muitas pessoas sem acesso à água potável e saneamento básico. Para enfrentar problemas como esses, a Agenda 2030 da ONU inclui os Objetivos de Desenvolvimento Sustentável (ODS), que são metas globais para erradicar a pobreza, proteger o planeta e garantir paz e prosperidade. O ODS de número 6 visa "garantir a disponibilidade e a gestão sustentável da água e do saneamento para todos". Atualmente, 1 em cada 4 pessoas no mundo não tem água potável gerida de forma segura e 2 em cada 5 não têm saneamento gerido de forma segura.

Grande parte da população indiana sofre com infraestrutura inadequada para abastecimento de água e saneamento.

Pobreza mundial

Cerca de 10% da população mundial vivem com menos de 10 reais por dia, um valor que não dá para comprar nem duas barras de chocolate. Quase metade da população mundial vive com menos de 30 reais por dia. Felizmente, desde 1990 o número de pessoas vivendo em extrema pobreza caiu 35%.

153

ALIMENTANDO O MUNDO

A maioria das pessoas depende de agricultores para obter alimentos. Só que, com 8 bilhões de pessoas no planeta, é um desafio garantir que haja comida suficiente para todos. Mais de 820 milhões de pessoas não têm o bastante, e esse número poderá aumentar. O mundo produz alimentos suficientes para todos, mas desperdiçamos cerca de um terço deles – nos processos de transporte ou armazenamento e também em nossas casas. É vital parar com esse desperdício, mas precisamos também explorar novas fontes de alimento, bem como formas alternativas de agricultura.

Comendo insetos

Os humanos comem insetos há séculos. No mundo todo, cerca de 2 bilhões de pessoas os consomem com regularidade. Insetos comestíveis, como a larva-da-farinha ou tenébrio (abaixo), são nutritivos e podem ser cultivados em grande número. Nem todos apreciam comer insetos, mas eles podem ser saborosos. As pessoas dizem que as larvas-da-farinha torradas têm gosto de castanhas, enquanto os grilos são como pipoca.

Guardando sementes em segurança

O que aconteceria se algumas variedades de plantas morressem devido a doenças ou a uma guerra nuclear? Como as pessoas sobreviveriam? A resposta pode estar no Banco Mundial de Sementes, na Noruega, que contém mais de um milhão de variedades de sementes – desde milho até tomates. Nas profundezas de uma montanha, o banco armazena a maior coleção congelada de variedades de plantas do mundo.

Carne e laticínios

Muitos de nós obtemos proteínas essenciais em nossa dieta a partir de carne e laticínios, mas os animais de criação podem ser prejudiciais ao meio ambiente. As vacas, por exemplo, emitem grandes quantidades de metano quando arrotam e soltam flatulências. Esse é um gás do efeito estufa, que retém calor e contribui para o aquecimento global. Se comêssemos menos carne e criássemos menos vacas, poderíamos reduzir os gases e ajudar a impedir as alterações climáticas. Por exemplo, se cada habitante dos Estados Unidos comesse um hambúrguer a menos por semana durante um ano, o efeito seria semelhante ao de retirar 10 milhões de carros de circulação.

Uma única vaca pode produzir até 180 quilos de metano por ano.

CONSULTORA ESPECIALISTA: Melissa Petruzzello. **VEJA TAMBÉM:** Comida e cozinha, pp.16-17; Desigualdade, pp.152-153; Energia para o planeta, pp.156-157; Cidades, pp.162-163; Desafios ambientais, pp.174-175; Os efeitos das alterações climáticas, pp.180-181.

Como alimentar o planeta
A LISTA

Para alimentar o mundo inteiro, precisamos desenvolver métodos mais eficientes de cultivo e produção de alimentos. As tecnologias inovadoras abaixo poderiam nos ajudar a atingir esse objetivo:

1. Agricultura vertical Cultivar alimentos em camadas verticais significa que poderíamos produzir mais utilizando menos espaço. Esse método é útil quando não há terra disponível ou quando ela não é adequada ao plantio. Também é bom para a agricultura urbana, pois edifícios altos podem ser usados para o cultivo de frutas e legumes.

2. Biotecnologia A engenharia genética permite o desenvolvimento de culturas geneticamente modificadas que são mais resistentes a pragas, doenças e condições climáticas adversas. Essas tecnologias também podem ser usadas para aumentar o valor nutricional dos alimentos e melhorar a eficiência do uso de recursos, como água e nutrientes do solo.

3. Agricultura inteligente Tratores autônomos, drones que monitoram as colheitas e máquinas que medem com precisão as porções de sementes são maneiras de a tecnologia tornar a agricultura mais produtiva.

4. Estufas tecnológicas Os agricultores podem controlar as condições climáticas dentro de estufas de alta tecnologia utilizando luz artificial e sistemas de plantio automatizados. Essa tecnologia aumenta o rendimento da colheita e a velocidade de crescimento.

Alternativas à carne

Hambúrgueres vegetais (acima), com sabor e textura de carne, estão se tornando populares. Essas alternativas fazem parte do esforço para produzir alimentos sem causar danos ao meio ambiente ou aos animais. Os cientistas também estão gerando carne em laboratório, cultivando células animais em biorreatores.

DESBRAVANDO O DESCONHECIDO

Como podemos alimentar todos os habitantes do planeta?

Cerca de 60% de todas as calorias consumidas no mundo provêm de quatro culturas básicas: arroz, trigo, milho e soja. Para alimentar todas as pessoas, precisamos cultivar variedades capazes de se adaptar às alterações climáticas, armazenar melhor os alimentos desde o campo até a mesa e não desperdiçar comida em casa.

Os arrotos das vacas contêm mais metano do que os gases que saem pela outra ponta.

OCEANO ÁRTICO   GROENLÂNDIA

AMÉRICA DO NORTE

Londres, Reino Unido

Nova York, EUA

Lisboa, Portugal

Los Angeles, EUA   Atlanta, EUA

ATLÂNTICO NORTE

Honolulu, Havaí, EUA

Cidade do México, México

Georgetown, Guiana

FLORESTA AMAZÔNICA

OCEANO PACÍFICO

AMÉRICA DO SUL

São Paulo, Brasil

Santiago, Chile   Buenos Aires, Argentina

ATLÂNTICO SUL

OCEANO ANTÁRTICO

ENERGIA PARA O PLANETA

Do espaço, podemos ver que áreas densamente povoadas têm mais luz. Outros locais são mais escuros porque poucas pessoas vivem lá, como a Floresta Amazônica e a Sibéria, ou porque o fornecimento de energia é limitado – alguns países não têm dinheiro para construir usinas e instalar cabos até as casas. O Saara e a Antártida parecem mais claros porque refletem a luz da Lua.

CONSULTOR ESPECIALISTA: Erik Gregersen. **VEJA TAMBÉM:** Desigualdade, pp.152-153; Cidades, pp.162-163; Internet, pp.164-165; Desafios ambientais, pp.174-175.

OCEANO ÁRTICO

EUROPA
SIBÉRIA
Moscou, Rússia
Varsóvia, Polônia
Paris, França
ÁSIA
Roma, Itália
Pequim, China
Tóquio, Japão
Jerusalém
Cairo, Egito
Nova Delhi, Índia
Hong Kong, China
SAARA
Meca, Arábia Saudita
Manila, Filipinas
ÁFRICA
Bangcoc, Tailândia
BACIA DO CONGO
OCEANO ÍNDICO
Jacarta, Indonésia
OCEANO PACÍFICO
AUSTRÁLIA
Joanesburgo, África do Sul
Cidade do Cabo, África do Sul
Perth, Austrália
Sydney, Austrália

OCEANO ANTÁRTICO

ANTÁRTIDA

Lâmpadas com energia solar

Quase um bilhão de pessoas não têm eletricidade. Sete em cada dez pessoas na África, por exemplo, vivem sem ela. Uma solução é aproveitar a energia solar. A organização global sem fins lucrativos Little Sun produz lâmpadas que armazenam a energia do Sol durante o dia e acendem à noite. Elas não precisam de tomada para funcionar. Isso significa que pessoas sem acesso a energia elétrica podem pelo menos ter alguma iluminação depois que escurece.

GUERRA MODERNA

Os exércitos de países ricos e poderosos utilizam tecnologias cada vez mais avançadas para ganhar vantagem nos conflitos militares. Satélites e drones transformaram o campo de batalha moderno. Existe também um novo tipo de guerra, a cibernética, em que as nações utilizam computadores para atacar outros países, às vezes roubando segredos militares ou divulgando informações falsas. Os ataques cibernéticos podem causar danos a uma organização ou mesmo a um país inteiro.

O drone é equipado com uma câmera e pode enviar imagens para a central.

Este drone é um Tarantula Hawk. Ele pode decolar verticalmente.

Guerra de drones

Drones são veículos operados remotamente, sem ninguém a bordo. Entre eles estão dispositivos como veículos aéreos não tripulados (VANTs), que sobrevoam alvos distantes e disparam mísseis. As pessoas podem controlar drones a partir de bases a milhares de quilômetros de distância. Soldados usam dispositivos menores (foto) para vigilância aérea – observando uma área extensa do alto. Os drones de combate atingem alvos específicos sem que um soldado precise entrar no campo de batalha.

Ele é leve o suficiente para ser carregado em uma mochila.

As pernas do drone

Soldados podem usar drones como um olho extra para ajudar a detectar explosivos.

CONSULTOR ESPECIALISTA: Jack Snyder. **VEJA TAMBÉM:** Conflito e guerra, pp.22-23; Primeira Guerra Mundial, pp.124-125; Segunda Guerra Mundial, pp.132-133; Novas tensões, novas esperanças, pp.140-141; Mapa-múndi político, pp.142-143.

Fugindo da guerra

No mundo, existem cerca de 26 milhões de refugiados – pessoas que tiveram que abandonar suas casas, na maioria das vezes por causa de uma guerra. Entre elas, há 6 milhões que fugiram da guerra na Síria. Muitos refugiados nunca mais vão poder voltar para casa. Em 2017, o exército de Mianmar atacou os muçulmanos rohingya, expulsando-os do país. Nesta foto, os rohingya relembram o segundo aniversário desse ato de violência com uma cerimônia em um campo de refugiados em Bangladesh.

Satélites podem espionar outros orbitando perto deles.

Um laser muito poderoso disparado da Terra pode destruir um satélite.

A todo momento, satélites tiram fotos para monitoramento de áreas específicas do planeta.

Guerra espacial

Atualmente, alguns países usam satélites para espionagem. Mas, com a guerra espacial, os próprios satélites poderiam se tornar alvos. Se fossem destruídos, causariam grandes impactos na Terra. Contamos com eles para serviços como GPS, transmissão de sinais de TV e comunicação em todo o mundo.

Guerra assimétrica

Se um exército menos bem equipado luta contra um exército mais avançado, ocorre uma guerra assimétrica. Talvez o exército menor tenha que usar armas mais antigas, como este fuzil Kalashnikov, e recorrer a táticas como terrorismo ou guerrilha, emboscando soldados.

A fome como arma

Às vezes, um exército ataca o abastecimento de alimentos para tentar vencer uma guerra. Isso acontece com frequência em guerras civis – guerras entre diferentes grupos de um mesmo país. No Iêmen (à direita), usa-se a estratégia da fome para impedir as pessoas de apoiar os rebeldes. Na imagem, elas estão à espera de assistência alimentar.

OS MEGARRICOS

Um pequeno número de pessoas no mundo possui uma enorme fortuna: mais de 40% da riqueza mundial pertence a apenas 1% da população do planeta. Isso gera uma grande desigualdade, resultando em disparidades significativas na qualidade de vida, acesso a educação, saúde e oportunidades econômicas para a maioria das pessoas. Atualmente, há um movimento mundial cada vez mais forte para encontrar maneiras de taxar grandes fortunas e, assim, distribuir a renda de maneira mais igualitária.

Kylie Jenner usando um vestido da grife Versace. Suas joias, os brincos e os anéis de diamante e safira roxa valiam 4,9 milhões de dólares.

Os bilionários

O mundo tem mais de 2 mil bilionários – com uma riqueza pessoal superior a 1 bilhão de dólares. A maioria vive nos Estados Unidos e na China. Kylie Jenner se tornou bilionária quando tinha apenas 21 anos, graças à sua empresa de cosméticos. Um dos bilionários mais velhos do mundo foi Chang Yun Chung, que viveu até os 102 anos. Originário da China, ele fundou uma empresa de navegação com sede em Singapura.

As pessoas mais ricas da Terra
A LISTA

Aqui estão as 10 pessoas mais ricas do mundo (maio de 2024, em dólares).

1. Bernard Arnault e família Proprietários de muitas marcas de moda, incluindo a Louis Vuitton, têm patrimônio de mais de 205 bilhões.

2. Jeff Bezos O fundador da Amazon tem patrimônio de mais de 198 bilhões.

3. Elon Musk Proprietário do X (antigo Twitter) e CEO da Tesla, tem patrimônio de mais de 197 bilhões.

4. Mark Zuckerberg Cofundador e CEO do Facebook, ele tem patrimônio de cerca de 166 bilhões.

5. Larry Ellison O cofundador da empresa de softwares Oracle tem patrimônio de mais de 152 bilhões.

6. Larry Page O cofundador do Google tem patrimônio de mais de 144 bilhões. Com Sergey Brin (a seguir), inventou o algoritmo usado pelo mecanismo de busca.

7. Sergey Brin O outro cofundador do Google tem patrimônio de mais de 138 bilhões.

8. Warren Buffett Esse investidor e filantropo tem um patrimônio de cerca de 134 bilhões.

9. Bill Gates O cofundador da Microsoft tem um patrimônio de cerca de 131 bilhões.

10. Steve Ballmer O ex-CEO da Microsoft tem patrimônio de mais de 126 bilhões.

CONSULTORA ESPECIALISTA: Silvana Tenreyro. **VEJA TAMBÉM:** Roupas e ornamentos, pp.18-19; Dinheiro, pp.34-35; Grécia Antiga, pp.76-77; A ascensão do comunismo, pp.128-129; O "boom" e a crise, pp.130-131; Desigualdade, pp.152-153; Mídias, pp.166-167; Tecnologia smart e IA, pp.172-173.

Filantropia

Alguns ricos doam dinheiro para boas causas. Por exemplo, Bill Gates e sua esposa, Melinda, doaram bilhões de dólares para combater a pobreza e melhorar os serviços de saúde, incluindo pesquisas sobre o coronavírus, por meio de sua fundação. Um dos projetos que eles apoiam é uma empreitada para erradicar a malária. A doença é transmitida por mosquitos e mata centenas de milhares de pessoas todos os anos. A fundação também financia a educação, tanto nos países em desenvolvimento como nos Estados Unidos, por meio de bolsas de estudo.

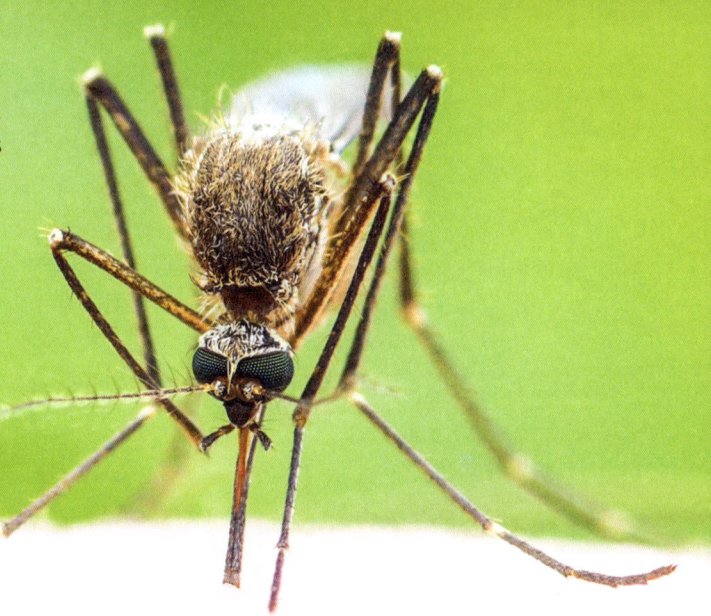

Ouro maciço

Esta privada de ouro com assento à prova de balas, cravejada com 40 mil diamantes, esteve em exposição em uma feira comercial em Xangai em 2019. Comprar coisas para exibir a própria fortuna é uma característica do consumo ostentatório. Um banheiro revestido de ouro, um carro de luxo ou um colar de diamantes são formas de uma pessoa ostentar seu status para a sociedade.

Fatos Fantásticos!

O trabalhador médio americano levaria 20 mil anos para conseguir se tornar bilionário. Muitos dos super-ricos ganham o salário médio anual (50 mil dólares) em menos de um minuto.

Vivendo como um milionário

Algumas pessoas que ficam muito ricas gostam de comprar supercarros ou – ainda mais caros – hipercarros, como é o caso do Bugatti La Voiture Noire (foto). Ao preço de 18,7 milhões de dólares, é um dos carros mais caros já produzidos. Frequentemente, esses veículos são apenas uma demonstração de riqueza. Praticamente não são dirigidos.

CIDADES

Cidades são áreas grandes e urbanizadas onde pessoas de origens muito diferentes moram e trabalham. Mais da metade da população mundial vive em uma cidade ou área urbana, tendo vantagens: há mais empregos, escolas, lojas e atividades culturais do que em outros lugares. As cidades também têm redes de transporte público melhores. Mas as áreas urbanas são mais poluídas do que as rurais e podem ser perigosas. Até 2050, dois terços da população mundial viverão em cidades.

Expansão urbana

Abaixo, você pode ver como é a cidade de Manchester, na Inglaterra, vista de um avião. Muitas cidades se expandiram de seus centros em direção aos arredores. Isso é chamado de expansão urbana. Um grande número de pessoas vive nessas regiões periféricas, muitas vezes chamadas de subúrbios. Para chegar ao centro, elas precisam dirigir ou pegar ônibus, metrô ou trem.

Poluição atmosférica

O ar poluído contém pequenas partículas que entram nos pulmões e podem causar problemas de saúde. Os veículos são a principal causa da poluição atmosférica em Londres. A capital do Reino Unido hoje utiliza ônibus elétricos de dois andares (à direita) para melhorar a qualidade do ar. As cidades indianas estão entre as mais poluídas do mundo. A poluição atmosférica mata mais de um milhão de pessoas todos os anos na Índia.

CONSULTORA ESPECIALISTA: Shauna Brail. **VEJA TAMBÉM:** Revolução Industrial, pp.122-123; Um só mundo, pp.148-149; Desafios ambientais, pp.174-175.

Arranha-céus

Prédios muito altos são conhecidos como arranha-céus. Muitas vezes são ocupados por escritórios, mas alguns são residenciais. Seul, a capital da Coreia do Sul, tem mais edifícios com mais de 12 andares do que qualquer outra cidade do mundo. Com 123 andares, a Lotte World Tower (à esquerda) se destaca acima de todos os outros prédios, mas na verdade é apenas o quinto edifício mais alto do planeta. O arranha-céu mais alto do mundo (no momento) é o Burj Khalifa, em Dubai, que tem 828 metros de altura.

Cidades mais verdes
A LISTA

Muitas cidades do mundo estão superlotadas, mas seus governos têm adotado medidas para torná-las mais verdes e mais *eco-friendly*. Isso pode melhorar a saúde de todos que vivem nelas ou perto.

1. Copenhague Capital da Dinamarca, tem mais bicicletas do que carros. Há planos para reduzir pela metade as emissões de carbono *per capita* até 2035.

2. Curitiba Essa cidade "verde" brasileira recicla cerca de 70% de todos os seus resíduos para fabricar novos produtos ou energia renovável.

3. Reykjavík A capital islandesa planeja parar de utilizar combustíveis fósseis – como o petróleo e o carvão – até 2050, recorrendo à energia geotérmica (energia térmica proveniente do interior da Terra).

4. Singapura A capital desse país asiático tem muitos jardins, alguns no topo de edifícios. Um dos parques tem "superárvores" futurísticas – jardins verticais que crescem em enormes estruturas em formato de árvore.

5. Vancouver Nessa cidade canadense ecologicamente correta, 90% da eletricidade vêm de fontes renováveis, tornando-a muito limpa. Também conta com muitos parques verdes.

Cidades superlotadas

Tóquio é a área metropolitana mais populosa do mundo, com mais de 38,5 milhões de habitantes. Sua densidade populacional é de cerca de 6 mil pessoas por quilômetro quadrado. No entanto, a capital do Japão não é a cidade mais superlotada. A densidade de Daca, em Bangladesh, é nove vezes maior!

Algumas das cidades mais populosas do mundo

Número aproximado de pessoas por quilômetro quadrado

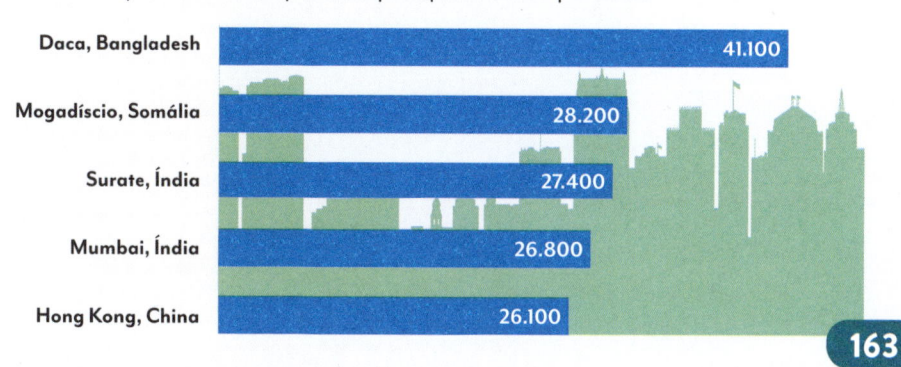

Daca, Bangladesh	41.100
Mogadíscio, Somália	28.200
Surate, Índia	27.400
Mumbai, Índia	26.800
Hong Kong, China	26.100

INTERNET

A internet é a conexão global de computadores. Sua invenção, no final do século XX, mudou o mundo. Ser capaz de compartilhar informações de forma instantânea e barata transformou a maneira como as pessoas se comunicam, fazem negócios e socializam. Em muitos países, as pessoas passam grande parte do dia on-line – comprando e vendendo coisas, pesquisando informações, assistindo a séries e filmes, jogando e conversando com amigos.

World Wide Web

Qual é a diferença entre a internet e a World Wide Web (WWW)? "Internet" é um termo que descreve a vasta rede de computadores conectados ao redor do mundo, alguns deles por cabos de fibra óptica mostrados na foto como redes de luz. "World Wide Web" se refere aos sites e aplicativos que você usa para visualizar coisas na internet.

CONSULTOR ESPECIALISTA: Erik Gregersen. **VEJA TAMBÉM:** Mídias, pp.166-167; Tecnologia smart e IA, pp.172-173.

Internet
LINHA DO TEMPO

1969 A internet primitiva começa com a Arpanet (sigla em inglês da Rede da Agência para Projetos de Pesquisa Avançada). Ela foi desenvolvida pelos militares dos Estados Unidos como uma forma de seus computadores se conectarem e se comunicarem entre si.

1973 Diferentes redes de computadores em diferentes países são interligadas, criando uma internet verdadeiramente global.

1982 As linhas telefônicas permitem a comunicação entre redes de diferentes países.

1985 É registrado o primeiro site ".com".

1991 É lançada a World Wide Web, permitindo que as pessoas visualizem e compartilhem informações na internet com mais facilidade.

1995 É fundada a Amazon, seguida pelo Google em 1998 e pelo Facebook em 2004.

2024 Mais de 5 bilhões de pessoas (quase 70% da população mundial) têm acesso à internet.

REVOLUCIONÁRIO
TIM BERNERS-LEE
Cientista da computação, nascido em 1955

Reino Unido

Em 1989, o cientista da computação britânico Tim Berners-Lee teve uma ideia – batizada de World Wide Web (WWW) – para compartilhar informações entre universidades e institutos. Ela foi desenvolvida no CERN (sigla em francês do Conselho Europeu para a Investigação Nuclear), na Suíça, o maior centro mundial de pesquisa científica. O projeto introduziu "websites" ao mundo – grupos de páginas interligadas disponibilizadas on-line por um indivíduo ou instituição.

Exclusão digital

Cerca de 3 bilhões de pessoas no mundo não têm acesso à internet, mas têm sido tomadas medidas para diminuir esse índice – como a instalação de mais cabos para conectar diferentes locais. Os habitantes de Supai, no sopé do Grand Canyon (à direita), não estavam conectados até 2019. As torres nas beiradas do cânion emitem um sinal, permitindo que os moradores da vila fiquem on-line.

Um minuto na internet

Este diagrama mostra a atividade na internet em todo o mundo durante apenas um minuto em 2019. As redes sociais, como o Twitter (atual X) e o Instagram, e os canais de entretenimento, como o YouTube e a Netflix, representam hoje uma grande parte do nosso tempo na internet.

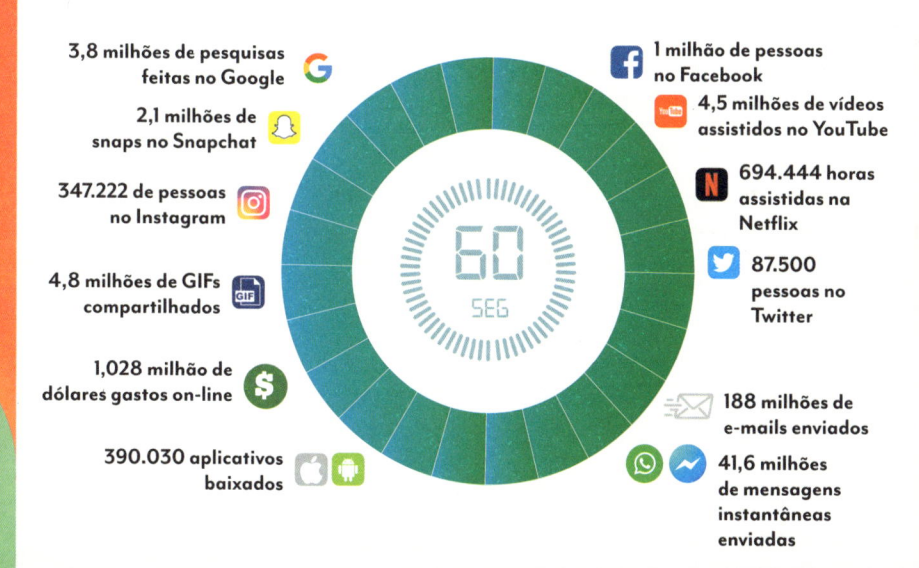

- 3,8 milhões de pesquisas feitas no Google
- 2,1 milhões de snaps no Snapchat
- 347.222 de pessoas no Instagram
- 4,8 milhões de GIFs compartilhados
- 1,028 milhão de dólares gastos on-line
- 390.030 aplicativos baixados
- 1 milhão de pessoas no Facebook
- 4,5 milhões de vídeos assistidos no YouTube
- 694.444 horas assistidas na Netflix
- 87.500 pessoas no Twitter
- 188 milhões de e-mails enviados
- 41,6 milhões de mensagens instantâneas enviadas

60 SEG

Internet espacial

Uma vasta rede de satélites orbitaria a Terra.

Várias empresas, como a SpaceX, estão lançando satélites que oferecem serviços de internet do espaço para a Terra por meio de ondas de rádio. A ideia é que grandes constelações de centenas ou milhares de satélites orbitem a Terra para que qualquer pessoa, em qualquer lugar, possa se conectar à internet. No entanto, existem preocupações em relação a esse projeto. Por exemplo, com tantos satélites em órbita, haveria mais risco de um colidir com outro.

MÍDIAS

É pelas mídias que temos acesso a entretenimento, notícias e outras informações. Ela engloba jornais, revistas, TV e videogames, além de aplicativos e realidade virtual. Interagimos com mídias quase todos os dias – lendo artigos, conversando com amigos nas redes sociais ou assistindo a nossos programas favoritos. O YouTube é um exemplo de mídia on-line, enquanto livros e até mesmo outdoors são exemplos de mídias off-line.

Manchetes
Fique alerta caso um título use uma linguagem muito emotiva ou faça uma promessa que pareça boa demais para ser verdade. Faz sentido que um animal resgate outro animal? Antes de acreditar no que leu, pesquise um pouco e veja se consegue encontrar essas informações em outra fonte.

Qualidade
Fique alerta caso o artigo contenha erros de ortografia ou uma pontuação estranha ou esteja todo em maiúsculas. Os editores das publicações virtuais devem garantir que o texto faça sentido e seja escrito corretamente.

Quem escreveu?
Se o nome do autor for apresentado, você poderá descobrir o que o qualifica a escrever aquela matéria. Talvez haja uma pequena descrição do autor ao fim do artigo ou você possa acessar uma clicando no nome dele. Caso contrário, você talvez possa usar um mecanismo de buscas para pesquisar, descobrir mais sobre ele e ver o que mais escreveu. Você pode saber se o autor é objetivo ou tendencioso.

Fotografia
Desconfie se a foto parecer estranha e pouco natural. Você já viu esse animal? Faça algumas pesquisas e procure outras fotos sobre o mesmo assunto. Essa imagem é real ou foi alterada de alguma forma? Fontes responsáveis não publicam fotos com montagens.

Cheque os fatos
Alguns artigos na internet dizem de onde vêm suas informações ou fornecem links para suas fontes. Caso o site não apresente nada disso, utilize um mecanismo de busca para checar fatos.

Desinformação
Nem tudo que você lê na internet é verdade. Algumas notícias são falsas por acidente, outras são escritas para induzir os leitores a acreditarem nelas. Às vezes, pessoas ou empresas querem influenciá-lo, talvez para que compre um produto que elas estão vendendo. Ter uma postura crítica em relação a informações é sempre importante.

O endereço eletrônico
Fique alerta caso você nunca tenha ouvido falar do endereço eletrônico (conhecido como URL) ou caso ele não pareça sério. Procure um link para a seção "Sobre nós" a fim de saber mais sobre quem está fornecendo aquelas informações. O site deve informar quem o financia e sua finalidade.

CONSULTORA ESPECIALISTA: Heaven Taylor-Wynn. **VEJA TAMBÉM:** Leitura e escrita, pp.26-27; Educação, pp.38-39; Internet, pp.164-165; Tecnologia smart e IA, pp.172-173.

Primeiras mídias impressas
A LISTA

A mídia impressa inclui livros, jornais e revistas. Durante séculos, essas foram as formas mais populares de se ler notícias. Mas a mídia digital está mudando isso.

1. A imprensa foi inventada no Ocidente por volta de 1440 por Johannes Gutenberg, na Alemanha, permitindo que muitas cópias fossem produzidas rapidamente.

2. O primeiro panfleto de notícias foi impresso na Inglaterra em 1513, contendo o relato de uma vitória inglesa em uma batalha contra a Escócia.

3. A primeira revista popular foi impressa na França em 1672. Continha notícias, poemas e histórias reais.

4. A primeira fotografia impressa em um jornal apareceu em um periódico francês em 1848. Mostrava uma rua de Paris durante uma revolta.

5. O primeiro jornal diário em cores, USA Today, foi impresso nos Estados Unidos em 1982.

REVOLUCIONÁRIO
MARK ZUCKERBERG
Cofundador do Facebook, nascido em 1984

Califórnia, Estados Unidos

Em 2004, um estudante da Universidade Harvard criou uma forma única de socializar na internet com colegas de turma. Ele a batizou de Facebook, que se tornaria a primeira rede social verdadeiramente global. Tem, hoje, mais de 3 bilhões de usuários, e Mark Zuckerberg é uma das pessoas mais ricas e influentes do mundo.

Televisão

A TV é uma mídia transmitida na forma de sinal pelas ondas eletromagnéticas. Foi inventada no século XX e continua popular até hoje. Em 1969, cerca de 600 milhões de pessoas em todo o mundo assistiram ao vivo ao pouso na Lua. Hoje podemos usar a internet para assistir a conteúdos em smartphones ou outros dispositivos e escolher quando assistir aos nossos programas favoritos.

Redes sociais

A maioria das pessoas que utiliza as redes sociais compartilha fotos e informações, conversa com amigos ou assiste a vídeos, muitas vezes em smartphones. Dessa forma, plataformas como YouTube e Instagram são marcas fortes hoje em dia. Este gráfico mostra o tempo médio diário que passamos em cada plataforma. Em 2019, as pessoas ficaram mais tempo usando redes sociais em seus celulares do que vendo TV.

- Facebook 58 minutos
- Instagram 53 minutos
- YouTube 40 minutos
- Snapchat 35 minutos
- Twitter (atual X) 3 minutos

Bilhões de visualizações

Em dezembro de 2012, "Gangnam Style", um clipe do superstar coreano Psy, se tornou o primeiro vídeo a ser assistido mais de um bilhão de vezes. Mais de 200 vídeos no YouTube estão no chamado "clube dos bilhões de visualizações". Eles são exemplos de como a informação pode se espalhar, ou viralizar, como se costuma dizer. Até 2024, os vídeos do canal Manual do Mundo juntos somam mais de 4,3 bilhões de visualizações no YouTube.

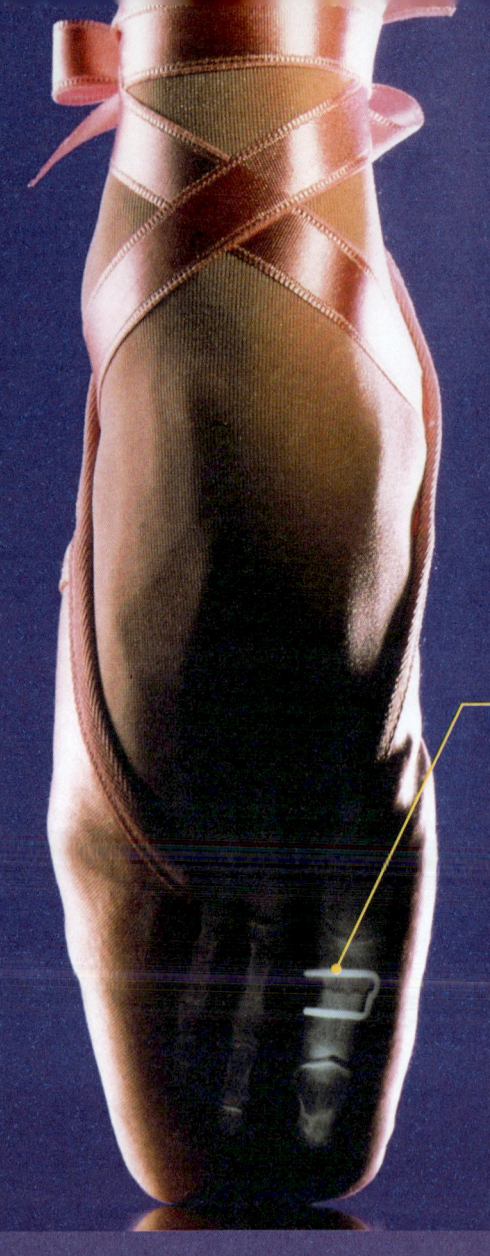

O cirurgião insere um grampo com efeito memória. Está reto quando é colocado.

Metais com efeito memória voltam à sua forma original. Eles ajudam a curar ossos quebrados, mantendo-os juntos.

Com o calor do corpo, o grampo se curva para juntar dois pedaços de osso do dedo do pé quebrado enquanto a fratura cicatriza.

Materiais médicos

Alguns materiais artificiais são usados para substituir tecidos danificados dentro do corpo humano. Por exemplo, médicos utilizam um tipo de poliéster chamado Dacron para reparar vasos sanguíneos comprometidos. Com o tempo, o organismo desenvolve um tecido natural em torno do material artificial, fazendo com que o corpo se recupere integralmente.

MATERIAIS ARTIFICIAIS

Materiais artificiais são criados pelos seres humanos, muitas vezes alterando as propriedades daqueles que existem na natureza – como madeira, carvão e argila. O plástico é um material artificial feito, na maioria das vezes, de petróleo. Outros exemplos são vidro, fibra de vidro e tijolo. Eles são resistentes e têm aplicações variadas. A fibra de vidro é usada na fabricação de carros e aviões, enquanto o náilon é utilizado em muitas coisas, desde paraquedas até cordas de instrumentos musicais.

Absorvendo óleo

A esponja de madeira é um material artificial inventado recentemente. São usados produtos químicos para remover parte da superfície da madeira, em seguida é aplicado um revestimento que atrai o óleo. Essa esponja absorve os derramamentos de petróleo em rios e oceanos, protegendo a vida selvagem, como as aves, cujas penas podem ficar grudadas pelo petróleo (à esquerda).

CONSULTOR ESPECIALISTA: Duncan Davis. **VEJA TAMBÉM:** Tecnologia médica, pp.170-171; Desafios ambientais, pp.174-175.

Novos materiais
A LISTA

Os cientistas estão constantemente desenvolvendo novos materiais que podem mudar o mundo. Aqui estão alguns exemplos interessantes:

1. Nanotubo de carbono O grafeno superfino é feito de átomos de carbono, que podem ser enrolados em cilindros para fabricar nanotubos de carbono – mais fortes que o aço, porém mais finos que um fio de cabelo. Podem ter aplicações desde a engenharia aeroespacial até a medicina.

2. EGaIn Em geral, metais são sólidos à temperatura ambiente. No entanto, alguns são líquidos, como o gálio, que, juntamente com o índio, é usado para fazer a liga metálica EGaIn. Ela é fluida e conduz eletricidade, tornando-se ideal para circuitos.

3. Espuma de metal Trata-se de um metal sólido com vários pequenos orifícios, ou poros, preenchidos com gás. A espuma metálica geralmente é feita de alumínio leve. Pode ser utilizada em edifícios, para isolamento acústico, e para absorção de alto impacto em automóveis em caso de colisão.

4. Vidro metálico O congelamento rápido do metal líquido o torna muito mais resistente do que os metais convencionais. Esse material rígido é usado em tacos de golfe e aviões.

5. Nitinol Quando aquecido, esse composto de níquel e titânio retorna à sua forma original. Os médicos o usam em implantes cardíacos, e os dentistas, em aparelhos ortodônticos. Também pode juntar fraturas enquanto os ossos cicatrizam (veja página anterior).

Fatos Fantásticos!

Os cientistas descobriram o grafeno com a ajuda de fita adesiva. O grafeno é feito de carbono. É muito fino e muito leve, mas é 200 vezes mais resistente que o aço. Os pesquisadores o descobriram de uma forma inusitada. Eles usaram fita adesiva para remover camadas de carbono do grafite, o mesmo material do interior do lápis. Eles foram repetindo o processo até obterem uma camada muito fina de átomos de carbono: o grafeno.

Kevlar
Os coletes à prova de balas usados por policiais e soldados são feitos de kevlar, que é formado por fibras de plástico. A malha dessas fibras cria um material tão forte que nem as balas conseguem atravessá-lo. O kevlar também é fino, sendo ideal para peles de tambores (à direita).

As peles de kevlar podem ser esticadas bem rígidas.

Fibra de vidro
Esse tipo de material combina vidro com plástico. É útil tanto para isolamento acústico como para retenção de calor, por isso tem muitas aplicações. Por ser leve e resistente, é um material ideal para fabricação de caiaques, por exemplo.

TECNOLOGIA MÉDICA

A tecnologia moderna transformou o mundo da medicina. Os médicos vêm utilizando cada vez mais novas tecnologias para diagnosticar e tratar doenças. As pessoas também usam dispositivos e aplicativos de fitness para medir frequência cardíaca, padrões de sono e atividades, para checar se estão nos níveis ideais. Os cientistas estão continuamente inventando tecnologias para levarmos vidas mais longas e saudáveis. Robôs já realizam alguns procedimentos cirúrgicos delicados e a impressão 3D está sendo empregada na produção de partes artificiais do corpo.

De olho
Os dispositivos vestíveis mais comuns são relógios inteligentes e rastreadores fitness, que medem a rapidez com que seu coração bombeia sangue pelo corpo. Outros *wearables* podem medir coisas como o movimento dos músculos ou até mesmo a atividade do cérebro.

Microtecnologias
Quando engolida, esta cápsula endoscópica pode tirar fotos do interior do sistema digestório. Existem dispositivos ainda menores, chamados de nanotecnologia, que podem ser usados para sinalizar partes do corpo com câncer e ativar o crescimento de células musculares.

A câmera é arredondada, para que possa passar facilmente pelo sistema digestório.

Tamanho real — 1 cm — 2,5 cm

A câmera tira milhares de fotos e as transmite.

CONSULTOR ESPECIALISTA: Mike Jay. **VEJA TAMBÉM:** O corpo humano, pp.6-7; O encéfalo, pp.10-11; Marcos da medicina, pp.120-121; Materiais artificiais, pp.168-169; Humanos do futuro, pp.190-191.

Cirurgia robótica

Hoje, muitos tipos diferentes de cirurgia são realizados por robôs. Por meio de um computador, um médico controla os braços robóticos, que podem ser mais precisos do que a mão humana, ajudando a realizar procedimentos muito delicados. Essa precisão também facilita a recuperação dos pacientes após a cirurgia.

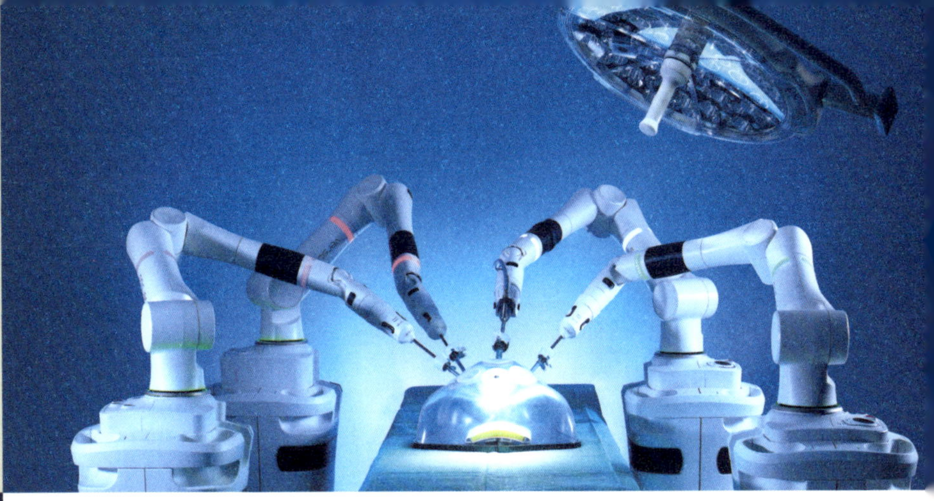

Fatos Fantásticos!

Os primeiros rins artificiais foram adaptados de máquinas de lavar! Os rins filtram nosso sangue, retirando substâncias tóxicas. Se eles param de funcionar, as pessoas ficam doentes. Em 1966, o médico holandês Willem Kolff observou como a máquina de lavar agitava e filtrava a água para limpar as roupas e se inspirou nela para construir um rim artificial. Atualmente, os dispositivos que fazem essa hemodiálise (filtração do sangue) são muito mais avançados, mas o aparelho de Kolff foi o primeiro passo para se chegar até eles.

Impressão 3D

A técnica de criar um objeto tridimensional por meio da impressão de muitas e muitas camadas é conhecida como impressão 3D. Em vez de papel, ela utiliza materiais como plástico, borracha e metais. Os médicos usam a impressão 3D para produzir próteses, assim como órgãos artificiais, que ajudam os cirurgiões a planejar uma operação. No futuro, os cientistas acreditam que será possível criar órgãos feitos de células humanas.

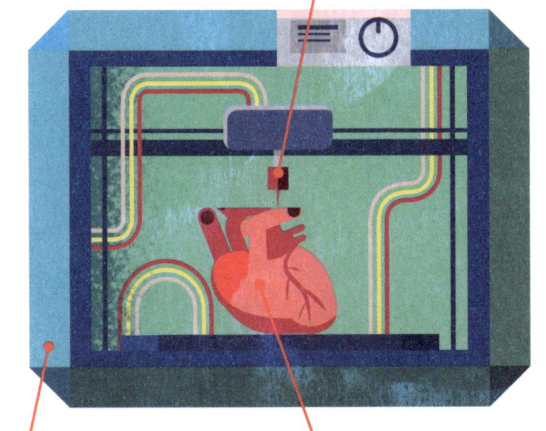

O alimentador fornece material para fazer o coração.

Réplica 3D de um coração humano.

As impressoras 3D estão se tornando mais comuns à medida que a tecnologia se torna mais barata.

DESBRAVANDO O DESCONHECIDO

Seremos capazes de conectar cérebros humanos a computadores no futuro?

Algumas pessoas acham que, um dia, humanos e máquinas estarão conectados e que os computadores nos tornarão mais inteligentes. Essa ideia está sendo pesquisada pela empresa Neuralink, do engenheiro sul-africano Elon Musk, que espera expandir a capacidade cerebral dos humanos. Nem todo mundo acredita que isso vai dar certo. Afinal, o cérebro humano já é muito complexo!

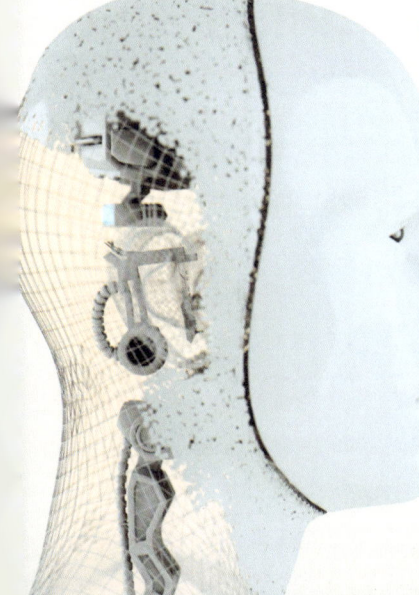

NOTA do especialista!

MIKE JAY
Historiador da medicina

Mike Jay tem interesse em como a mente funciona. Ele acredita que a medicina tem sido parte fundamental de todas as sociedades humanas na História e acha fascinante pesquisar as diferentes abordagens que as pessoas adotaram para curar os doentes ao longo dos tempos.

❝ *A tecnologia transformou o trabalho de médicos e enfermeiros, mas não pode substituí-los. Além de uma ciência, a cura é uma arte.* ❞

TECNOLOGIA SMART E IA

Dispositivos inteligentes (*smart*) se comunicam com pessoas e outras máquinas por redes wi-fi. Entre eles estão assistentes de inteligência artificial (IA), como a Alexa, da Amazon. A IA permite que máquinas pensem, aprendam e executem tarefas associadas a seres humanos. A criação do ChatGPT pela OpenAI marcou um avanço significativo, indicando um futuro onde assistentes virtuais serão ainda mais sofisticados e capazes de realizar tarefas complexas.

Casas inteligentes

Uma casa inteligente possui uma rede de dispositivos que se comunicam entre si. A geladeira, por exemplo, pode informar ao smartphone que o leite está acabando, ou o sistema de aquecimento pode ligar quando detecta que chegamos em casa. Já existem os robôs aspiradores de pó; no futuro, teremos mais ajudantes robóticos.

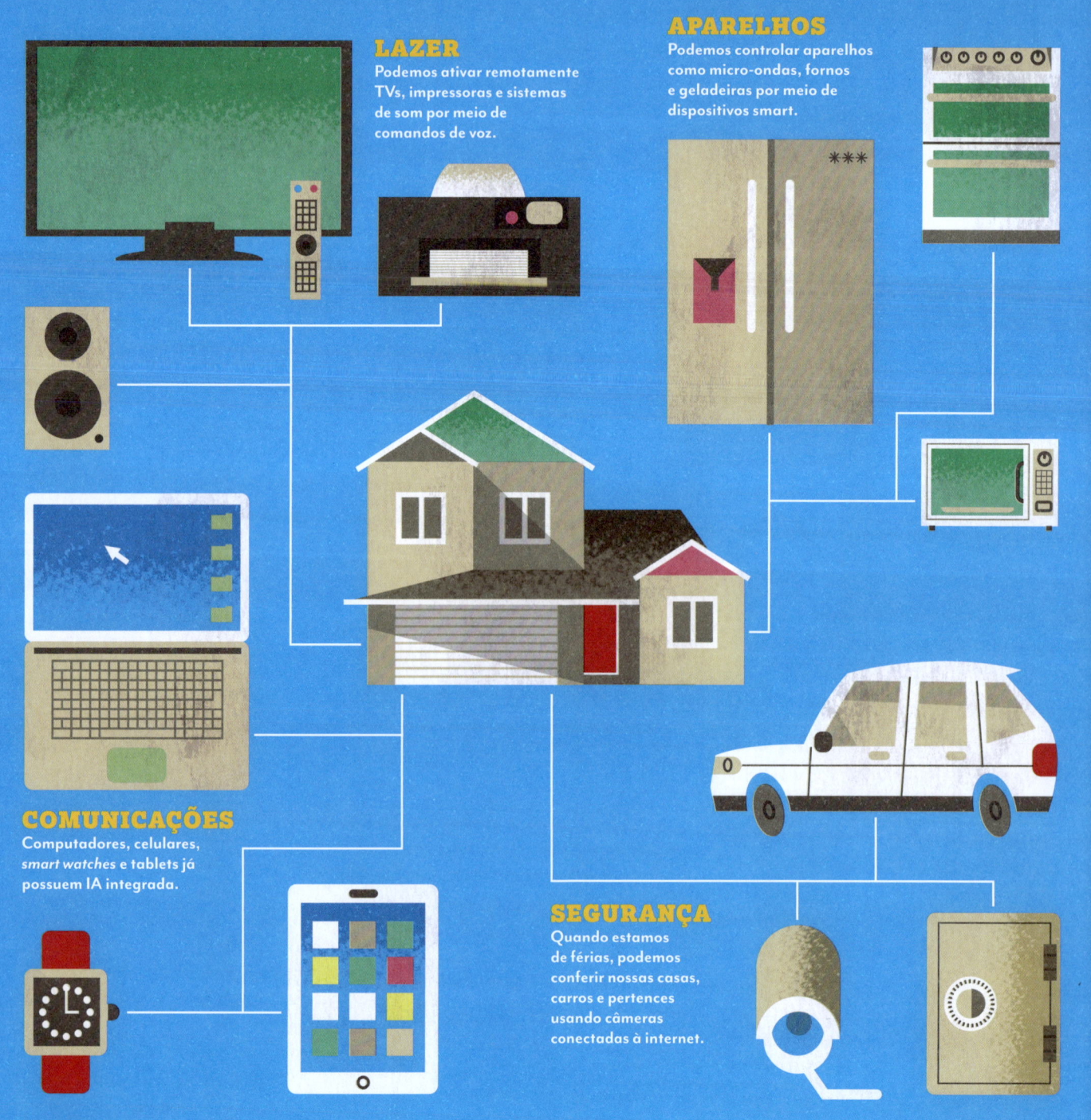

LAZER
Podemos ativar remotamente TVs, impressoras e sistemas de som por meio de comandos de voz.

APARELHOS
Podemos controlar aparelhos como micro-ondas, fornos e geladeiras por meio de dispositivos smart.

COMUNICAÇÕES
Computadores, celulares, *smart watches* e tablets já possuem IA integrada.

SEGURANÇA
Quando estamos de férias, podemos conferir nossas casas, carros e pertences usando câmeras conectadas à internet.

CONSULTOR ESPECIALISTA: Yingjie Hu. **VEJA TAMBÉM:** Emoções, pp.12-13; Guerra moderna, pp.158-159; Internet, pp.164-165; Tecnologia médica, pp.170-171; Cidades do amanhã, pp.188-189.

A Internet das Coisas
LINHA DO TEMPO

1990 Um pesquisador desenvolve uma "torradeira inteligente" que pode ser ligada e desligada pela internet.

1999 O termo Internet das Coisas (IdC) é usado pela primeira vez. É a ideia de que nossos dispositivos diários podem ser conectados à internet.

2000 A empresa sul-coreana de eletrônicos LG inventa a primeira "geladeira inteligente".

2008 O número de dispositivos conectados na Terra supera o número de seres humanos.

2009 A Google começa a desenvolver um dos primeiros carros comerciais autônomos. Outros fabricantes logo começam a trabalhar nos próprios protótipos.

2014 A Amazon lança seu alto-falante inteligente doméstico Echo. Ele se conecta à Alexa, a assistente de IA controlada por voz.

2022 Surgem as IAs generativas, como o ChatGPT da OpenAI, que são sistemas capazes de criar texto, imagens e outros conteúdos a partir de dados de treinamento.

REVOLUCIONÁRIA
RANA EL KALIOUBY
Cientista da computação, nascida em 1978

Estados Unidos

Essa cientista da computação egípcio-americana é pioneira em IA e tecnologia inteligente. Sua principal área é a inteligência emocional artificial, que detecta emoções em humanos analisando ou estudando seus rostos. Como parte desse trabalho, ela está criando o maior banco de dados de reconhecimento de emoções do mundo. Até hoje, sua empresa já examinou 4,8 milhões de vídeos de rostos em 75 países.

Reconhecimento facial
Essa tecnologia permite que um celular ou computador identifique uma pessoa a partir de uma foto ou um vídeo, observando padrões no rosto e fazendo um mapa deles. Em alguns países, a polícia utiliza câmeras de reconhecimento facial nas ruas para ajudar a encontrar pessoas desaparecidas ou prender criminosos.

DESBRAVANDO O DESCONHECIDO
Será que um dia os robôs sentirão emoções?

A inteligência artificial está cada vez mais sofisticada e eficiente, mas será que conseguirá sentir emoções como um ser humano? Os pesquisadores ainda não têm certeza. Para que isso acontecesse, seria necessário que as máquinas tivessem processos de pensamento semelhantes aos dos humanos, mas é difícil criá-los. Portanto, embora um robô possa vencer um humano no xadrez ou em um videogame, talvez demore um pouco até que ele fique chateado quando perder.

DESAFIOS AMBIENTAIS

O mundo hoje enfrenta problemas ambientais causados pelas atividades humanas. Nossas cidades estão crescendo mais rápido do que nunca e nossas ações contribuem para alterações climáticas, levando ao aumento das temperaturas, à mudança dos padrões das chuvas e a tempestades mais intensas. Como a população humana deve aumentar para quase 10 bilhões até 2050, a pressão sobre o planeta crescerá ainda mais.

Seca

As alterações climáticas têm provocado o aumento da temperatura global e, consequentemente, eventos extremos, como secas em alguns países. As secas acontecem quando há chuva insuficiente por um longo período, fazendo com que o solo resseque e as plantas morram. Sem água, os animais e os humanos lutam para sobreviver. As secas também podem causar incêndios florestais, porque a vegetação ressecada pega fogo facilmente. Foi o que ocorreu na Austrália no fim de 2019 (foto).

Emissões de carbono

O dióxido de carbono (CO_2) é um gás do efeito estufa porque retém calor e aquece o planeta. Os humanos produzem muito CO_2, principalmente pela queima de combustíveis fósseis, como carvão, petróleo e gás. Um gráfico denominado Curva de Keeling (à direita) representa o rápido aumento na concentração de dióxido de carbono na atmosfera terrestre desde 1958, que está diretamente relacionado ao aumento na utilização de combustíveis fósseis.

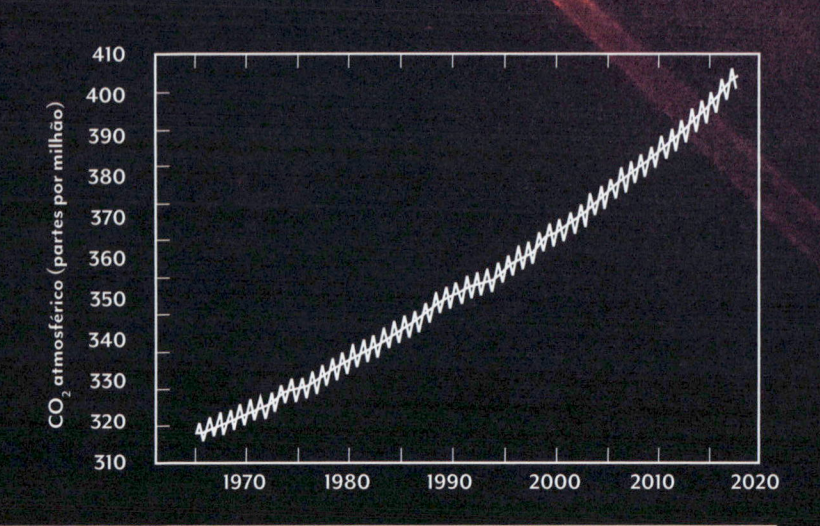

CONSULTOR ESPECIALISTA: Nicholas Henshue. **VEJA TAMBÉM:** Revolução Industrial, pp.122-123; Os efeitos das alterações climáticas, pp.180-181; Contendo as alterações climáticas, pp.182-183.

Desmatamento

Parte do dióxido de carbono é retirada da atmosfera pelas folhas das árvores e pelas plantas, que o absorvem e liberam oxigênio, o gás que respiramos. Quando florestas são derrubadas – desmatadas –, perdemos essa defesa natural contra as alterações climáticas.

Às vezes as árvores são cortadas ilegalmente, como neste caso no Peru, em que a madeira está sendo transportada em um barco.

Emissões de metano

O dióxido de carbono não é o único gás do efeito estufa. Outro exemplo é o metano, produzido pelo gado, por aterros sanitários, fábricas e plantas em decomposição, e pelo solo quando o permafrost derrete. Os combustíveis fósseis – como o petróleo – também emitem metano (à direita), que retém muito mais calor na atmosfera do que o dióxido de carbono, embora não permaneça lá por tanto tempo. De qualquer forma, ambos aumentam a temperatura atmosférica.

Resíduos químicos

Não é apenas a atmosfera que está em perigo. Atividades como a mineração podem liberar, em fontes de água próximas, produtos químicos que são nocivos para animais e humanos. Algumas minas produzem ácido sulfúrico. Se ele atinge as fontes de abastecimento, a água se torna imprópria para consumo.

A poluição da mina de cobre do rio Tinto, no sul da Espanha, deixou a água laranja.

Desertificação
A LISTA

As atividades humanas estão fazendo com que algumas áreas secas do mundo se transformem em desertos. Esse processo é chamado de desertificação. Aqui está uma lista do que tem provocado isso:

1. Alterações climáticas À medida que o clima fica mais quente, os padrões de precipitação mudam e há menos chuva em alguns locais.

2. Remoção de árvores Quando as árvores são derrubadas, o solo sofre erosão com mais facilidade, porque as raízes não o seguram. Assim, novas plantas terão dificuldade em sobreviver.

3. Cultivo excessivo Pode retirar os nutrientes do solo, dificultando o crescimento de novas plantas e forçando os agricultores a trocar campos antigos por novos e intocados.

4. Pastagem excessiva Se os animais comem muita vegetação, ela pode ter dificuldade em crescer de novo. O vento e a chuva erodem o solo, que perde qualidade.

5. Crescimento populacional À medida que a população de uma região desértica aumenta, mais pessoas recorrem à água que está disponível.

Lixo

Os humanos produzem muito lixo. Embora uma parte seja reciclada, a maioria é queimada ou enterrada em aterros sanitários. O número de materiais que podem ser reciclados tem aumentado. É importante seguir as regras locais de reciclagem e as instruções nas embalagens. Caso contrário, os itens podem se misturar com os não recicláveis e acabar em um aterro.

EXTINÇÃO EM MASSA

Quando muitas espécies morrem em um curto espaço de tempo, ocorre uma extinção em massa. Na história da Terra, sabemos da existência de cinco grandes eventos do tipo. Todos varreram inúmeros seres vivos do planeta. Muitos cientistas dizem que estamos hoje diante de uma sexta extinção em massa, causada em parte pelas atividades humanas e pelo aquecimento global. Eles acreditam que as extinções estão acontecendo mil vezes mais rápido do que milhões de anos atrás.

Sobrevivente supremo

Este é o fóssil de um trilobita, uma criatura marinha com parentesco com insetos, caranguejos e aranhas. Quando surgiu, há cerca de 525 milhões de anos, era a forma de vida mais avançada da Terra. Os trilobitas variavam muito em tamanho, desde os minúsculos até os com mais de 45 centímetros de comprimento, pesando até 4,5 quilos. Foram as primeiras espécies de grande êxito, mas desapareceram na extinção do Permiano-Triássico.

Extinções em massa
LINHA DO TEMPO

444 milhões de anos atrás (m.a.a.). Ordoviciano Uma severa era glacial causou um rápido resfriamento e uma queda no nível do mar, que exterminaram cerca de 85% das espécies.

409-359 m.a.a. Devoniano Cerca de três quartos das espécies de animais foram extintos devido a uma série de fatores, incluindo mudanças climáticas velozes, impactos de cometas e escoamento de nutrientes da terra, privando as espécies marinhas de oxigênio.

265-252 m.a.a. Permiano Na extinção mais mortal da Terra, mais de 95% da vida marinha e 70% dos animais terrestres foram extintos. As causas incluem o aquecimento dos mares e violentas erupções vulcânicas que bloquearam a luz solar, matando as plantas.

201 m.a.a. Fim do Triássico Cerca de 76% das espécies do planeta morreram, talvez por causa de alterações climáticas e fortes erupções vulcânicas.

66 m.a.a. Cretáceo-Terciário Um meteoro ou cometa atingiu a Terra e provocou uma sequência de eventos que extinguiu grande parte dos dinossauros.

Salvando populações ameaçadas

Existem programas de reprodução de animais ameaçados – com alto risco de extinção – que visam aumentar sua quantidade. Eles são criados em cativeiro antes de serem devolvidos à natureza. Um programa bem-sucedido envolveu o condor-da-califórnia. Seu número aumentou de 22, no início da década de 1980, para mais de 500 atualmente.

CONSULTOR ESPECIALISTA: John P. Rafferty. **VEJA TAMBÉM:** Ameaçadas de extinção, pp.178-179; Os efeitos das alterações climáticas, pp.180-181; Contendo as alterações climáticas, pp.182-183.

Condenados à extinção?

Os humanos são responsáveis, em grande parte, por algumas extinções. Por exemplo, ao ocupar o habitat dos rinocerontes-brancos-do-norte na África, usando a terra para agricultura e moradia, e ao caçá-los por causa de seus valiosos chifres, muitas pessoas contribuíram para a redução drástica desses animais. Hoje, restam apenas dois dessa espécie, Fatu e Najin, mãe e filha, que vivem sob escolta constante no santuário Ol Pejeta Conservancy, no Quênia. Estudos utilizando fertilização *in vitro* buscam soluções para a preservação desses animais, empregando sêmen congelado coletado antes da morte dos últimos machos da espécie.

Os rinocerontes-brancos eram caçados principalmente por causa dos chifres, vendidos ilegalmente em países asiáticos para uso em medicamentos tradicionais.

DESBRAVANDO O DESCONHECIDO

Estamos vivenciando a sexta extinção em massa?

Com as espécies desaparecendo mais rápido do que nunca, alguns cientistas dizem que estamos vivendo uma extinção em massa causada pelos humanos. Ela é chamada de extinção do Holoceno. As extinções em massa se estendem por centenas ou milhares de anos, por isso ainda temos tempo para reverter essa tendência. Mas precisamos agir logo.

Abelhas sob ameaça

À medida que as alterações climáticas continuam aquecendo o planeta, diferentes tipos de animal são afetados. As abelhas, em particular, têm sofrido bastante. Cerca de 90% das plantas com flores do mundo dependem de polinizadores como as abelhas, por isso é importante mantê-las vivas para a nossa sobrevivência.

AMEAÇADAS DE EXTINÇÃO... A LISTA

Quando uma espécie tem alto risco de extinção, dizemos que está em perigo. Na maioria das vezes, a culpa é das alterações climáticas e dos humanos, que destroem habitats. Hoje, mais de 16 mil espécies de animais e plantas estão em perigo ou criticamente em perigo. Abaixo constam alguns exemplos. É difícil contar espécimes na natureza. Os números dão apenas uma ideia de quantos restam.

1. **Adax** Devido à caça excessiva, existem menos de 100 desses antílopes no deserto do Saara, na África.
2. **Esturjão-adriático** Existem menos de 250 dessa espécie de peixe no mar Adriático e no rio Pó, na Itália.
3. **Leopardo-de-amur** Esse leopardo raro vive no extremo leste da Rússia e da China. Restam menos de 60 adultos.
4. **Jacaré-da-china** Devido à perda de habitat, à poluição e à caça, poucos animais dessa espécie habitam hoje as zonas úmidas da China. As estimativas variam de 86 a 150 indivíduos.
5. **Gorila-do-rio-cross** Restam no máximo 250 a 300 na Nigéria e em Camarões, pois seu habitat florestal foi desmatado para extração de madeira e agricultura.
6. **Íbis-gigante** Restam menos de 100 casais reprodutores da ave nacional do Camboja. A caça e a atividade humana perturbaram seu habitat nas zonas úmidas.
7. **Cácapo** Esse papagaio de grande porte que não voa pode viver até 90 anos, mas apenas cerca de 211 deles ainda habitam as florestas da Nova Zelândia. São caçados por mamíferos não nativos.
8. **Tigre-malaio** Menos de 250 desses poderosos predadores sobrevivem nas florestas tropicais da Malásia. Os humanos os caçam por causa de partes de seus corpos, que são usadas na medicina tradicional.
9. **Baleia-franca-do-atlântico-norte** Os cientistas estimam que restam apenas cerca de 300 a 400. Muitas morrem ao ficarem presas em redes de pesca.
10. **Rã-dourada-do-panamá** Mortas por doenças, essas rãs venenosas não são avistadas na natureza desde 2009.
11. **Saola** A população desse mamífero raramente avistado, semelhante a um antílope e encontrado no Vietnã e no Laos, talvez seja inferior a 100.
12. **Rinoceronte-de-sumatra** Restam menos de 80. A maior ameaça é a perda de seu habitat florestal.
13. **Vaquita-marinha** Talvez haja menos de 10 desses mamíferos aquáticos no golfo da Califórnia. Eles estão caminhando para a extinção, a menos que um programa de resgate tenha êxito.
14. **Boto-liso-chinês** O número de indivíduos dessa espécie de golfinho do rio Yangtzé, na China, caiu para menos de mil.

Orangotangos em risco

O orangotango-de-bornéu vive na ilha de Bornéu, no Sudeste Asiático. Está criticamente em perigo desde 2016, pois a exploração madeireira destruiu seu habitat florestal. A caça ilegal também ameaça sua população, que foi reduzida pela metade nos últimos 60 anos. O grupo de maior risco dentro dessa espécie são os orangotangos do noroeste da ilha.

CONSULTOR ESPECIALISTA: Joel Sartore. **VEJA TAMBÉM:** Desafios ambientais, pp.174-175; Extinção em massa, pp.176-177; Os efeitos das alterações climáticas, pp.180-181.

Os orangotangos têm filhotes uma vez a cada oito anos. Suas populações podem levar muito tempo para se recuperar.

Acredita-se que existam apenas cerca de 105 mil orangotangos-de-bornéu no mundo.

OS EFEITOS DAS ALTERAÇÕES CLIMÁTICAS

A queima de combustíveis fósseis, como o petróleo e o carvão, libera muitos gases na atmosfera, que, com o tempo, ficam mais espessos e retêm o calor do Sol. Existem hoje mais gases do efeito estufa do que em qualquer momento dos últimos 800 mil anos. Chamamos isso de aquecimento global.

Efeitos globais

Alguns dos efeitos das alterações climáticas são mostrados neste mapa. Elas provocam uma cascata de eventos, e alguns deles deixam o planeta ainda mais quente. Por exemplo, o gelo e a neve brancos e brilhantes refletem grande parte da energia do Sol que chega à superfície do planeta. Se o gelo e a neve derreterem, a superfície mais escura do solo e do mar absorverá o calor, causando ainda mais aquecimento. Num mundo mais quente, há mais incêndios florestais, que liberam mais dióxido de carbono na atmosfera, agravando o aquecimento.

Derretimento dos mantos de gelo
Provoca um aumento do nível do mar e inundações.

Incêndios florestais
Temperaturas mais altas e falta de chuva provocam mais incêndios.

Derretimento do gelo
Provoca um aumento do nível do mar.

Correntes atlânticas
Desde a década de 1950, elas vêm desacelerando. Os cientistas ainda não sabem qual será o efeito.

Tempestades
Fenômenos violentos, como furacões, aumentam com o calor.

Secas
Temperaturas mais altas provocam secas.

Descongelamento do permafrost
Quando o solo congelado descongela, libera dióxido de carbono e metano na atmosfera.

Morte dos recifes de coral
Os recifes morrem à medida que os oceanos ficam mais quentes e mais ácidos.

OCEANO ÁRTICO
OCEANO PACÍFICO
AMÉRICA DO NORTE
AMÉRICA DO SUL

Aumento da temperatura e do nível do mar

Temperatura média global (°C) — 1880 a 2020

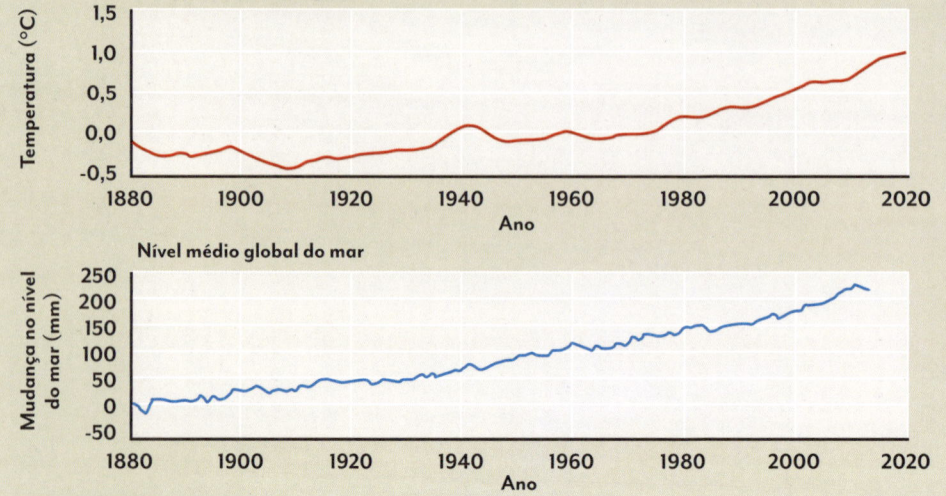

Nível médio global do mar (mm) — 1880 a 2020

Elevação do nível do mar

O aumento da temperatura da Terra faz com que o nível do mar suba (gráficos à esquerda) à medida que o gelo das regiões polares derrete. A temperatura global já aumentou 1°C desde 1850, e os cientistas acreditam que mais 0,5°C será catastrófico para algumas áreas do mundo. As cidades costeiras, mais baixas, poderão desaparecer. Lugares como Bangcoc, na Tailândia, já estão ameaçados pelo aumento dos níveis no golfo da Tailândia.

CONSULTOR ESPECIALISTA: Jaise Kuriakose.

OCEANO ÁRTICO

OCEANO ATLÂNTICO

EUROPA

ÁSIA

OCEANO PACÍFICO

ÁFRICA

OCEANO ÍNDICO

AUSTRÁLIA

OCEANO ATLÂNTICO

ANTÁRTIDA

Como as alterações climáticas afetam a vida na Terra
A LISTA

As alterações climáticas terão efeitos nocivos a curto e longo prazo em pessoas, plantas e animais:

1. Inundações Causadas por fortes chuvas e pela subida do nível do mar, destroem os habitats da vida selvagem, assim como propriedades, estradas, redes de transporte e infraestruturas – como centrais elétricas e redes de comunicações. Também impedem a realização de viagens e provocam até mesmo mortes.

2. Condições climáticas extremas Colheitas podem ser perdidas se o mau tempo provocar secas ou inundações. Haverá escassez de alimentos e desnutrição em muitos lugares.

3. Ondas de calor As altas temperaturas causam danos em estradas, edifícios e infraestruturas. As pessoas têm problemas de saúde, como insolação, dificuldade para respirar e cardiopatias. As ondas de calor também podem provocar incêndios florestais.

4. Secas Afetam a produção de alimentos, gerando escassez e desnutrição em alguns países e regiões. Os animais também sofrem. Os incêndios florestais de 2019 na Austrália, por exemplo, destruíram muitos eucaliptos, dos quais os coalas (abaixo) dependem.

5. Migração em massa Eventos climáticos extremos podem tornar uma região inabitável. As pessoas terão que abandonar essas áreas e se mudar para outros lugares, a fim de permanecer seguras e ter o suficiente para comer.

181

Protestos climáticos

Em 2019, milhões de pessoas protestaram contra a forma como os governos vinham lidando com as alterações climáticas, incluindo estes manifestantes da Extinction Rebellion (XR) em Londres, Reino Unido. A XR é um movimento global que exige que os governos tomem medidas imediatas para impedir a extinção em massa de espécies, reduzindo as emissões de gases do efeito de estufa a zero.

CONTENDO AS ALTERAÇÕES CLIMÁTICAS

Sabemos que as alterações climáticas, em grande parte provocadas pelos seres humanos, estão prejudicando nosso planeta. Mas o que pode ser feito para contê-las? Em 2015, um acordo internacional foi elaborado em Paris e assinado por quase todos os países. Eles disseram que manteriam as temperaturas globais dentro de um limite seguro, reduzindo suas emissões de gases do efeito de estufa, mas o resultado tem sido lento. Agora, muitas pessoas exigem que sejam tomadas medidas mais urgentes e drásticas para limitar os danos aos ecossistemas, às espécies e ao nosso futuro.

- Adotar processos de fabricação que gerem menos emissões.
- Utilizar energia renovável, como a eólica e a solar.
- Consumir uma dieta mais baseada em vegetais e restaurar ambientes selvagens.
- Passar a usar transporte público ou carros e bicicletas elétricos.
- Produzir mais com menor quantidade de energia consumida.

Alcançando um limite seguro

Os cientistas alertam que um aquecimento global de 2°C afetaria gravemente os ecossistemas, a saúde humana, os meios de subsistência, a segurança alimentar e hídrica e as infraestruturas. O limite mais seguro seria abaixo de 1,5°C. Para manter esse limite, governos, empresas e indivíduos precisam agir.

CONSULTOR ESPECIALISTA: Jaise Kuriakose. **VEJA TAMBÉM:** Desafios ambientais, pp.174-175; Extinção em massa, pp.176-177; Ameaçadas de extinção, pp.178-179; Os efeitos das alterações climáticas, pp.180-181.

Moda consciente

A *fast fashion* ("moda rápida") é nociva para o meio ambiente. O termo se refere a roupas produzidas de forma rápida e barata, porque logo serão substituídas quando a moda passar. A indústria da moda é responsável por 10% das emissões de carbono do mundo, que retêm o calor na atmosfera e contribuem para as alterações climáticas. A fabricação de uma camisa de algodão gera tantas emissões quanto dirigir um carro por 56 quilômetros. Imagine o impacto de se produzir um milhão de camisas! Para ajudar o planeta, precisamos repensar nossos hábitos de consumo e todo o sistema produtivo industrial.

DESBRAVANDO O DESCONHECIDO

A geoengenharia é a resposta?

A geoengenharia é a manipulação em grande escala do sistema natural da Terra para reduzir as alterações climáticas. Em tese, espelhos espaciais (à esquerda) poderiam ser usados para refletir a luz solar para longe da Terra e reduzir o aquecimento global. Na verdade, essa empreitada talvez não seja possível, e mudar a atmosfera do nosso planeta pode causar outros problemas. A maioria dos cientistas acredita que reduzir as emissões é uma ideia melhor.

REVOLUCIONÁRIA

GRETA THUNBERG
Ativista ambiental, nascida em 2003

Suécia

Greta Thunberg é uma das ativistas climáticas mais influentes de todos os tempos. Em 2019, por meio de protestos, ela fez com que as alterações climáticas se tornassem uma questão muito discutida. Desde então, Greta tem inspirado crianças em idade escolar de todo o mundo a protestar contra o aquecimento global. Ela fez discursos poderosos sobre as mudanças climáticas na ONU e no Fórum Econômico Mundial.

O que você pode fazer
A LISTA

Veja a seguir algumas ações nossas que podem contribuir para o planeta. Porém, só com mudanças nas políticas governamentais e empresariais é que serão reduzidas as emissões de carbono e as alterações climáticas vão desacelerar.

1. Compre menos coisas A produção de bens emite carbono. Quanto mais reciclamos e reutilizamos, mais reduzimos essas emissões.

2. Evite o carro Pegue ônibus, ande ou pedale em vez de usar o carro.

3. Desligue computadores e TVs Aparelhos elétricos usam eletricidade mesmo quando deixados no modo de espera (standby). Desligue-os quando não estiver usando.

4. Coma menos carne A criação de bois e ovelhas gera grande quantidade de emissão de carbono. Dê preferência a pratos à base de vegetais.

5. Use menos ar-condicionado E, num lugar mais frio, use menos aquecedor. Menor uso de energia significa menos emissão de carbono.

6. Defenda políticas ambientais Estude e apoie ações governamentais e políticas que sejam comprometidas com a sustentabilidade.

ENERGIA NUCLEAR

É uma forma de energia rentável e limpa, mas controversa. As usinas nucleares utilizam materiais radioativos que devem ser monitorados e controlados. Em caso de acidente, a radiação pode vazar e causar sérios danos às pessoas e ao meio ambiente. Embora sejam raros, acidentes podem acontecer. Cerca de 10% da energia mundial é nuclear.

Como funciona a energia nuclear?

Trata-se de um método de ferver água para produzir vapor, que, por sua vez, aciona grandes engrenagens ou turbinas, que produzem eletricidade. Para produzir o calor necessário para ferver a água, os átomos de urânio (um elemento metálico radioativo) são divididos por um processo chamado fissão. Isso ocorre dentro do reator nuclear. Um condensador ligado a uma torre de resfriamento evita que haja aquecimento excessivo. Como nenhum combustível é queimado nesse processo, a energia nuclear não produz gases do efeito estufa nocivos ao meio ambiente.

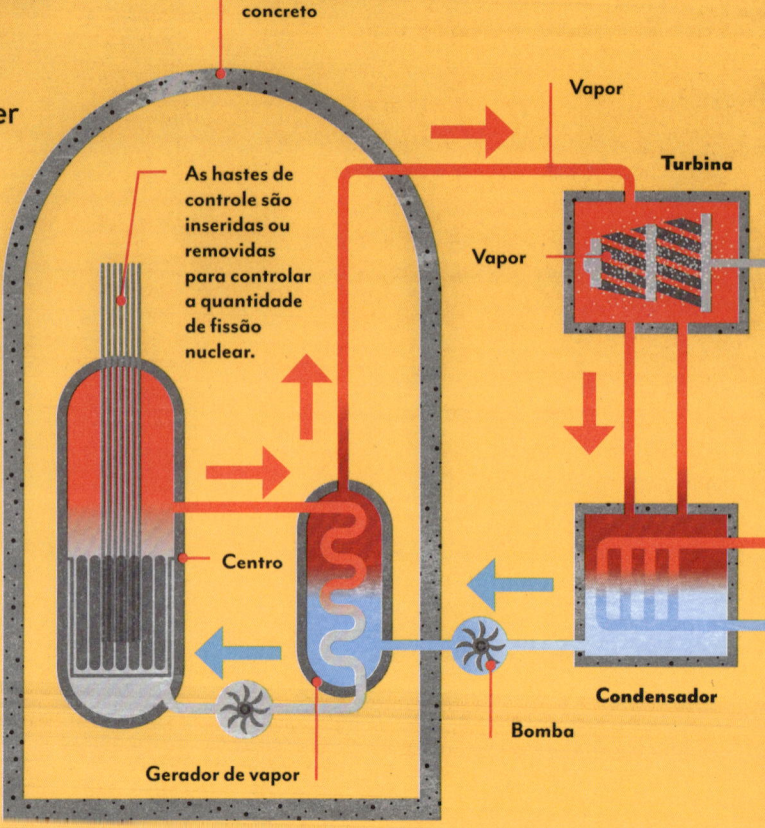

Proteção grossa de concreto
Vapor
Turbina
As hastes de controle são inseridas ou removidas para controlar a quantidade de fissão nuclear.
Vapor
Centro
Condensador
Bomba
Gerador de vapor
Reator nuclear

Fissão e fusão

A energia nuclear pode ser liberada por meio dos processos de fissão e fusão. As usinas de energia usam a fissão nuclear, que é a divisão de átomos. A fusão envolve a junção dos núcleos de dois átomos. É mais difícil realizá-la, mas ela não gera subprodutos perigosos. É o processo que ocorre naturalmente no núcleo das estrelas, como o Sol. Hoje, os cientistas estão desenvolvendo o primeiro protótipo de um reator de fusão.

Enormes torres de resfriamento são usadas para liberar o excesso de calor do reator. Essas torres parecem estar fumegando, mas na verdade estão apenas liberando vapor d'água.

CONSULTOR ESPECIALISTA: Michael Mauel.

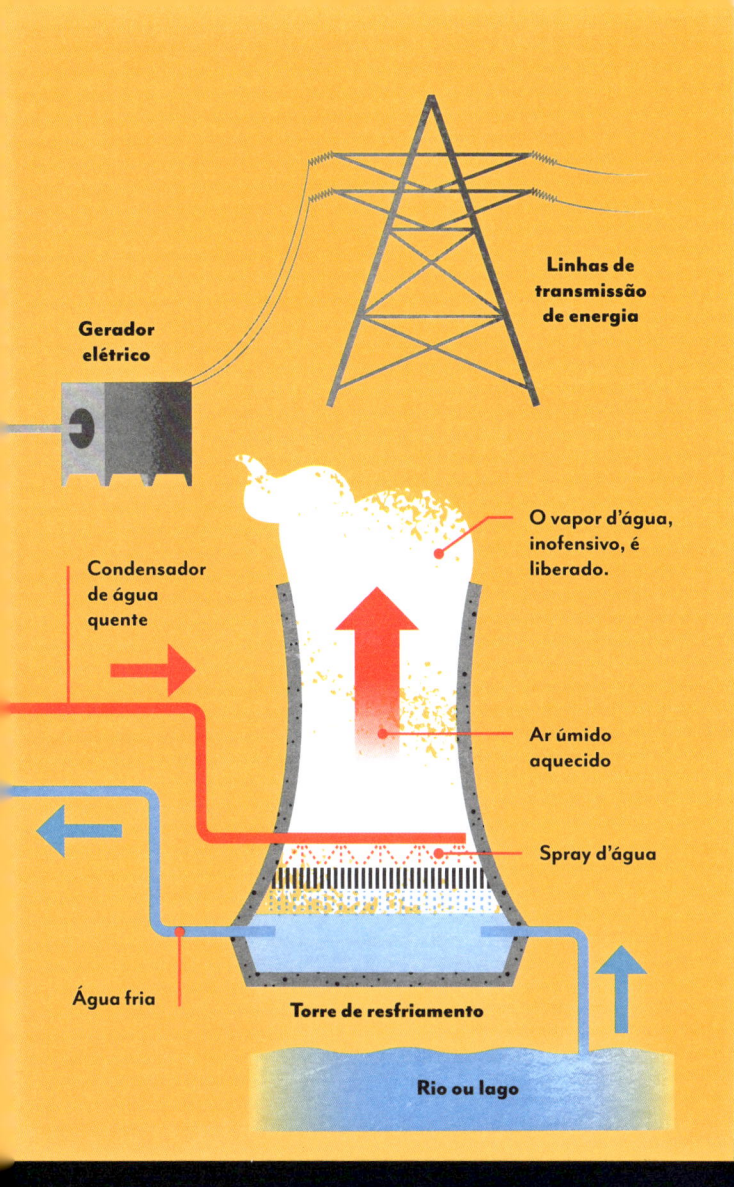

Gerador elétrico

Linhas de transmissão de energia

Condensador de água quente

O vapor d'água, inofensivo, é liberado.

Ar úmido aquecido

Spray d'água

Água fria

Torre de resfriamento

Rio ou lago

① Em 11 de março de 2011, um terremoto no mar perto do Japão gerou um tsunami.

② Houve vazamento de radiação dos reatores da usina nuclear de Fukushima.

③ Pessoas em um raio de 3 quilômetros da usina foram evacuadas imediatamente.

④ À medida que a radiação se espalhava, mais e mais pessoas tiveram que ser evacuadas.

⑤ Alguns efeitos da radiação foram detectados a muitos quilômetros de Fukushima.

Desastre nuclear

Em março de 2011, um terremoto e um tsunami atingiram o Japão, provocando um acidente na usina nuclear de Fukushima Daiichi. Embora o reator tenha vazado radiação, o combustível foi contido. Milhares de pessoas deixaram suas casas e apenas algumas retornaram, em 2017. A usina elétrica será desmontada quando for seguro – dentro de 30 a 40 anos.

Energia nuclear no espaço

Se quisermos viver em Marte ou viajar para mundos distantes, precisaremos de uma fonte de energia duradoura. A energia nuclear pode ser a resposta. Além de necessitar de pouco combustível, ela tem bom rendimento. A Nasa está desenvolvendo pequenos reatores nucleares chamados de sistemas Kilopower (abaixo), que um dia poderão alimentar colônias humanas em Marte. No futuro, as naves espaciais de longa distância poderão funcionar com base em algum tipo de energia nuclear.

Quebra-gelo movido a energia nuclear

Na foto, um quebra-gelo russo da classe Arktika rompe uma espessa camada de gelo a caminho do Polo Norte. Quebra-gelos como esse funcionam com energia nuclear, para que não fiquem sem combustível em suas longas viagens pelo Oceano Ártico. A energia nuclear também é uma forma útil de alimentar outros veículos, como submarinos e até mesmo naves espaciais.

185

Fazendas de vento

As pás de uma turbina eólica são giradas pelo vento e acionam um gerador, produzindo eletricidade. Quando foi inaugurado, em 2001, este parque eólico *offshore* na Dinamarca era o maior do mundo. Nos meses com mais vento, ele produz mais de 6.000 megawatts de energia por mês. Suas 20 turbinas produzem 3% da energia utilizada pela capital da Dinamarca, Copenhague.

ENERGIA RENOVÁVEL

Ao contrário da energia gerada pelos combustíveis fósseis, a energia renovável provém de fontes que provavelmente não vão se esgotar. Isso inclui o Sol, o vento, os rios e oceanos e a biomassa. Embora a biomassa seja queimada, a energia proveniente de fontes renováveis é muito limpa em comparação com a dos combustíveis fósseis.

Grandes painéis solares poderiam coletar energia do Sol no espaço.

Esses painéis solares transmitiriam a energia para a Terra.

DESBRAVANDO O DESCONHECIDO

É possível instalar estações de energia solar no espaço?

Os painéis solares no espaço seriam mais eficazes do que os que temos na Terra, porque a luz do Sol não seria afetada pelas nuvens ou pela hora do dia. Em tese, poderíamos coletar a energia do Sol e enviá-la para a Terra. Mas ainda não existe uma forma de transmitir essa energia aqui para baixo.

CONSULTOR ESPECIALISTA: Jaise Kuriakose. **VEJA TAMBÉM:** Energia para o planeta, pp.156-157; Desafios ambientais, pp.174-175; Contendo as alterações climáticas, pp.182-183; Energia nuclear, pp.184-185.

Fatos Fantásticos!

O Sol libera mais energia em um segundo do que tudo que foi utilizado na história da humanidade. Se for adequadamente aproveitado, o Sol tem potencial para suprir todas as necessidades energéticas no futuro, já que é inesgotável e não poluente. Nos próximos anos, espera-se que a energia solar se torne muito mais utilizada.

Gráfico (pizza):
- Solar 6%
- Nuclear 1%
- Biomassa 7%
- Fóssil e mineral 11%
- MMGD 13%
- Eólica 14%
- Hidrelétrica 48%

Energia das marés

As marés e correntes do oceano podem ser aproveitadas para produzir energia. Elas movimentam grandes turbinas instaladas debaixo d'água, produzindo eletricidade utilizável e limpa. Os sistemas de correntes e barragens de marés (abaixo) são duas maneiras de obter energia delas.

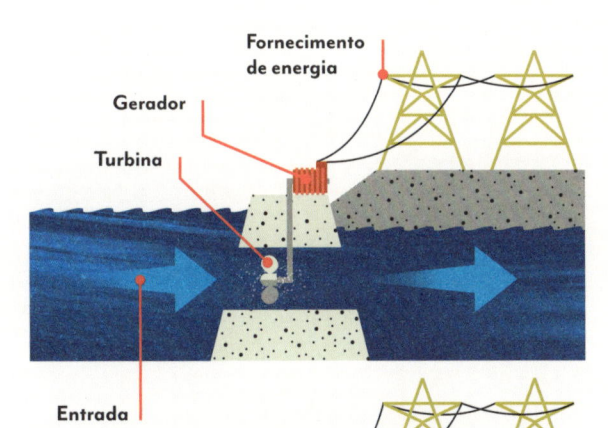

Legendas do diagrama: Fornecimento de energia; Gerador; Turbina; Entrada da maré; Saída da maré.

1. A maré cheia empurra a água pela turbina, fazendo-a girar.
2. A turbina aciona um gerador, que produz energia.
3. Quando a maré baixa, gira a turbina no outro sentido.
4. Essa maré vazante também produz eletricidade.

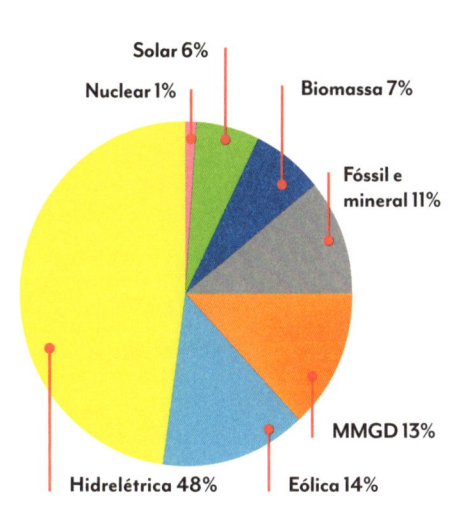

Uso de energia renovável

Menos de 30% da eletricidade mundial provêm de fontes renováveis. Já no Brasil, mais de 85% da energia elétrica consumida vêm dessas fontes (gráfico acima), tornando o país uma das matrizes energéticas mais limpas do mundo. Um destaque é a crescente participação da Micro e Minigeração Distribuída (MMGD), majoritariamente composta por placas solares residenciais e industriais, que proporciona eficiência energética e independência das grandes usinas.

NOTA do especialista!

JAISE KURIAKOSE
Engenheiro elétrico

O Dr. Jaise Kuriakose dedica seu tempo ao desenvolvimento de energia confiável com zero carbono, que poderia substituir os combustíveis fósseis. Ele é otimista em relação ao futuro e ressalta que as tecnologias renováveis – como os painéis solares e os carros elétricos – têm ficado mais baratas e estão sendo desenvolvidas muito mais rápido do que antes.

"Quero ajudar a interromper as perigosas alterações climáticas."

Biomassa

As plantas podem ser uma fonte de energia renovável. Por exemplo, a colza é cultivada para produzir um óleo utilizado como combustível renovável. Contudo, se grandes áreas fossem destinadas à produção de combustível, não só perderíamos biodiversidade como a terra não poderia ser usada para cultivar alimentos. Considerando que muitas pessoas não têm o suficiente para comer, seria essa uma forma correta de usufruir dos recursos da Terra?

CIDADES DO AMANHÃ

No futuro, novas e estimulantes tecnologias mudarão o aspecto e o funcionamento das cidades. As "cidades inteligentes" podem ter carros que se dirigem sozinhos e "trens flutuantes" que transportam pessoas para dentro e fora delas. A esperança é que as cidades do futuro sejam mais verdes e funcionem com energia limpa, gerando menos emissões e reduzindo seu impacto no ambiente.

Carros autônomos

Os humanos dirigem carros há cerca de um século, mas as máquinas poderão em breve assumir o volante. Os carros autônomos usam computadores e inteligência artificial para que as pessoas não precisem dirigir. A tecnologia está atualmente sendo testada e aprimorada. Portanto, em um futuro próximo, muitos automóveis poderão ser autônomos.

Carros autônomos podem reduzir acidentes provocados por falha humana.

Eles usam câmeras para olhar para todos os lados na estrada.

Sensores informam ao carro se ele está muito perto de outras coisas.

Floresta urbana

O futuro é verde! O calor dos carros e dos aparelhos de ar condicionado se acumula nas cidades, deixando-as muito mais quentes do que o campo. Mas as plantas têm a capacidade de resfriá-las. Esta imagem gerada por computador mostra como podem ser as cidades no futuro: com edifícios cobertos de árvores e outras plantas, para torná-los mais ecológicos. A vegetação absorve carbono, reduzindo a quantidade de gases do efeito estufa na atmosfera. Mais árvores também fariam as pessoas se sentirem melhor.

Trens flutuantes

Os trens Maglev, ou trens de levitação magnética, se valem de ímãs para flutuar sobre os trilhos. Eles têm sido usados para transporte de passageiros desde 1984, mas apenas alguns países, como a China, os utilizam hoje. Podem viajar muito mais rápido do que os trens normais e gastam até 30% menos energia.

O trem Maglev que vai de Xangai ao Aeroporto Internacional de Pudong, na China, é a linha Maglev mais antiga em operação. O trem leva 8 minutos para fazer o trajeto de 30 quilômetros.

CONSULTOR ESPECIALISTA: Erik Gregersen. **VEJA TAMBÉM:** Cidades, pp.162-163; Desafios ambientais, pp.174-175; Os efeitos das alterações climáticas, pp.180-181; Contendo as alterações climáticas, pp.182-183; Energia renovável, pp.186-187; Humanos do futuro, pp.190-191

Quando há alguns edifícios mais baixos, mais luz e ar conseguem chegar ao solo.

Painéis solares na parte externa dos edifícios geram eletricidade.

Jardins suspensos absorvem carbono e atraem vida selvagem.

O Hovenring

A Holanda abriga o Hovenring, uma rotatória flutuante para bicicletas e pedestres 70 metros acima dos carros. Ela é mais segura para ciclistas e pedestres, pois eles não precisam compartilhar a estrada com os carros.

Previsões para o futuro
LINHA DO TEMPO

2030 A ONU prevê que existirão 43 "megacidades" em todo o mundo, com mais de 10 milhões de pessoas em cada uma.

2040 Estima-se que metade de todos os carros em circulação será de elétricos. Em alguns lugares, será proibida a venda de carros que funcionem com combustíveis fósseis, um avanço que precisa ser acompanhado pelas usinas geradoras de energia elétrica.

2050 A população mundial deverá atingir quase 10 bilhões de pessoas. Mais de dois terços delas viverão em áreas urbanas.

2050 Se as cidades continuarem a crescer verticalmente, existe a hipótese de que o arranha-céu mais alto do mundo tenha mais de 1,6 quilômetro de altura.

2050 Se o nível do mar continuar a subir devido às alterações climáticas, partes de algumas cidades, como Bangcoc, na Tailândia, e Mumbai, na Índia, poderão ficar submersas.

2070 Segundo previsões, a área geográfica total das cidades do mundo duplicará.

HUMANOS DO FUTURO

Algumas pessoas dependem de máquinas para viver bem. Por exemplo, marca-passos são implantados para manter o coração do paciente batendo regularmente. Um dia, as máquinas poderão nos ajudar a sermos mais inteligentes e mais fortes. Ao ligar o cérebro humano a elas, os cientistas já possibilitaram que as pessoas controlassem computadores, próteses e outros dispositivos apenas com o pensamento.

Edição genética

Imagine que seus pais tivessem escolhido a cor de seu cabelo ou de seus olhos selecionando determinados genes em vez de outros antes de você nascer. A produção desses "bebês projetados" – crianças com qualidades que seus pais desejam – é muito controversa. No entanto, a edição genética também pode ser usada para garantir que doenças hereditárias não sejam transmitidas.

CONSULTORA ESPECIALISTA: Cynthia Chestek. **VEJA TAMBÉM:** Tornar-se humano, pp.4-5; O corpo humano, pp.6-7; DNA e genética, pp.8-9; O encéfalo, pp.10-11; Leitura e escrita, pp.26-27; Jogos e esportes, pp.42-43; Tecnologia médica, pp.170-171; Tecnologia smart e IA, pp.172-173; Cidades do amanhã, pp.188-189.

Implantes cocleares

São dispositivos elétricos que permite que alguém que não ouve bem ouça melhor. Eles comunicam os sons diretamente ao nervo que transporta o som para o cérebro. Esses dispositivos consistem de duas partes principais. Uma parece um aparelho auditivo e contém um microfone, que se conecta a um receptor instalado na cabeça da pessoa e implantado em uma parte do ouvido chamada cóclea.

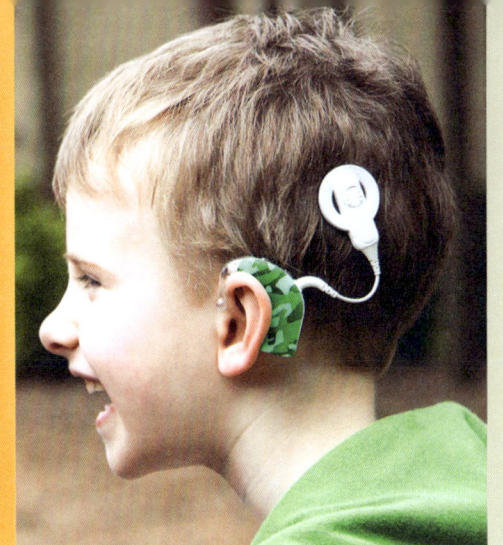

Partes artificiais do corpo controladas pelo pensamento

Se o sistema nervoso de uma pessoa sofre danos e ela perde o uso de uma mão, pode receber uma mão "biônica". Trata-se de uma mão artificial (prótese), feita de circuitos eletrônicos, não de pele e osso. É controlada pelo cérebro do usuário.

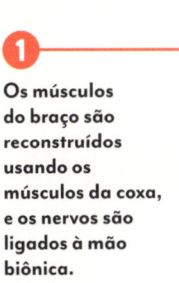

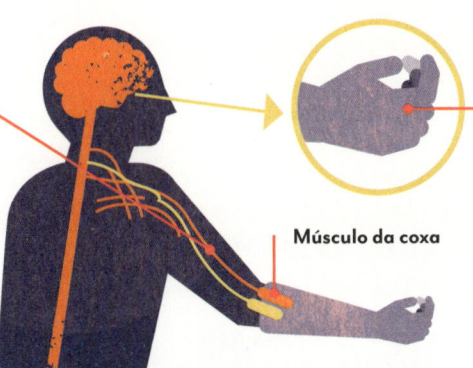

1 Os músculos do braço são reconstruídos usando os músculos da coxa, e os nervos são ligados à mão biônica.

Músculo da coxa

2 A pessoa pode controlar a mão biônica usando o cérebro.

Viver mais

As pessoas estão vivendo mais, mas seus corpos muitas vezes as deixam frustradas. Em um futuro próximo, pequenas máquinas conhecidas como nanorrobôs poderão ser usadas para reparar órgãos que pararam de funcionar ou para fornecer medicamentos a partes específicas do corpo. Muito mais para a frente, poderemos até ser capazes de transferir nossos cérebros para um computador. Talvez, quando o corpo envelhecer, os pensamentos de uma pessoa possam ser armazenados e guardados para as gerações futuras.

DESBRAVANDO O DESCONHECIDO

As pessoas vão poder falar usando apenas o cérebro?

Pesquisadores estão trabalhando em tecnologias para ajudar pessoas que não conseguem falar devido a doenças ou lesões e que precisam soletrar palavras letra por letra em um computador, como fazia o físico Stephen Hawking (à esquerda). Os cientistas estão dando os primeiros passos na decodificação da fala diretamente do cérebro. Em experimentos, colocaram eletrodos na superfície do cérebro de um voluntário. Então, quando o voluntário leu uma frase em voz alta, um computador conseguiu decodificá-la e falar as palavras.

Hoje e amanhã
PERGUNTE AOS ESPECIALISTAS!

YINGJIE HU
Cientista de informações geográficas

O que você mais quer descobrir?
Quero descobrir como as tecnologias geoespaciais (relacionadas a computadores, mapas e localizações) podem colaborar para responder a desastres e ajudar pessoas necessitadas. Essa resposta pode salvar vidas e proteger propriedades. Quando eu era estudante, em 2008, houve um terremoto na minha província natal, Sichuan, na China. Queria ter usado meu conhecimento para ajudar as pessoas afetadas por aquele grande desastre.

O que há de surpreendente na sua área?
Em muitos países, a área da ciência de informações geográficas está subordinada ao departamento de geografia. Assim, por vezes é surpreendente saber que um geógrafo também pode ser um especialista em novas tecnologias informáticas!

Do que você gosta na sua pesquisa?
Usamos mapas em nossos celulares para encontrar as rotas mais curtas para nossos destinos. Mas as tecnologias geoespaciais também são utilizadas para encontrar o melhor lugar para a construção de um hospital e prever a localização de surtos de uma doença.

SHAUNA BRAIL
Geógrafa urbana

Que problema ainda não foi resolvido na sua área?
Uma grande questão que os geógrafos urbanos se fazem com frequência é: o que leva uma cidade a crescer? Se pudéssemos descobrir a resposta para essa pergunta, todas as cidades teriam mais sucesso. Mas a resposta é mutável e depende de muitas coisas, como o ambiente político, a história da cidade, sua localização e características geográficas.

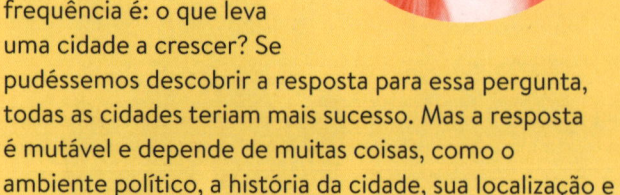

O que despertou seu interesse na sua área?
Tenho paixão pelas cidades. Elas são cheias de pessoas, edifícios e espaços interessantes. Sou fascinada pelo que a maioria das cidades tem em comum e pelo que torna cada uma delas única. Estava no nono ano quando descobri meu amor pela geografia urbana. Tivemos que fazer um dever chamado "Análise locacional de casa", no qual trabalhei por semanas. Tenho até hoje esse trabalho.

JOEL SARTORE
Fotógrafo de conservação

O que você mais quer descobrir?
Gostaria de descobrir a melhor forma de salvar os ecossistemas do mundo e todas as espécies que vivem neles. Isso é extremamente importante para que tenhamos mais chances de salvar a humanidade a longo prazo.

O que você gostaria de contar aos leitores sobre seu trabalho?
Eu diria que o mais importante é fazer o tipo de trabalho que você ama. Se você o ama, será ótimo nele. Além disso, torne-se um especialista em sua área. Dessa forma, outras pessoas virão até você em busca de aconselhamento e assistência à medida que sua carreira se consolidar. Na verdade, essa é a chave para a longevidade em qualquer área.

Hoje e amanhã
QUIZ

1) **Qual era a população mundial no ano de 1800?**
   a. 100 milhões
   b. 1 bilhão
   c. 10 bilhões
   d. 100 bilhões

2) **Em que ano foi lançado o iPhone, da Apple?**
   a. 2001
   b. 2007
   c. 2010
   d. 2013

3) **Quantos navios porta-contêineres existem no mundo?**
   a. Menos de 500
   b. Mais de 5 mil
   c. 50 mil
   d. 500 mil

4) **O Banco Mundial de Sementes, na Noruega, contém quantas variedades de sementes?**
   a. Mais de 1 milhão
   b. Mais de 5 milhões
   c. Mais de 10 milhões
   d. Mais de 20 milhões

5) **Se cada habitante nos Estados Unidos comesse um hambúrguer a menos por semana durante um ano, as emissões de carbono cairiam aproximadamente o equivalente a tirar:**
   a. 10 mil carros de circulação por um ano
   b. 100 mil carros de circulação por um ano
   c. 1 milhão de carros de circulação por um ano
   d. 10 milhões de carros de circulação por um ano

6) **Qual é a cidade mais superlotada do mundo?**
   a. Tóquio, Japão
   b. Pequim, China
   c. Daca, Bangladesh
   d. Rio de Janeiro, Brasil

7) **Quando foi registrado o primeiro site ".com"?**
   a. 1972
   b. 1985
   c. 1991
   d. 1996

8) **A aldeia de Supai obteve conexão com a internet pela primeira vez apenas em 2019 porque está localizada:**
   a. Em uma ilha muito remota
   b. No Círculo Polar Ártico
   c. Na Floresta Amazônica
   d. No sopé do Grand Canyon

9) **O que inspirou o médico holandês Willem Kolff a inventar um rim artificial?**
   a. Um carro de corrida
   b. Um *game show*
   c. Uma máquina de lavar
   d. Um vaso sanitário

10) **A ativista ambiental sueca Greta Thunberg nasceu em que ano?**
    a. 2003
    b. 2004
    c. 2005
    d. 2006

11) **A imprensa foi criada no Ocidente pelo inventor alemão Johannes Gutenberg por volta de:**
    a. 1215
    b. 1340
    c. 1440
    d. 1520

12) **Qual foi o primeiro jornal diário do mundo impresso em cores?**
    a. *USA Today*
    b. *Daily Mail*
    c. *Miami Herald*
    d. *The Sun*

13) **A Curva de Keeling é um gráfico que mostra o aumento de:**
    a. Nível do mar
    b. Níveis de dióxido de carbono
    c. Níveis de metano
    d. Atividade sísmica

14) **No futuro, pequenas máquinas poderão ser usadas para reparar órgãos do corpo que pararam de funcionar. Essas máquinas são chamadas de:**
    a. Doutorbôs
    b. Nanorrobôs
    c. Consertobôs
    d. Não robôs

RESPOSTAS: 1) b, 2) b, 3) b, 4) a, 5) d, 6) c, 7) b, 8) d, 9) c, 10) a, 11) c, 12) a, 13) b, 14) b

NOTAS

O processo de pesquisa deste livro teve diversas etapas. Os redatores usaram uma ampla gama de fontes confiáveis para cada tópico e, em seguida, os verificadores de fatos utilizaram fontes adicionais a fim de assegurar que tudo estivesse correto. Além disso, um especialista revisou cada tema para garantir a precisão. O resultado são mais fontes do que há espaço para compartilhar aqui. Os especialistas estão listados na página 205. A seguir apresentamos uma pequena amostra das fontes dos redatores para cada artigo de página dupla.

Capítulo 1. Humanos
pp.4-5 "Australopithecus Afarensis", www.australianmuseum.net.au.; Gowlett, J. A. J. "The Discovery of Fire by Humans: A Long and Convoluted Process." *Philosophical Transactions of the Royal Society B: Biological Sciences* 371 (2016); Wayman, Erin. "Becoming Human: The Evolution of Walking Upright", www.smithsonianmag.com. **pp.6-7** "Anatomy of a Joint", www.stanfordchildrens.org; Neumann, Paul E. e Thomas R. Gest. "How Many Bones? Every Bone in My Body." *Clinical Anatomy* 33 (2020). **pp.8-9** Briggs, Helen. "DNA from Stone Age Woman Obtained 6,000 Years On", www.bbc.com; Fieldhouse, Sarah. "We've Discovered a Way to Recover DNA from Fingerprints without Destroying Them", www.phys.org; "What Is DNA?", www.ghr.nlm.nih.gov. **pp.10-11** "Brain Basics: Genes At Work In The Brain", www.ninds.nih.gov; Kieffer, Sara. "How the Brain Works", www.hopkinsmedicine.org; Martinez-Conde, Stephen L. e Susana Macknik. "How Magicians Trick Your Brain", *Scientific American*, www.scientificamerican.com. **pp.12-13** Callaway, Ewen. "Mona Lisa's Smile a Mystery No More", www.newscientist.com; Hwang, Hyi Sung e David Matsumoto. "Reading Facial Expressions of Emotion", www.apa.org; "Understanding the Stress Response", www.health.harvard.edu. **pp.14-15** "Anatomy of the Eye", www.kelloggeye.org; "How Does Loud Noise Cause Hearing Loss", www.cdc.gov; Munger, Steven D. "The Taste Map of the Tongue you Learned at School is All Wrong", www.smithsonianmag.com. **pp.16-17** Foley, Jonathan. "Feeding 9 Billion", www.nationalgeographic.com; "Food Loss and Food Waste", www.fao.org; Pariona, Amber. "What Are the World"s Most Important Staple Foods?", www.worldatlas.com. **pp.18-19** Jahangir, Rumeana. "How Does Black Hair Reflect Black History?", www.bbc.com; Keller, Alice e Terri Ottaway. "Centuries of Opulence: Jewels of India", www.gia.edu; Schultz, Colin. "In Ancient Rome, Purple Dye Was Made from Snails", www.smithsonianmag.com. **pp.20-21** Armstrong, Karen. *Uma história de Deus*. (São Paulo: Companhia das Letras, 2008); Smith, Huston. *The World's Religions*. (Nova York: HarperOne, 2009).

pp.22-23 Ferguson, R. Brian. "War Is Not Part of Human Nature", www.scientificamerican.com; "Medicine in the Aftermath of War", www.sciencemuseum.org.uk. **pp.24-25** Jackendoff, Ray. "FAQ: How Did Language Begin?", www.linguisticsociety.org; Lustig, Robin. "Can English remain the 'world's favourite' language?", www.bbc.co.uk; "What are the top 200 most spoken languages?", www.ethnologue.com. **pp.26-27** Boissoneault, Lorraine. "How Humans Invented Numbers – And How Numbers Reshaped Our World", www.smithsonianmag.com; Mark, Joshua J. "Cuneiform", www.ancient.eu; Schmandt-Besserat, Denise. "The Evolution of Writing", www.utexas.edu. **pp.28-29** Pettitt, P. B. et al. "Hand Stencils in Upper Palaeolithic Cave Art", www.dur. ac.uk; Vergano, Dan. "Cave Paintings in Indonesia Redraw Picture of Earliest Art", www.nationalgeographic.com. **pp.30-31** "Music and the Brain: What Happens When You"re Listening to Music", www.ucf.edu; "Performing Arts (Such as Traditional Music, Dance and Theatre)", www.ich. unesco.org; "William Shakespeare", www.bl.uk. **pp.32-33** Longstaff, Alan. "Calendars from Around the World", www.rmg.co.uk; "Mystery of the Maya – Maya Calendar", www.historymuseum.ca; Stern, Sacha. *Calendars in Antiquity: Empires, States, and Societies*. (Oxford: Oxford University Press, 2012). **pp.34-35** "How Money is Made-Paper and Ink", www.moneyfactory.gov; Kishtainy, Niall. *A Little History of Economics*. (New Haven, Connecticut: Yale University Press, 2017); "Tonne Gold Kangaroo Coin", www.perthmintbullion.com. **pp.36-37** Eleftheriou-Smith, Loulla-Mae. "Magna Carta: What is it–and why is it still important today?", www.independent.co.uk.; Levack, Brian P. *The Witch-Hunt in Early Modern Europe*. (Londres: Longman, 1987). **pp.38-39** Beaubien, Jason. ""Floating Schools" Make Sure Kids Get To Class When The Water Rises", www.npr.org; "Girls" Education", www.worldbank.org; Patrinos, Harry A. "Why Education Matters for Economic Development", www.blogs.worldbank.org; "Educação: um tesouro a descobrir", unesdoc.unesco.org. **pp.40-41** "Data on the future of work", www.oecd.org; Ferguson, Donna. "From Dog Food Taster to Eel Ecologist", www.theguardian.com. **pp.42-43** Geere, Duncan. "Bionic Bolt: The Future of Performance Enhancing Sports Robotics", www.techradar.com; Solly, Meilan. "The Best Board Games of the Ancient World", www.smithsonianmag.com. **pp.44-45** Boomer, Ben. "Ghaajj Navajo New Year", www.shamaniceducation.org; Crump, William D. *Encyclopedia of New Year's Holidays Worldwide*. (Jefferson, Carolina do Norte: McFarland, 2016). **pp.46-47** Ebenstein, Joanna. *Death: A Graveside Companion*. (Londres: Thames & Hudson, 2017); "Egyptian Mummification", www.spurlock.illinois.edu.

Capítulo 2. Tempos antigos e medievais
pp.52-53 Flood, Josephine. *The Original Australians: Story of the Aboriginal People.* (Londres: Crows Nest, 2006); Macintyre, Stuart. *A Concise History of Australia.* (Cambridge: Cambridge University Press, 2009). **pp.54-55** Bottéro, Jean. *Everyday Life in Ancient Mesopotamia*, trad. Antonia Nevill (Edimburgo: Edinburgh University Press, 2001); Kramer, Samuel Noah. *History Begins at Sumer: Thirty-Nine Firsts in Man's Recorded History.* (Filadélfia: University of Pennsylvania Press, 2001); Kriwaczek, Paul. *Babylon: Mesopotamia and the Birth of Civilisation.* (Londres: Atlantic Books, 2010). **pp.56-57** Hunter, Erica C. D. *Ancient Mesopotamia.* (Nova York: Chelsea House, 2007); Rathbone, Dominic (org.). *Civilizations of the Ancient World: A Visual Sourcebook.* (Londres: Thames & Hudson, 2009). **pp.58-59** Chippindale, C. *Stonehenge Complete.* (Londres: Thames & Hudson, 2004). **pp.60-61** Loewe, Michael e Edward L. Shaughnessy (org.). *The Cambridge History of Ancient China: From the Origins of Civilisation to 221 BC.* (Cambridge: Cambridge University Press, 1999). **pp.62-63** *Oxford Encyclopedia of Ancient Egypt.* (Oxford: Oxford University Press, 2001). **pp.64-65** Iles Johnston, Sarah (org.). *Religions of the Ancient World.* (Cambridge, MA: Harvard University Press, 2004); Lloyd, Alan B., (org.). *A Companion to Ancient Egypt.* (Chichester, Reino Unido: Wiley-Blackwell, 2010). **pp.66-67** Conklin, William J. e Jeffrey Quilter. *Chavin: art, architecture and culture.* (Los Angeles: Cotsen Institute of Archaeology Press, 2008); Silverman, Helaine. *Ancient Nasca Settlement and Society.* (Iowa City: University of Iowa Press, 2002). **pp.68-69** Craig, Robert D. *Handbook of Polynesian Mythology.* (Santa Barbara: ABC-CLIO, 2004); Lal, Brij V. e Kate Fortune (org.). *The Pacific Islands: An Encyclopaedia.* (Honolulu: University of Hawaii Press, 2000). **pp.70-71** Cartledge, Paul (org.). *The Cambridge Illustrated History of Ancient Greece.* (Cambridge: Cambridge University Press, 2002); Speake, Graham (org.). *Encyclopedia of Greece and the Hellenic Tradition.* (Londres: Fitzroy Dearborn, 2000). **pp.72-73** Coe, Michael D. e Rex Koontz. *Mexico: From the Olmecs to the Aztecs.* (Londres: Thames & Hudson, 2002); Foster, Lynn V. *Handbook to Life in the Ancient Maya World.* (Oxford: Oxford University Press, 2005). **pp.74-75** Harrison, Thomas (org.). *The Great Empires of the Ancient World.* (Londres: Thames & Hudson, 2009); Potts, D. T. (org.). *The Oxford Handbook of Ancient Iran.* (Oxford: Oxford University Press, 2013). **pp.76-77** Boardman, John. *The Oxford History Of Greece & The Hellenistic World.* (Oxford: Oxford University Press, 2002); Konstam, Angus. *Historical Atlas of Ancient Greece.* (Londres: Mercury Books, 2006). **pp.78-79** Bosworth, A. B. *Conquest and Empire: the Reign of Alexander the Great.* (Cambridge: Canto, 1993); Lane Fox, Robin. *Alexander the Great.* (Londres: Penguin, 2004). **pp.80-81** Avari, Burjor. *India: The Ancient Past, A history of the Indian sub-continent from c. 7000 BC to AD 1200.* (Abingdon, Reino Unido: Routledge, 2007); Lahiri, Nayanjot. *Ashoka in Ancient India.* (Cambridge: Harvard University Press, 2015); Singh, Upinder. *A History of Ancient and Early Medieval India.* (Delhi, Índia: Pearson Longman, 2008); Thapar, Romila. *The Penguin History of Early India: From the Origins to AD 1300.* (Londres: Penguin, 2002). **pp.82-83** Ebrey, Patricia Buckley (org.). *The Cambridge Illustrated History of China.* (Cambridge: Cambridge University Press, 2010). **pp.84-85** Coarelli, Filippo. *Rome and Environs: An Archaeological Guide.* (Berkeley, Califórnia: University of California Press, 2014); Wilson Jones, Mark. *Principles of Roman Architecture.* (New Haven, Connecticut: Yale University Press, 2000). **pp.86-87** Angold, Michael. *Byzantium: The Bridge from Antiquity to the Middle Ages.* (Nova York: St. Martin's Press, 2001); Mango, Cyril (org.). *The Oxford History of Byzantium.* (Oxford: Oxford University Press, 2002); Rosen, William. *Justinian's Flea: Plague, Empire and the Birth of Europe.* (Londres: Penguin, 2008). **pp.88-89** Miller, Joseph C. (org.). *New Encyclopaedia of Africa.* (Farmington Hills, MI: Gale, 2008); Phillipson, David W. *Ancient Ethiopia: Aksum: Its Antecedents and Successors.* (Londres: British Museum Press, 1998). **pp.90-91** Dash, Mike. "The Demonization of Empress Wu", *Smithsonian*, 10 de agosto de 2012; Lu, Yongxiang (org.). *A History of Chinese Science and Technology.* (Londres: Springer, 2015). **pp.92-93** Al-Hassani, Salim T. S. (org.). *1001 Inventions: The Enduring Legacy of Muslim Civilization.* (Washington, D.C.: National Geographic, 2012); "The Elephant Clock", www.metmuseum.org. **pp.94-95** Backman, Clifford R. *The Worlds of Medieval Europe.* (Oxford: Oxford University Press, 2014); Bauer, Susan Wise. *The History of the Medieval World.* (Nova York: W. W. Norton, 2010).

Capítulo 3. Tempos modernos
pp.100-101 Campbell, Gordon. *The Oxford Illustrated History of the Renaissance.* (Oxford: Oxford University Press, 2019); Paoletti, John T. e Gary M. Radke. *Art in Renaissance Italy.* (Londres: Pearson, 2011). **pp.102-103** "Asante Gold", www.vam.ac.uk; Sansom, Ian, "Great Dynasties of the World: The Ethiopian Royal Family", www.theguardian.com; "Wrapped in Pride", www.africa.si.edu. **pp.104-105** Anderson, Maria. "5 Reasons the Inka Road is One of the Greatest Achievements in Engineering", www.insider.si.edu; Cossins, Daniel. "We thought the Incas couldn't write. These knots change everything", www.newscientist.com; "Heilbrun

Timeline of Art History. Tenochtitlan", www.metmuseum.org; Mavrakis, Emily. "Ominous new interpretation of Aztec sun stone", www.floridamuseum.ufl.edu. **pp.106-107** Fernandez-Armesto, Felipe. *Pathfinders: A Global History*. (Nova York: W. W. Norton, 2006); Worrall, Simon. "How the Discovery of Two Lost Ships Solved an Arctic Mystery", www.nationalgeographic.com; "Zheng He", exploration.marinersmuseum.org; **pp.108-109** Boissoneault, Lorraine. "The True Story of the Koh-i-Noor Diamond And Why the British Won't Give It Back", www.smithsonianmag.com; "Taj Mahal Architecture with Design and Layout", www.tajmahalinagra.com. **pp.110-111** Gordon, Andrew. *A Modern History of Japan*. (Oxford: Oxford University Press, 2019); "Kabuki Actors: Masterpieces of Japanese Woodblock Prints" (da coleção do Art Institute of Chicago, www.artic.edu), 1988. **pp.112-113** Machemer, Theresa. "Spanish Conquistadors Stole This Gold Bar From Aztec Emperor Moctezuma's Trove", www.smithsonianmag.com; Pringle, Heather. "How Europeans Brought Sickness to the New World", sciencemag.org; Townsend, Camilla. *Fifth Sun: A New History of the Aztecs*. (Nova York: Oxford University Press, 2020). **pp.114-115** "French and Indian War/Seven Years War 1754-63", www.history.state.gov; "The Mayflower Story", www.mayflower400uk.org; "The Pocahontas Archive", www.digital.lib.lehigh.edu. **pp.116-117** Hochschild, Adam. *Bury the Chains: the British Struggle to Abolish Slavery*. (Londres: Macmillan, 2005); "Slavery and Freedom", www.nmaahc.si.edu; Thomas, Hugh. *The Slave Trade*. (Londres: Weidenfeld & Nicolson, 2015). **pp.118-119** "Boston Tea Party History", www.bostonteapartyship.com; "Enlightenment", www.plato.stanford.edu; "Touissant Louverture", www.slaveryandremembrance.org. **pp.120-121** Hajar, Rachel. "History of Medicine Timeline", www.ncbi.nlm.nih.gov; Hernandez, Victoria. "Photograph 51, by Rosalind Franklin", www.embryo.asu.edu; *Medicine: The Definitive Illustrated History*. (Londres: DK Publishing, 2016). **pp.122-123** Stearns, Peter N. *The Industrial Revolution in World History*. (Nova York: Routledge, 2018); Weightman, Gavin. *The Industrial Revolutionaries*. (Nova York: Grove Press, 2007). **pp.124-125** "Cher Ami", www.americanhistory.si.edu; "First World War", www.iwm.org.uk; Gregory, Adrian. *The Last Great War: British Society and the First World War*. (Cambridge: Cambridge University Press, 2008); Howard, Michael. *The First World War*. (Oxford: Oxford University Press, 2002); "Medicine in the First World War", www.kumc.edu. **pp.126-127** Neuman, Joanna. *And Yet They Persisted*. (Hoboken, New Jersey: Wiley-Blackwell, 2020); "Women and the Vote", www.parliament.uk. **pp.128-129** Chang, Jung e Jon Halliday. *Mao*. (São Paulo: Companhia das Letras, 2012); Sperber, Jonathan. *Karl Marx: uma vida no século XIX*. (São Paulo: Amarilys Editora, 2014). **pp.130-131** "Walt Disney". moma.org; Spivack, Emily. "The History of the Flapper", www.smithsonianmag.com; Taylor Redd, Nola. "Charles Lindbergh and the First Solo Transatlantic Flight", www.space.com. **pp.132-133** Carter, Ian. "The German Lightning War Strategy of the Second World War", www.iwm.org.uk; Holmes, Richard (org.). *World War II The Definitive Visual Guide*. (Londres: DK Publishing, 2009); "Life in Shadows: Hidden Children and the Holocaust", www.ushmm.org. **pp.134-135** "Soviet Invasion of Czechoslovakia", www.history.state.gov; "The Soviet Space Program", www.nationalcoldwarexhibition.org; "Why China Rents Out Its Pandas", www.economist.com. **pp.136-137** Kennedy, Dane Keith. *Decolonization*. (Oxford: Oxford University Press, 2016); Mahaffey, James. *Atomic Awakening*. (Nova York: Pegasus Books, 2009); Shipway, Martin. *Decolonization and Its Impact*. (Malden, Massachusetts: Blackwell, 2008). **pp.138-139** Conwill, Kinshasha Holman (org.). *Dream a World Anew*. (Washington, D.C.: Smithsonian Books, 2016); Sampson, Anthony. *Mandela*. (Nova York: Vintage Editions, 2000); "Sorry Rocks", www.environment.gov.au; "Annual Report 2023", idsn.org. **pp.140-141** "Malala's Story", www.malala.org; Regan, Helen e Sharif Paget. "Ethiopia plants more than 350 million trees in 12 hours", www.edition.cnn.com. **pp.142-143** "Countries", www.europa.eu; "Member Countries", thecommonwealth.org; "Member States", www.un.org.

Capítulo 4. Hoje e amanhã

pp.148-149 Cumming, Vivien. "How many people can our planet really support?", www.bbc.co.uk; Khandelwal, Rekha. "McDonald's Global Presence and the Three-Legged Stool", marketrealist.com; Roser, Max, Hannah Ritchie e Esteban Ortiz-Ospina. "World Population Growth", ourworldindata.org; Spence, Michael. *The Next Convergence*. (Nova York: Farrar, Straus and Giroux, 2011). **pp.150-151** Harford, Tim. "The simple steel box that transformed global trade", www.bbc.co.uk; Statista Research Department. "Container Shipping – Statistics & Facts", www.statista.com. **pp.152-153** "Demographia World Urban Areas 16th Annual Edition 2020.04", www.demographia.com; Hodgson, Geoffrey M. "What the world can learn about equality from the Nordic model", theconversation.com; The World Bank. "Nearly Half the World Lives on Less than $5.50 a Day", www.worldbank.org. "Mulheres recebem 19,4% a menos que os homens, aponta 1º Relatório de Transparência Salarial", www.gov.br; "Improving the prognosis of health care in the USA", www.thelancet.com; "Progress on household drinking water, sanitation and hygiene 2000-2022", data.unicef.org. **pp.154-155**

Reuters/ABC. "Arctic 'doomsday' seed vault welcomes millionth variety amid growing climate change concerns", www.abc.net.au; World Health Organisation. "Global hunger continues to rise, new UN report says", www.who.int. **pp.156-157** Firstenberg, Arthur. *The Invisible Rainbow*. (White River Junction, Vermont: Chelsea Green Publishing, 2020); www.littlesun.com; Quak, Evertjan. "The costs and benefits of lighting and electricity services for off-grid populations in sub-Sahara Africa", assets.publishing.service.gov.uk. **pp.158-159** "Figures at a Glance", www.unhcr.org; Firth, Niall. "How to Fight a War in Space (and Get Away with It)", www.technologyreview.com; "Hunger Used as a Weapon of War in Yemen, Experts Say", www.actionagainsthunger.org. **pp.160-161** Milanovic, Branko. *The Haves and the Have-Nots*. (Nova York: Basic Books, 2010); "The richest in 2020", www.forbes.com; Warren, Katie. "13 countries that have only one billionaire", www.businessinsider.com. **pp.162-163** "11 Most Eco-Friendly Cities of the World", interestingengineering.com; Broom, Douglas. "6 of the world's 10 most polluted cities are in India", www.weforum.org; Kolb, Elzy. "75,000 people per square mile? These are the most densely populated cities in the world", eu.usatoday.com; "Climate Plan 2035", urbandevelopmentcph.kk.dk. **pp.164-165** "The birth of the web", home.cern; Gralla, Preston. *How the Internet Works*. (Londres: Que, 2006); Zimmermann, Kim Ann e Jesse Emspak. "Internet History Timeline: ARPANET to the World Wide Web", www.livescience.com. **pp.166-167** Hutchinson, Andrew. "People Are Now Spending More Time on Smartphones Than They Are Watching TV", www.socialmediatoday.com; Nimmo, Dale. "Tales of Wombat 'Heroes' Have Gone Viral. Unfortunately, They're Not True", www.theconversation.com. **pp.168-169** Arrighi, Valeria. "Five Synthetic Materials with the Power to Change the World", www.scitechconnect.elsevier.com; McFadden, Christopher. "Inspired by Nature but as Tough as Iron: Metal Foams", www.interestingengineering.com. **pp.170-171** Berger, Michele W. "A Wearable New Technology Moves Brain Monitoring from the Lab to the Real World", www.medicalxpress.com; Nawrat, Allie. "3D Printing in the Medical Field: Four Major Applications Revolutionising the Industry", www.medicaldevicenetwork.com; "Robotic Surgery", www.mayoclinic.org. **pp.172-173** Brynjolfsson, Erik e Andrew McAfee. *The Second Machine Age*. (Nova York: W. W. Norton, 2016); Goddard, Jonathan. "Alumna Rana El Kaliouby named in BBC"s 100 influential women of 2019", www.cst.cam.ac.uk; Reese, Byron. *The Fourth Age*. (Nova York: Atria Books, 2018); Shapiro, Jordan. *The New Childhood*. (Nova York: Little, Brown Spark, 2018); "Smart Motorways – What Are They and How Do You Use Them?", www.rac.co.uk. **pp.174-175** "How Big Is the Great Pacific Garbage Patch? Science vs. Myth", www.response.restoration.noaa.gov; "Methane: The Other Important Greenhouse Gas", www.edf.org; Nunez, Christina. "Desertification, explained", www.nationalgeographic.com. **pp.176-177** Aldhous, Peter. "We Are Killing Species at 1000 Times the Natural Rate", www.newscientist.com; Kolbert, Elizabeth. *A sexta extinção: uma história não natural*. (Rio de Janeiro: Intrínseca, 2015). **pp.178-179** "The IUCN Red List of Threatened Species", www.iucnredlist.org; Platt, John R. "Bornean Orangutan Now Critically Endangered", www.blogs.scientificamerican.com; Sartore, Joel. *The Photo Ark*. (Washington, D.C.: National Geographic, 2019). **pp.180-181** "Could the Domino Effect of Climate Change Impacts Knock Us into 'Hothouse Earth'?", www.eia-international.org; Lenton, Timothy M. et al. "Climate Tipping Points – Too Risky to Bet Against", www.nature.com; Nunez, Christina. "What is global warming, explained", www.nationalgeographic.com. **pp.182-183** Dunne, Daisy. "Explainer: Six ideas to limit global warming with solar geoengineering", www.carbonbrief.org; Gore, Al. *Uma verdade inconveniente*. (São Paulo: Manole, 2006); "Is it too late to prevent climate change?", www.climate.nasa.gov; Klein, Naomi. *This Changes Everything*. (Nova York: Simon & Schuster, 2014); Milman, Oliver. "Greta Thunberg Condemns World Leaders in Emotional Speech at UN", www.theguardian.com; Wallace-Wells, David. *A terra inabitável*. (São Paulo: Companhia das Letras, 2019). **pp.184-185** Humpert, Malte. "Russia's Brand New Nuclear Icebreaker 'Arktika' to Begin Sea Trials", www.highnorthnews.com; "What Is Nuclear Power and Energy?", www.nuclear.gepower.com. **pp.186-187** Hartley, Gary. "What Role Does Biomass Have to Play in Our Energy Supply?", www.energysavingtrust.org.uk; Shinn, Lora. "Renewable Energy: The Clean Facts", www.nrdc.org; "O sistema em números", www.ons.org.br. **pp.188-189** Carr, Nicholas. *The Shallows*. (Nova York: W. W. Norton, 2010); Cronon, William. *Nature's Metropolis*. (Nova York: W. W. Norton, 1992); Demtriou, Steven J. "We Can Build Cities Fit for the Future – but We Need to Think Differently", www.weforum.org; Dobraszczyk, Paul. *Future Cities*. (Londres: Reaktion Books, 2019); Garfield, Leanna. "These Will Be the World's Biggest Cities in 2030", www.businessinsider.com; Giermann, Holly. "Vincent Callebaut's 2050 Vision of Paris as a 'Smart City'", www.archdaily.com. **pp.190-191** Anumanchipalli, Gopala K., Josh Chartier e Edward Chang. "Speech synthesis from neural decoding of spoken sentences," *Nature* 568 (2019); Walsh, Fergus. "Woman receives bionic hand with sense of touch", www.bbc.co.uk.

GLOSSÁRIO

abolição Interrupção ou cancelamento de algo – particularmente a proibição da escravidão.

adversário Pessoa que discorda das ações ou opiniões de outra ou que se opõe a uma ideia ou política. Também pode ser qualquer pessoa contra quem você esteja competindo em um jogo ou esporte.

agricultura O trabalho de preparação do solo e cultivo de plantas.

alfabetização A capacidade de ler e escrever.

alterações climáticas Situações em que o clima da Terra muda em escala global, ao contrário das mudanças normais nas condições meteorológicas.

ancestral Um parente morto, como a avó da sua bisavó. "Ancestrais" são também gerações anteriores de todo um grupo ou tribo.

ano bissexto Ano em que um ou mais dias extras são acrescidos ao calendário para mantê-lo alinhado com o ano solar (o tempo que a Terra leva para orbitar o Sol). Os anos bissextos são necessários porque o ano solar tem 365,25 dias, enquanto há 365 dias em um ano civil padrão. No calendário gregoriano, usado pela maioria dos países ocidentais, a cada quatro anos é adicionado um dia ao mês de fevereiro.

aquecimento global Um aumento na temperatura média da atmosfera e dos oceanos da Terra. Medições científicas mostram que está ocorrendo um aquecimento global neste momento, certamente por causa dos gases do efeito estufa na atmosfera.

aqueduto Estrutura para canalizar água que corta uma região; por exemplo, para levar água potável a uma cidade. Os aquedutos geralmente possuem pontes para atravessar vales.

arqueólogo Pessoa que pesquisa sociedades humanas de épocas passadas, estudando moedas, sepulturas e ruínas de edifícios, por exemplo.

astronomia O estudo do Universo além da Terra, incluindo planetas, estrelas e todo o espaço sideral.

aterro sanitário Uma forma de descartar o lixo, colocando-o em grandes valas no chão que depois são cobertas.

ativismo Realização ativa de campanhas por mudanças políticas ou sociais.

atmosfera Camada de gás que existe ao redor de muitos planetas, satélites e estrelas.

átomo Um dos blocos de formação da matéria comum. Um átomo tem o centro pequeno, porém pesado, chamado núcleo, que carrega carga elétrica positiva; em torno dele orbitam partículas mais leves, carregadas negativamente, chamadas elétrons.

automático Palavra usada para descrever equipamentos que funcionam sem ser operados diretamente por uma pessoa.

Bálcãs Região do sudeste da Europa onde viveram muitos povos e culturas diferentes. Inclui vários países modernos, como Albânia, Bulgária e Sérvia.

biomassa Matéria orgânica utilizada como fonte de energia. Ela pode ser de origem vegetal ou animal e inclui materiais como madeira, resíduos agrícolas, esterco, algas e até mesmo resíduos urbanos.

capitalismo Sistema de gestão do dinheiro e da riqueza no qual indústrias e negócios são administrados por empresas privadas que competem entre si, e não pelo governo.

carboidratos Substâncias como açúcar e amido, que são feitas de carbono, hidrogênio e oxigênio.

catedral Uma igreja cristã, geralmente grande, que é a sede de um bispo.

célula Uma dos milhões de minúsculas unidades vivas que constituem o corpo dos seres humanos e de outros seres vivos. Células da pele e células nervosas são exemplos.

cerco Forma de combate na qual um exército cerca uma região, na esperança de fazê-la se render quando ficar sem comida, água ou munição.

cerimônia Evento ou ritual formal; por exemplo, como parte de uma religião ou para celebrar algo.

cidadã(o) Alguém que pertence legalmente a determinado país e tem direitos como o de viver e de votar nesse lugar.

colônia Uma cidade fundada, ou uma região colonizada, por pessoas de outro país. Em geral, as colônias são parcialmente controladas pelo país de onde vieram os colonos.

colonos Pessoas que constroem suas casas em colônias ou terras inexploradas.

combustível fóssil Um combustível, como o carvão, o petróleo bruto ou o gás natural, encontrado no subsolo. Os combustíveis fósseis são remanescentes de antigos organismos vivos.

comerciante Indivíduo que transporta e vende mercadorias, principalmente em grande escala e para outros países.

comunismo Forma de governo em que os indivíduos não possuem fábricas nem terras, que são propriedade de toda a comunidade ou do governo. Todos devem compartilhar a riqueza que criam.

continente Uma importante região terrestre contínua da Terra. Os continentes atuais são Ásia, África, América, Antártida, Europa e Oceania.

controverso Característica de algo que leva a discussões e desentendimentos, porque pessoas diferentes têm opiniões distintas sobre algo que está sendo debatido.

converter Mudar o ponto de vista de uma pessoa para que ela comece a acreditar em uma religião ou mude de religião.

crime Uma ação contra a lei, que pode levar um governo a punir uma pessoa.

decifrar Descobrir o significado de algo, como palavras escritas em uma língua desconhecida.

democracia Forma de governo em que a população de uma região participa de eleições para escolher livremente quem serão seus governantes.

direitos civis Os direitos às liberdades individuais e a ser tratado de forma igual aos demais em uma sociedade.

ditador Pessoa que governa um país sem restrições ao próprio poder.

divindade Um deus ou deusa.

dólmen Estrutura pré-histórica feita de duas ou mais pedras na vertical com uma única pedra grande apoiada sobre elas.

economia O padrão geral de bens e serviços produzidos e consumidos em um país, uma região ou no mundo inteiro.

ecossistema Os seres vivos de determinado habitat e a forma como eles interagem entre si e com o ambiente. Podem ser desde pequenas poças d'água até grandes florestas ou oceanos.

energia A capacidade de exercer uma atividade ou trabalhar. Manifesta-se de várias formas e pode ser transformada de uma forma para outra. A energia cinética, por exemplo, está associada ao movimento de um corpo. Já a energia térmica está relacionada à temperatura.

erosão Qualquer processo no qual a superfície da Terra é desgastada (por exemplo, pelo vento ou pela água) e os fragmentos são levados para outro lugar.

espécime Uma amostra ou exemplar representativo de uma espécie, organismo ou objeto usado em estudos científicos, exibições ou coleções.

estimativa Medida aproximada que pode ser diferente da realidade.

etnia Grupo de pessoas com cultura e história comuns.

extremista Alguém que tem opiniões extremas, principalmente sobre política ou religião.

faraó Governante do Antigo Egito, que era frequentemente venerado como um deus.

filosofia Pensar profundamente sobre as questões básicas da vida, como por que estamos aqui ou como podemos ter um conhecimento seguro sobre qualquer coisa.

fome (1) Sensação física pela qual o corpo sinaliza que precisa de alimento. **(2)** Escassez de alimentos em grande escala que leva à privação generalizada.

fóssil Vestígio de um organismo vivo, como uma planta, animal ou sua marca (como uma pegada), preservado no solo por um longo período de tempo.

fusão nuclear Processo em que os núcleos atômicos de elementos, principalmente os mais leves, como o hidrogênio, combinam-se para formar núcleos de elementos mais pesados, liberando uma quantidade significativa de energia.

gás Uma forma da matéria na qual átomos ou moléculas individuais se movem independentemente uns dos outros em vez de ficarem próximos como nos líquidos e nos sólidos.

gás do efeito estufa Qualquer gás que contribua para o efeito estufa. A energia térmica irradiada da superfície da Terra fica presa nesses gases, tornando a atmosfera mais quente. Geralmente são o dióxido de carbono e o metano, ambos em maior proporção devido à atividade humana.

gene Um dos milhares de diferentes conjuntos de "instruções" encontrados em quase todas as células do corpo. Eles controlam o desenvolvimento e o que faz uma pessoa ser diferente de outra. Os genes estão presentes em uma substância chamada DNA.

genética O estudo dos genes e de seus efeitos, incluindo a forma pela qual características como altura e cor dos olhos são transmitidas de uma geração para a seguinte.

Guerra Fria Período da história entre o fim da Segunda Guerra Mundial, em 1945, e o fim da União Soviética, em 1991. Foi marcado pela rivalidade e pela ameaça de guerra nuclear entre os países comunistas, liderados pela União Soviética, e as nações ocidentais, lideradas pelos Estados Unidos.

habitat Qualquer área adequada para a vida de determinados tipos de animais, plantas e outros organismos.

hemisfério Metade de um objeto redondo, como metade da superfície da Terra.

herdeiro Pessoa que vai herdar algo quando outra morrer. Pode ser um título, como rei ou duque, ou propriedades e riquezas, ou mesmo todos eles.

hierarquia Qualquer arranjo no qual algumas pessoas ou coisas são classificadas como superiores ou mais importantes do que outras. Nas organizações humanas, as pessoas mais altas na hierarquia muitas vezes têm controle sobre as pessoas abaixo delas.

Iluminismo Forma de pensar que começou na Europa, no século XVIII, e que tinha como objetivo empregar a razão, a lógica e a ciência para solucionar problemas sociais e políticos.

imposto Dinheiro ou propriedade cobrado por lei de uma pessoa para ajudar a administrar o país, o estado ou a cidade em que vive ou a que pertence essa pessoa.

independência Para um país ou território, ter controle sobre si mesmo em vez de ser parcial ou totalmente controlado por outro país.

infraestrutura As estruturas necessárias para manter uma sociedade moderna funcionando, como sistemas de transporte, sistemas de água e esgoto e usinas elétricas. São geralmente criadas pelo governo e de propriedade pública.

investidor Pessoa ou organização que investe dinheiro em um projeto, muitas vezes na esperança de obter lucro mais tarde.

irrigação Qualquer método de canalizar água até uma região agrícola a fim de ajudar no cultivo das lavouras.

jejum Ficar sem comer propositalmente, como por motivos religiosos.

labirinto Uma rede de caminhos intrincados da qual é preciso achar uma saída.

LGBTQIA+ Abreviação de "lésbicas, gays, bissexuais, transgêneros, queer, intersexuais, assexuais e mais". Trata-se de um termo geral para todas as pessoas cuja orientação sexual ou identidade de gênero varia em relação à ideia tradicional de que o tipo de corpo com o qual elas nascem determina quem vão amar, o gênero ao qual pertencerão e como devem se comportar.

Linha do Equador Uma linha imaginária ao redor da superfície da Terra que a separa entre os hemisférios Norte e Sul.

mamífero Qualquer animal, incluindo os seres humanos, cujas fêmeas produzem leite para seus filhotes. Os mamíferos geralmente têm cabelos ou pelos.

mandíbula O maxilar inferior de um vertebrado. As partes de insetos que mordem, como as formigas, também são chamadas de mandíbulas.

meditação Entrar em um estado de silêncio ou transe para acalmar a mente ou para fins religiosos ou espirituais.

mesquita Local de culto da religião islâmica.

mito História antiga que se acredita ser verdadeira, principalmente aquelas que envolvem deuses e deusas ou que explicam como algo foi criado, como a Terra ou o céu.

mitologia Conjunto de mitos pertencentes a determinada civilização ou tribo.

molécula A menor unidade de um composto químico. As moléculas são compostas por dois ou mais átomos unidos.

monarquia Governo exercido por uma pessoa, geralmente um membro da realeza, como um rei ou uma imperatriz.

monção Padrão de ventos em algumas regiões tropicais no qual o vento sopra em uma direção durante parte do ano e na direção oposta durante a outra parte. Esses ventos costumam provocar estações úmidas e estações secas. As monções também podem se referir às fortes chuvas que ocorrem durante a estação úmida.

multinacional Que opera em ou envolve diferentes países.

múmia Cadáver que foi parcialmente preservado por tratamentos especiais a fim de evitar a decomposição.

nacionalismo Perspectiva política centrada em um forte apego ao próprio país ou povo.

nobres Pessoas às quais é atribuído um status mais elevado do que outras em uma sociedade, como duques, viscondes e barões.

núcleo Na ciência, pode se referir tanto à parte central de um átomo, composta por prótons e nêutrons, quanto à estrutura que abriga o material genético de uma célula.

nutrientes Substâncias dos alimentos que ajudam o corpo a funcionar, como vitaminas e minerais.

Oceania O continente que inclui a Austrália, a Nova Zelândia e todas as pequenas ilhas do oeste do Oceano Pacífico.

oração Qualquer discurso dirigido a um deus para pedir ajuda, agradecer ou louvar. Orações também podem ser feitas a indivíduos sagrados, como santos. O discurso-padrão dirigido a um deus durante os cultos religiosos também é uma oração.

peregrinação Uma longa viagem para visitar um local religioso ou santuário.

permafrost Solo permanentemente congelado, comum nas regiões árticas e antárticas.

pictograma Imagem que representa uma palavra ou frase. Os primeiros tipos de escrita costumavam incluir pictogramas.

pirâmide Em matemática, uma forma sólida com base em forma de polígono (um quadrado, por exemplo) e lados triangulares que se inclinam para cima até um ponto no topo. As pirâmides do Antigo Egito e dos maias têm esse formato.

polímero Molécula muito longa formada por uma cadeia flexível de pequenas moléculas unidas.

povos indígenas, nativos ou originários Habitantes originais de uma região e seus descendentes.

pré-histórico Referência ao período anterior aos registros escritos. Esse período é diferente em lugares distintos.

primatas O grupo de mamíferos que inclui lêmures, macacos e seres humanos, por exemplo.

profeta Pessoa que afirma falar em nome de um deus e/ou prever o futuro.

prótese Substituto artificial de partes do corpo, como mãos artificiais.

protótipo Uma máquina ou outro dispositivo construído experimentalmente, criado para testar seu funcionamento antes que milhares iguais sejam fabricados.

província Uma grande região de um país, muitas vezes com cultura e tradições próprias. Também é um tipo de divisão administrativa utilizado em países como Canadá e Argentina.

racismo Tratar as pessoas de forma diferente, por exemplo, dando a elas menos direitos, por causa da cor de pele e da etnia.

refugiado Pessoa que fugiu de um país para outro a fim de escapar de perigos.

Renascimento Período da história europeia, entre os séculos XIV e XVI, quando a arte e o pensamento floresceram, em parte devido a um interesse renovado pela Grécia e Roma antigas.

réplica Cópia de um objeto original; por exemplo, uma cópia moderna de uma estátua antiga. As réplicas podem ser usadas para se exibir um objeto em diferentes locais, como em uma exposição itinerante, caso o objeto original não possa ser transportado.

revolução Mudança repentina de governo, muitas vezes violenta e envolvendo uma rebelião.

sagrado Venerado ou considerado especial por determinada religião.

santuário (1) Local ou construção sagrados onde pessoas de determinada religião rezam e veneram um deus. **(2)** Área protegida dedicada à conservação de espécies e habitats naturais, onde a flora e a fauna são preservadas e protegidas contra ameaças humanas, promovendo a biodiversidade e o equilíbrio ecológico.

satélite Corpo natural ou artificial que orbita um planeta. Os satélites naturais também são chamados de luas.

segregação Separação, particularmente por meio de leis, pessoas de etnias diferentes.

socialismo Forma de organização da sociedade de modo a distribuir a riqueza de maneira mais uniforme.

sufrágio O direito de votar.

tatuagem Um padrão ou desenho marcado permanentemente na pele com tinta ou outros pigmentos.

templo Nome do local de culto em diferentes religiões.

terrorismo Uso do medo para tentar mudar a sociedade, incluindo a prática de crimes violentos para deixar as pessoas amedrontadas.

transporte público Sistemas de transporte não particulares que podem carregar muitas pessoas ao mesmo tempo, como trens e metrôs.

tratado Acordo legal entre dois ou mais países ou grupos.

União Soviética A União das Repúblicas Socialistas Soviéticas (URSS), Estado no norte da Eurásia que surgiu após a queda do czar russo em 1917. A URSS foi criada em 1922 e se desfez em 1991, provocando o fim da Guerra Fria.

urbano Relativo a cidades, subúrbios e áreas edificadas.

viral (1) Relacionado a vírus. **(2)** Uma história ou imagem que é reproduzida milhares ou milhões de vezes na internet.

vírus Em biologia, partícula minúscula que pode causar doenças em pessoas, animais e plantas. Os vírus provocam inúmeras doenças, incluindo resfriados, gripes e covid-19. Menores do que as bactérias, entram nas células vivas e as utilizam para produzir mais vírus.

vombate Marsupial nativo da Austrália, conhecido por seu corpo compacto e suas patas curtas. Vive em tocas complexas que escava e se alimenta de gramíneas, raízes e cascas.

CRÉDITOS DAS IMAGENS

A editora gostaria de agradecer às pessoas e instituições a seguir pela permissão para reproduzir suas fotografias e ilustrações. Embora todos os esforços tenham sido feitos para creditar as imagens, a editora pede desculpas por quaisquer erros ou omissões e terá o prazer de fazer as correções necessárias em futuras edições do livro.

Legenda: no topo (t), na base (b), à esquerda (e), à direita (d), no centro (c).

p.2 istock/derno; **p.4 td** GODONG/BSIP/Superstock; **p.5 te** paolo siccardi/SYNC/Marka/Superstock; **ce** Ottfried Schreiter/imageBROKER/Superstock; **be** istock/GlobalP; **bd** istock/mdesigner125; **p.7 ce** fototeca gilardi/Marka/Superstock (Trota); **p.8** istock/Artem_Egorov; **p.9 ce** 123rf.com/bzh22; **ce** Charlotte Cox; **cd** Tom Bjorklund; **bcd** Cortesia de Abigail H. Feresten; **bc** Cultura Creative/Superstock; **p.10 tc** istock/Henrik5000; **p.11 be** istock/MediaProduction; **bd** istock/zygotehasnobrain; **p.12** istock/calvindexter; **p.13 te** 123rf.com/luckybusiness; **td** istock/Vintervarg; **ce** istock/monkeybusinessimages; **bd** Wikimedia Commons; **p.15 cd** istock/VikiVector; **cd** istock/appleuzr; cd istock/Rakdee; cd istock/mechanick; cd istock/soulcid; **bc** istock/ByM; **bd** istock/GlobalP; **p.16 bd** Dreamstime/Chernetskaya; **p.17 tc** 123rf.com/yupiramos; **d** Clickalps SRLs/age fotostock/Superstock; **bc** 123rf.com/fuzullhanum; **p.18 tc** World History Archive/Superstock; **b** Dia Dipasupil/Getty; **p.19 te** Science History Images/Alamy; **bd** istock/master2; **pp.20-21** Dreamstime/Sadalaxmi Rawa; **p.21** 123rf.com/redberry; **p.22 t** World History Archive/Superstock; **bc** Ashraf Shazly/AFP/Getty; **p.23 te** 123rf.com/chatcameraman; **cd** ITAR-TASS News Agency/Alamy; **bcd** Enciclopédia Britânica, Inc.; **ce** 123rf.com/Alexander Pokusay; **be** 123rf.com/artush; **p.24 td** istock/JohnnyGrieg; **p.25 ce** istock/Lokibaho; **cd** Cortesia de Laura Kalin; **be** Dreamstime/Danemo; **p.26 td** istock/f9b65183_118; **c** DeAgostini/Superstock; **be** DeAgostini/Superstock; **bd** Jose Peral/age fotostock/Superstock; **p.27 ce** istock/coward_lion; **bc** 123rf.com/Kobby Dagan; **pp.28-29** Look-foto/Superstock; **p.28 bc** Javier Etcheverry/Visual & Written/Superstock; **p.30** Robert Marquardt/Getty; **p.30 be** Jan Wlodarczyk/Alamy; **p.31 te** TAO Images Limited/Alamy; **ce** istock/TonyBaggett; **c** NASA; **bd** Dreamstime/Kino Alyse; **pp.32-33** 123rf.com/magicpictures; istock/bananajazz; 123rf.com/aratehortua; istock/AVIcons; Dreamstime/Sadalaxmi Rawa; Dreamstime/Dreamsidhe; istock/ekazansk; istock/MicrovOne; istock/appleuzr; istock/kumarworks; istock/Tatiana_Ti; istock/Drypsiak; istock/olnik_y; istock/Alexey Morozov; 123rf.com/Svitlana Drutska; istock/Photoplotnikov; **p.33 td** World History Archive/Superstock; **p.34 e** istock/GeorgeManga; **e** istock/Bakal; **e** istock/Balora; **e** istock/Counterfeit_ua; **e** istock/-VICTOR-; **e** istock/13ree_ design; **e** istock/Tanya St; **e** istock/Vectorios2016; **e** istock/einegraphic; **td** Wikimedia Commons/Baomi (CC BY-SA 4.0 International); **p.35 td** Dreamstime/Kwanchaidt; **ce** Dreamstime/Joe Sohm; **bd** Dreamstime/Taigis; **p.36 t** istock/TonyBaggett; **p.37 ce** istock/undefined undefined; **cd** Cortesia de Jack Snyder; **p.38 ce** agefotostock/Alamy; td istock/hadynyah; **p.39 t** Jonas Gratzer/Getty; **p.40 t** Steve Morgan/Alamy; **bc** David Gee 4/Alamy; **p.41 td** Nature Picture Library/Cyril Ruoso; **be** istock/cherstva (cadeira/mesa); **be** istock/Alex Belomlinsky (tigela); **bd** 123rf.com/Ian Allenden; **p.42 td** Jose Breton/NurPhoto/Getty; **p.43 te** Alain Guilleux/age fotostock/Superstock; **td** Sueddeutsche Zeitung Photo/Alamy; **be** Warren Little/Getty; **p.46 t** istock/Solange_Z; **be** Chris Warren/Superstock; **p.47 te** age fotostock/Superstock; **d** DeAgostini/Superstock; **be** istock/ThamKC; **p.48** Cortesia de Pravina Shukla; Cortesia de Gina A. Zurlo; Cortesia de Martin Polley; **p.50** istock/Carlos Aranguiz; **p.52 td** Auscape/Getty; **pp.52-53 b** LEMAIRE Stephane/Hemis/Superstock; **p.53 te** Dreamstime/Rafael Ben Ari; **cd** robertharding/Superstock; **bcd** Cortesia de Dave Ella; **p.55 td** 123rf.com/Nicolas Fernandez; **bd** istock/Species125; **p.56 td** Peter Willi/Superstock; **c** Wikimedia Commons/Eric Gaba (CC BY-SA 3.0); **be** DeAgostini/Superstock; **p.57 t** PRISMA ARCHIVO/Alamy; **ce** INTERFOTO/Alamy; **bd** DeAgostini/Superstock; **pp.58-59** istock/MNStudio; **p.61 te** The Print Collector/Alamy; **td** Heritage Image Partnership Ltd/Alamy; **ce** 123rf.com/Willaume; **bd** 123rf.com/Anan Punyod; **p.62 td** Stock Connection/Superstock; **p.63 ce** 123rf.com/Mikhail Kokhanchikov; **cd** 123rf.com/Silviu-Florin Salomia; **bc** Tom K Photo/Alamy; **pp.64-65** Peter Barritt/Superstock; **p.66 tc** 123rf.com/Aleksandra Sabelskaia; **cd** George Steinmetz/Getty; **be** Cicero Moraes; **p.67 td** 123rf.com/makasanaphoto; **cd** Cortesia de Alicia Boswell; **bc** istock/SL_Photography; **p.69 ce** Enciclopédia Britânica, Inc.; **bd** David Tomlinson/Alamy; **p.71 td** Wikimedia Commons/Xuan Che (CC BY 2.0); **ce** DeAgostini/Superstock; **cd** North Wind Picture Archives/Alamy; **be** istock/D_Zheleva; **bd** PRISMA ARCHIVO/Alamy; **p.72 td** DeAgostini/Superstock; **be** DeAgostini/Superstock; **p.73 cd** Cortesia de Elizabeth Graham; be istock/Soft_Light; **p.74 e** Funkystock/age fotostock/Superstock; **cd** DeAgostini/Superstock; **p.75 ce** Philippe Michel/age fotostock/Superstock; **cd** Wikimedia Commons; **bd** José Fuste Raga/age fotostock/Superstock; **p.76 tc** Granger Historical Picture Archive/Alamy; **b** World History Archive/Superstock; **p.77 te** funkyfood London – Paul Williams/Alamy; **cd** Cortesia de Bill Parkinson; **be** Dreamstime/Leremy; **p.79 tc** PRISMA ARCHIVO/Alamy; **p.80** istock/kaetana_istock; **p.81 tce** Dinodia/Bridgeman Images; **cd** Dreamstime/Arindam Banerjee; **be** 123rf.com/vectorstockcompany; **bc** Dreamstime/Adisak Paresuwan; **pp.82-83** istock/zhaojiankang; **p.82 bc** istock/aphotostory; **p.84 td** istock/Aaltazar; **be** Universal Images/Superstock; **p.85 td** Metropolitan Museum of Art; **ce** 123rf.com/Rusian Gilmanshin; **p.86 tc** 123rf.com/vincentstthomas; **p.87 te** Heritage Image Partnership Ltd/Alamy; **ce** Wikimedia Commons; **bd** Wikimedia Commons; **p.89 te** DeAgostini/Superstock; **d** Gilles Barbier/imageBROKER/Superstock; **be** Dreamstime/Fireflyphoto; **p.90 d** Martha Avery/Getty; **be** Robert Kawka/Alamy; **p.91 tce** Pictures from History/Bridgeman Images; **c** 123rf.com/Peng Hua; **bd** Aterra Picture Library/Alamy; **p.92 d** Cultural Archive/Alamy; **p.93 te** Christie's Images Ltd/Superstock; **cd** istock/Ghulam Hussain; **bd** Dreamstime/Giuseppe Sparta; **bc** Heritage Image Partnership Ltd/Alamy; **p.95 td** istock/a40757; **ce** istock/bubaone; **cd** The Picture Art Collection/Alamy; **be** INTERFOTO/Alamy; **p.96** Cortesia de Salima Ikram; Cortesia de John O. Hyland; Cortesia de Patrick V. Kirch; **p.98** istock/Keith Lance; **p.100 td** JORDI CAMI/Alamy; **p.101 cd** Edwin Remsberg/Visual & Written/Superstock; **be** MyLoupe/Getty; **bd** Heritage Image Partnership Ltd/Alamy; **pp.102-103** Wikimedia Commons; **p.104 ce** Lanmas/Alamy; **be** Katya Palladina/Stockimo/Alamy; **p.105** Lucas Vallecillos/age fotostock/Superstock; **p.106 tc** istock/artisteer; **p.107 tc** Wikimedia Commons; **cd** Cortesia de Lorenzo Veracini; **be** Print Collector/Getty; **p.108 tc** 123rf.com/thelightwriter; **b** istock/somchaisom/Dreamstime/Cbaumg; **p.109 te** IndiaPicture/Alamy; **ce** The Granger Collection/Alamy; **cd** Granger Historical Picture Archive/Alamy; **p.110** istock/MrsWilkins; **p.111 te** Christie's Images Ltd/Superstock; **td** Historic Collection/Alamy; **cd** Cortesia de Katsuya Hirano; **be** DEA/G. DAGLI ORGTI/Getty; **p.112 td** North Wind Picture Archives/Alamy; **ce** Artokoloro/Alamy; **cd** istock/mj007; **bd** istock/CNuisin; **p.113 ce** Pantheon/Superstock; **p.114 b** Mira/Alamy; **td** North Wind Picture Archives/Alamy; **p.115 te** World History Archive/Superstock; **td** Historic Collection/Alamy; **bd** istock/sharpner; **p.116 b** Wikimedia Commons; **p.117 te** The Granger Collection/Alamy; **cd** Cortesia de Joseph E. Inikori; **bc** Biblioteca do Congresso dos EUA; **p.118 td** North Wind Picture Archives/Alamy; **b** Wikimedia Commons; **p.119 e** istock/Victor Metelskiy; **e** istock/vectortatu; **e** istock/bubaone; **e** istock/jamesbenet; **e** istock/AVIcons; **e** istock/Yuriy Bucharskiy; **bce** Google Art Project; **cd** istock/ilbusca; **bd** Stefano Bianchetti/Getty; **pp.120-121** istock/lushik; istock/TSUKIYO; istock/CSA-Archive; istock/Barbulat; istock/pop_jop; istock/jamesjames2541; istock/Panptys; istock/lushik; istock/vectortatu; istock/Bismillah_bd; istock/-VICTOR-; istock/Enis Aksoy; **p.121 td** istock/Raycat (rim); **p.122 t** World History Archive/Alamy; **bd** Science History Images/Alamy; **p.123 tce** North Wind Picture Archives/Alamy; **bce** istock/supanut piyakanont; **bc** Science History Images/Alamy; **d** istock/filo; **d** istock/eduardrobert; **d** istock/d-l-b; **d** istock/AVIcons; **d** istock/pepsizi; **d** istock/GeorgeManga; **d** istock/DmitryLarichev; **p.124 td** World History Archive/Alamy; **p.125 te** Classic Vision/age fotostock/Superstock; **c** istock/solargaria; **cd** Dave Bagnall Collection/Alamy; **be** Granger Historical Picture Archive/Alamy; **pp.126-127** LSE Library; **p.128** istock/mustafahacalaki (balões de fala); **p.129 te** istock/Kreatiw; **tce** Universal Images/Superstock; **cd** Biblioteca do Congresso dos EUA/Getty; **be** David Pollack/Getty; **p.130 td** New York Daily News Archive/Getty; **b** Chronicle/Alamy; **p.131 ce** Allstar Picture Library/Alamy; **cd** istock/Shams Suleymanova (fábrica); **cd** istock/Ihor Kashurin (dólar); **be** World History Archive/Superstock; **bd** istock/Ieremy (empregos); **bd** istock/bubaone (cozinha); **p.132 td** Dreamstime/Micha Klootwijk; **ce** Bentley Archive/Popperfoto/Getty; **cd** © The Paul Kendel Fonoroff Collection for Chinese Film Studies, C.V. Starr East Asian Library, University of California, Berkeley; **bd** istock/Irina Cheremisinova (submarinos); **bd** istock/bebuntoon (ondas); **p.133 be** World History Archive/Superstock; **bd** Dreamstime/Alexmillos; **bd** istock/supanut piyakanont; **bd** istock/pop_jop; **bd** istock/grebeshkovmaxim; **bd** istock/Maksym Kapliuk; **bd** istock/Mai Vu; **p.134 td** Dreamstime/Vitaly Komorov; **b** Walter Sanders/Getty; **p.135 cd** istock/Shunrei; **bce** Universal Images/Superstock; **bd** Sueddeutsche Zeitung Photo/Alamy; **p.136 td** Wikimedia Commons; **cd** Prisma by Dukas Presseagentur GmbH/Alamy; **be** Wallace Kirkland/Getty; **p.137 cd** Cortesia de Robtel Neajai Pailey; **be** Dominique BERRETTY/Getty; **p.138 c** Robert W. Kelley/Getty; **bd** Miami Herald/Getty; **p.139 te** National Archives and Records Administration (NARA); **td** istock/FiledIMAGE; **cd** istock/supanut piyakanont; **bce** World History Archive/Alamy; **bd** istock/olga_besnard; **p.140** Stacy Walsh Rosenstock/Alamy; **p.141 te** Dreamstime/Xi Zhang; **cd** Edwin Remsberg/age fotostock/Superstock; **bd** MJ Photography/Alamy; **p.144** Cortesia de Cindy Ermus; Cortesia de Etana H. Dinka; Cortesia de Taymiya R. Zaman; **p.146** istock/PhonlamaiPhoto; **p.148 td** Science Photo Library/Roger Harris; **b** STR/Getty; **p.149 te** robertharding/Superstock; **td** Dreamstime/Bundit Minramun; **ce** Dreamstime/Featureflash; **cd** istock/justhavealook; **pp.150-151** mauritius images GmbH/Alamy; **p.151 td** 123rf.com/Valentin Valkov; **p.152** istock/C_Fernandes; **p.153 te** Shutterstock/James Gourley/BPI; **cd** Visions of America, LCC/Alamy; **be** Maria Heyens/Alamy; **bd** 123rf.com/yupiramos; **pp.154-155 b** istock/Martijnvandernat; **p.154 td** istock/GlobalP; **ce** Nature Picture Library/Pal Hermansen; **p.155 td** istock/NatashaPhoto; **cd** 123rf.com/Dai Trinh Huu; **pp.156-157** NASA; **p.157 bc** Menina com um Sol de brinquedo na Etiópia – foto: Merklit Mersha; **p.158** Ministério da Defesa do Reino Unido; **p.159 td** Science Photo Library/Alamy; **ce** MUNIR UZ ZAMAN/AFP/Getty; **cd** istock/daz2d; **bd** KHALED FAZAA/AFP/Getty; **p.160** Dimitrios Kambouris/Getty; **p.161 t** istock/nechaev-kon; **ce** Imaginechina Limited/Alamy; **cd** istock/ArnaPhoto; **bd** NurPhoto/Getty; **pp.162-163 c** istock/Thomas De Wever; **p.162 ce** istock/Nigel_Wallace; **bd** istock/pidjoe; **p.163 bd** istock/smile3377 (horizonte da cidade); **p.164** istock/imaginima; **p.165 td** US Marines Photo/Alamy; **ce** Science Photo Library/Sam Ogden; **cd** 123rf.com/artrosestudio; **cd** Dreamstime/Nanmulti; **cd** Dreamstime/Andrii Kuchyk; **cd** Dreamstime/Raffaele1; **cd** Dreamstime/Fidan Babayeva; **cd** istock/13ree_design; **cd** Dreamstime/Sandaru Nirmana; cd Dreamstime/Mary San; **cd** Dreamstime/Provectorstock; **p.166** istock/scanrail (celular); istock/Katharina13 (animais australianos); 123rf.com/bennymarty (vombate); **p.167 td** ClassicStock.com/Superstock; **ce** Dreamstime/K2images; **cd** 123rf.com/artrosestudio; **cd** Dreamstime/Raffaele1; **cd** Dreamstime/Fidan Babayeva; **bd** Dreamstime/Danang Setiawan; **p.168 t** Science Photo Library/Pascal Goetgheluck; **bc** age fotostock/Superstock; **p.169 td** istock/NPaveIN; **cd** istock/aceshot; **b** istock/technotr; **p.170 t** istock/Sudowoodo; **cd** Dreamstime/Viktoriia Kasyanyuk; **b** istock/Gannet77; **p.171 td** CMR Surgical; **ce** 123rf.com/arcady31; **cd** Cortesia de Mike Jay; **be** istock/piranka; **p.173 td** 123rf.com/Wantarnagon; **ce** Cortesia de Rana el Kaliouby; **bd** EThamPhoto/Alamy; **p.174** istock/petar belobrajdic; **p.175 te** Amazon-Images/Alamy; **c** Martin Shields/Alamy; **be** imageBROKER/Superstock; **bd** istock/Nataniil; **p.176 tc** istock/ScottOrr; **bd** istock/Pavliha; **p.177 be** istock/Misha Shutkevych; **bd** istock/Suzyanne16; **p.178-179** Nature Picture Library/Anup Shah; **p.180** Dreamstime/Zaur Tahimov; **pp.180-181** Dreamstime/Johnpaulramirez; istock/ArnaPhoto; Dreamstime/Liudmyla Klymenko; **p.181 bd** istock/GlobalP; **p.182 t** SOPA Images/Getty; **bd** 123rf.com/Rosanna Cunico; **bd** istock/Enis Aksoy; **bd** 123rf.com/pytyczech; **bd** istock/-VICTOR-; **p.183 td** istock/PamelaJoeMcFarlane; **ce** Zoonar GmbH/Alamy; **bce** Jasper Chamber/Alamy; **p.184 b** istock/jotily; **p.185 cd** Sue Flood/Alamy; **be** NASA; **p.186 t** istock/imagean; **p.187 te** NASA; **cd** Cortesia de Dr. Jaise Kuriakose; **be** Dreamstime/Ricoistda; **pp.188-189 t** istock/3000ad; **p.188 be** Dreamstime/Yinan Zhang; **p.189 be** Jochen Tack/Alamy; **p.190** Dreamstime/Jie Xu; **p.191 tc** Science Photo Library/Life in View; **be** JEP Celebrity Photos/Alamy; **d** Shutterstock/Quirky China; **p.192** Cortesia de Yingjie Hu; Cortesia de Shauna Brail; Cortesia de Joel Sartore.

COLABORADORES

REDATORES

Capítulo 1: Cynthia O'Brien viveu e trabalhou na Inglaterra e no Canadá. Entre os seus livros estão *Amazing Brain Mysteries*, *Women Scientists* e *Encyclopedia of American Indian History and Culture*.

Capítulo 2: Dr. Jacob F. Field é escritor, historiador e professor. Estudou história na Universidade de Oxford e obteve seu doutorado escrevendo sobre o impacto do Grande Incêndio de Londres.

Capítulo 3: Abigail Mitchell é historiadora moderna e medieval formada pela Universidade de Cambridge e pela Universidade do Sul da Califórnia. Contribuiu para a redação de vários livros, incluindo *The Vietnam War* e *Book of World Records*, da Scholastic.

Capítulo 4: Jonathan O'Callaghan é jornalista freelance especializado em ciências e astronomia e mora em Londres, Reino Unido. Escreve para diversas publicações, incluindo *Scientific American*, *Forbes*, *New Scientist* e *Nature*.

ILUSTRADORES

Mark Ruffle é ilustrador e designer há 20 anos. Adora desenhar animais, pessoas e qualquer coisa relacionada à ciência.

Jack Tite é ilustrador e autor de livros infantis de Leicester, Reino Unido. Quando não está desenhando, gosta de observar pássaros em reservas naturais.

CONSULTORES ESPECIALISTAS

Roma Agrawal, engenheira estrutural, Londres, Reino Unido; **Tal Avgar**, Universidade Estadual de Utah, Logan, UT, EUA; **A. Jean-Luc Ayitou**, Instituto de Tecnologia de Illinois, Chicago, IL, EUA; **Michael D. Bay**, Ph.D., East Central University, Ada, OK, EUA; **Tracy M. Becker**, Southwest Research Institute, San Antonio, TX, EUA; **John Bennet**, British School at Athens, Atenas, Grécia; **Kristin H. Berry**, Western Ecological Research Center, U.S. Geological Survey, Riverside, CA, EUA; **Alicia Boswell**, Universidade da Califórnia em Santa Bárbara, CA, EUA; **Shauna Brail**, Universidade de Toronto, Toronto, ON, Canadá; **Monika Bright**, Universidade de Viena, Áustria; **Dr. Toby Brown**, McMaster University, Hamilton, ON, Canadá; **Cynthia Chestek**, Universidade do Michigan, Ann Arbor, MI, EUA; **Jeremy Crampton**, Newcastle University, Newcastle upon Tyne, Reino Unido; **Dr. Clifford Cunningham**, Universidade do Sul de Queensland, Toowoomba, Queensland, Austrália; **Lewis Dartnell**, Universidade de Westminster, Londres, Reino Unido; **Duncan Davis**, Ph.D., Northeastern University, Boston, MA, EUA; **Pablo De León**, Universidade da Dakota do Norte, Grand Forks, ND, EUA; **Ivonne Del Valle**, Universidade da Califórnia em Berkeley, CA, EUA; **Paul Dilley**, Universidade de Iowa, Iowa City, IA, EUA; **Etana H. Dinka**, James Madison University, Harrisonburg, VA, EUA; **Michelle Duffy**, Universidade de Newcastle, Callaghan, NSW, Austrália; **Brian Duignan**, Encyclopaedia Britannica, Chicago, IL, EUA; **Dave Ella**, Catholic Education Office, Broken Bay Diocese, Pennant Hills, NSW, Austrália; **Cindy Ermus**, Ph.D., Universidade do Texas em San Antonio, San Antonio, TX, EUA; **Abigail H. Feresten**, Simon Fraser University, Burnaby, BC, Canadá; **Paolo Forti**, Instituto Italiano de Espeleologia, Universidade de Bolonha, Bolonha, Itália; **Prof. Kevin Foster**, Universidade de Oxford, Oxford, Reino Unido; **Chef Suzi Gerber**, chef executiva da Haven Foods, pesquisadora médica da Inova Medical System, Somerville, MA, EUA; **Elizabeth Graham**, University College London, Londres, Reino Unido; **Charlotte Greenbaum**, Population Reference Bureau, Washington, D.C., EUA; **Erik Gregersen**, Encyclopaedia Britannica, Chicago, IL, EUA; **David Hannah**, Universidade de Birmingham, Birmingham, Reino Unido; **Nicholas Henshue**, Ph.D., Universidade Estadual de Nova York em Buffalo, Buffalo, NY, EUA; **Katsuya Hirano**, Universidade da Califórnia em Los Angeles, CA, EUA; **Yingjie Hu**, Universidade Estadual de Nova York em Buffalo, Buffalo, NY, EUA; **Prof. Alexander D. Huryn**, Universidade do Alabama, Tuscaloosa, AL, EUA; **Keith Huxen**, The National WWII Museum, New Orleans, LA, EUA; **John O. Hyland**, Christopher Newport University, Newport News, VA, EUA; **Salima Ikram**, Universidade Americana do Cairo, Cairo, Egito; **Joseph E. Inikori**, Universidade de Rochester, Rochester, NY, EUA; **Kimberly M. Jackson**, Ph.D., Spelman College, Atlanta, GA, EUA; **Mike Jay**, escritor e historiador médico, Londres, Reino Unido; **Laura Kalin**, Universidade Princeton, Princeton, NJ, EUA; **Duncan Keenan-Jones**, Universidade de Queensland, St. Lucia, Queensland, Austrália; **Patrick V. Kirch**, Universidade da Califórnia em Berkeley, CA, EUA; **Dr. Erik Klemetti**, Denison University, Granville, OH, EUA; **Rudi Kuhn**, Observatório Astronômico Sul-Africano, Pretória, África do Sul; **Dr. Jaise Kuriakose**, Universidade de Manchester, Manchester, Reino Unido; **Nicola Laneri**, Universidade dos Estudos da Catânia, Sicília, e Escola de Estudos Religiosos, CAMNES, Florença, Itália; **Cristina Lazzeroni**, Universidade de Birmingham, Birmingham, Reino Unido; **Daryn Lehoux**, Queen's University em Kingston, ON, Canadá; **Miranda Lin**, Universidade Estadual de Illinois, Normal, IL, EUA; **Jane Long**, Roanoke College, Salem, VA, EUA; **Janice Lough**, Instituto Australiano de Ciência Marinha, Townsville, Queensland, Austrália; **Ghislaine Lydon**, Universidade da Califórnia em Los Angeles, CA, EUA; **Henry R. Maar III**, Universidade da Califórnia em Santa Barbara, CA, EUA; **Dino J. Martins**, Centro de Pesquisa Mpala, Nanyuki, Quênia; **Michael Mauel**, Universidade Columbia, Nova York, NY, EUA; **Prof. Karen McComb**, Universidade de Sussex, Falmer, Reino Unido; **Richard Meade**, Lloyd's List, Londres, Reino Unido; **Ian Morison**, 35º professor de Astronomia na Gresham College, Macclesfield, Reino Unido; **Brendan Murphy**, St. Francis Xavier University, Antigonish, NS, Canadá; **Robtel Neajai Pailey**, Escola de Economia e Ciência Política de Londres, Reino Unido; **Matthew P. Nelsen**, The Field Museum, Chicago, IL, EUA; **Gregory Nowacki**, Serviço Florestal dos Estados Unidos, Milwaukee, WI, EUA; **Mike Parker Pearson**, University College London, Londres, Reino Unido; **Bill Parkinson**, The Field Museum; Universidade de Illinois, Chicago, IL, EUA; **Melissa Petruzzello**, Encyclopaedia Britannica, Chicago, IL, EUA; **Martin Polley**, Centro Internacional para a História e a Cultura dos Esportes, De Montfort University, Leicester, Reino Unido; **John P. Rafferty**, Encyclopaedia Britannica, Chicago, IL, EUA; **Michael Ray**, Encyclopaedia Britannica, Chicago, IL, EUA; **Dr. Gil Rilov**, Instituto Nacional de Oceanografia, Pesquisa Oceanográfica e Limnológica de Israel, Haifa, Israel; **Kara Rogers**, Encyclopaedia Britannica, Chicago, IL, EUA; **Margaret C. Rung**, Roosevelt University, Chicago, IL, EUA; **Eugenia Russell**, pesquisadora independente, Reino Unido; **Mark Sapwell**, Ph.D., arqueólogo e editor de Arqueologia, Londres, Reino Unido; **Joel Sartore**, National Geographic Photo Ark, Lincoln, NE, EUA; **Dr. Benjamin Sawyer**, Middle Tennessee State University, Nashville, TN, EUA; **Mark C. Serreze**, Centro Nacional de Dados sobre Neve e Gelo, Universidade do Colorado em Boulder, Boulder, CO, EUA; **Pravina Shukla**, Universidade de Indiana, Bloomington, IL, EUA; **Prof. Michael G. Smith**, Purdue University, West Lafayette, IN, EUA; **Dr. Nathan Smith**, Museu de História Natural do Condado de Los Angeles, Los Angeles, CA, EUA; **Jack Snyder**, Universidade Columbia, Nova York, NY, EUA; **Hou-mei Sung**, Museu de Arte de Cincinnati, Cincinnati, OH, EUA; **Heaven Taylor-Wynn**, The Poynter Institute, St. Petersburg, FL, EUA; **Silvana Tenreyro**, Escola de Economia e Ciência Política de Londres, Reino Unido; **Lori Ann Terjesen**, Museu Nacional de História das Mulheres, Alexandria, VA, EUA; **Dra. Michelle Thaller**, Centro de Voos Espaciais Goddard da NASA, Greenbelt, MD, EUA; **David Tong**, Universidade de Cambridge, Cambridge, Reino Unido; **Sarah Tuttle**, Universidade de Washington, Seattle, WA, EUA; **Paul Ullrich**, Universidade da Califórnia em Davis, CA., EUA; **Javier Urcid**, Brandeis University, Waltham, MA, EUA; **Lorenzo Veracini**, Universidade de Tecnologia Swinburne, Melbourne, Victoria, Austrália; **Lora Vogt**, Museu e Memorial Nacional da Segunda Guerra Mundial, Kansas City, MO, EUA; **Jeff Wallenfeldt**, Encyclopaedia Britannica, Chicago, IL, EUA; **Dra. Linda J. Walters**, Universidade da Flórida Central, Orlando, FL, EUA; **David J. Wasserstein**, Universidade Vanderbilt, Nashville, TN, EUA; **Dominik Wujastyk**, Universidade de Alberta, Edmonton, AB, Canadá; **Man Xu**, Universidade Tufts, Medford, MA, EUA; **Taymiya R. Zaman**, Universidade de São Francisco, Califórnia, CA, EUA; **Alicja Zelazko**, Encyclopaedia Britannica, Chicago, IL, EUA; **Gina A. Zurlo**, Centro para o Estudo do Cristianismo Global, Seminário Teológico Gordon-Conwell, Boston, MA, EUA.

Título original: *Britannica All New Kids' Encyclopedia*

Copyright © 2020 por What on Earth Publishing Ltd and Britannica Inc.

Copyright das ilustrações © 2020 What on Earth Publishing Ltd. and Britannica, Inc., exceto o que consta nos créditos das pp.203-204.

Copyright da tradução © 2024 por GMT Editores Ltda.

Publicado em acordo com a IMC Agencia Literaria. Desenvolvido pela Toucan Books.

Todos os direitos reservados. Nenhuma parte deste livro pode ser utilizada ou reproduzida sob quaisquer meios existentes sem autorização por escrito dos editores.

coordenação editorial: Gabriel Machado
produção editorial: Guilherme Bernardo
tradução: Bruno Fiuza
preparo de originais: Victor Almeida
revisão: Ana Grillo e Luis Américo Costa
revisão técnica: Márcio Botelho e Vinícius Camargo Penteado
avaliação de conteúdo: Fernando Alves de Souza e Iberê Thenório
diagramação e adaptação de capa: Ana Paula Daudt Brandão
redação do glossário: Richard Beatty
direção de arte e design da capa: Andy Forshaw
ilustração e lettering da capa: Justin Poulter
impressão e acabamento: Pancrom Indústria Gráfica Ltda.

Equipe da Enciclopédia Britânica: Alison Eldridge, gerente editorial; Brian Duignan, editor sênior, Filosofia, Legislação e Ciências Sociais; Erik Gregersen, editor sênior, Astronomia, Exploração do Espaço, Matemática, Física, Computação e Química Inorgânica; Amy McKenna, editora sênior, Geografia, África Subsaariana; Melissa Petruzzello, editora assistente de Ciência Ambiental e de Plantas; John P. Rafferty, editor, Ciências da Vida e da Terra; Michael Ray, editor, Assuntos Militares e História Europeia; Kara Rogers, editora sênior, Ciência Biomédica; Amy Tikkanen, gerente de correções; Jeff Wallenfeldt, gerente, Geografia e História; Adam Zeidan, editor assistente, Meio-Oeste; Alicja Zelazko, editora assistente, Artes e Humanidades; Joan Lackowski, supervisor de checagem de fatos; Fia Bigelow, Letricia A. Dixon, Will Gosner, R. E. Green, verificadores de fatos.

CIP-BRASIL. CATALOGAÇÃO NA PUBLICAÇÃO
SINDICATO NACIONAL DOS EDITORES DE LIVROS, RJ

E46
v. 2

Enciclopédia britânica para curiosos, vol. 2 / organização Christopher Lloyd ; ilustração Jack Tite, Mark Ruffle ; tradução Bruno Fiuza. - 1. ed. - Rio de Janeiro : Sextante, 2024.
 il. ; 28 cm.

Tradução de: Britannica all new kids' encyclopedia
ISBN 978-65-5564-918-5

1. Enciclopédias e dicionários infantojuvenis. I. Lloyd, Christopher. II. Tite, Jack. III. Ruffle, Mark. IV. Fiuza, Bruno.

24-92552   CDD: 036.9
              CDU: (031)-053.2

Gabriela Faray Ferreira Lopes - Bibliotecária - CRB-7/6643

Todos os direitos reservados, no Brasil, por
GMT Editores Ltda.
Rua Voluntários da Pátria, 45 – Gr. 1.404 – Botafogo
22270-000 – Rio de Janeiro – RJ
Tel.: (21) 2538-4100 – Fax: (21) 2286-9244
E-mail: atendimento@sextante.com.br
www.sextante.com.br